福建省社会科学规划项目博士文库

The Study on Interrogative
Sentence of Zhu Zi Yu Lei

《朱子语类》
问句系统研究

王树瑛◎著

社会科学文献出版社
SOCIAL SCIENCES ACADEMIC PRESS（CHINA）

出版说明

为了鼓励和支持青年社会科学工作者积极从事社会科学研究，扶持和培养一批中青年骨干和学术带头人，多出精品，多出人才，提升福建省社会科学研究总体实力和发展后劲，福建省社会科学界联合会从2010年起设立福建省社会科学规划博士文库项目，资助出版福建省社会科学类45岁以下青年学者的博士论文，推出一批高质量、高水平的社科研究成果。该项目面向全省自由申报，在收到近百本博士论文的基础上，经专家学者通讯匿名评审，择优资助出版其中10本博士论文，作为博士文库的第一辑。

福建省社会科学界联合会拟与社会科学文献出版社继续联手出版博士文库，力争把这一项目打造成为福建省哲学社会科学的特色品牌。

目　录

序　一

　　在语言交际过程中，无论古今，陈述句的比重都是最大的，人们对客观事物的认识也大多以陈述句的形式表现出来，因此，语法学研究多以陈述句为主。其实，疑问句在句法结构上有其特殊的形式，在思维交际中也占有独特的地位。目前，疑问句在现代汉语语法研究中已经取得了相当的成就。

　　现代汉语源自近代汉语，其间的联系自不待言。研究汉语语法史，《朱子语类》向来被学者所重视，因为它显示出近代汉语过渡到现代汉语的一些基本轨迹。但从目前所出版的有关《朱子语类》的论著中，尚未见到专门探讨疑问句的。王树瑛博士的《〈朱子语类〉问句系统研究》一书正好弥补了这一缺漏。老一辈学者王力、吕叔湘等先生指出，要在汉语史方面取得重大进展，必须对历史上的许多重要的著作进行专门的研究。《朱子语类》作为讲学语录，采用问答形式是其最大的行文特点。《〈朱子语类〉问句系统研究》选择了这样一个富有学术含量的选题，对该文本作了穷尽式的研究，而且完成得很好，这是值得祝贺的。

　　为了进行全面深入的研究，作者从几百万字的语料中检索到问句7000多条，为了比较又从45万字的《近代汉语语法资料汇编》搜集问句约980条，这为分析和立论奠定了坚实的基础。同时作者对汉语疑问句的研究成果十分熟悉，在这一基础上作系统的分析，提出自己的见解。该著作探讨了各类疑问句的发展过程，描写了不同时期的多种表现形式，并注重阐明形式和意义的联系，疏而不漏，难能可贵。这本书多有创获，认为近代汉语时期特别是宋代是选择问句发展演变乃至最后完善和定型的重要时期；《朱子语类》中的"VP – Neg"式已经分化，但反复问句仍然以"VP否"为主，同时"VP不VP"式较唐代有所发展；反诘副词经历了"名词＋不成＋名词"→"名词＋不成＋动词/动词短语"→"不成＋动词短语/小句"这样一个过程；特别是对一些疑问代词、语气副词以及语气助词的分析，穷源溯流，颇多创见。从研究方法上来看，既有共时的静态描写，又有历时的动态比较，同时运用现代语言学系统功能语法的相关理论从语用和语篇的角度来分析观察，开阔了研究的视角。总之，该著作提出了新的重要理论观点和研究方法，使《朱子语类》的研究取得了突破性的进展。

王树瑛博士自 1999 年从华中师范大学文学院硕士毕业后一直在福建师范大学文学院工作。她为人朴实，待人热情；在学问上，善于学习，谦虚低调，在完成大量教学任务的同时，也一直在努力提升自己。不仅攻读了博士学位，还到北京大学访学一年，并先后承担了三项省部级课题，出版了专著一部。如今她又将博士学位论文修改完善好，并即将呈现在读者面前。我希望她以此为契机，辛勤耕耘，争取有更多的成果出来。

马重奇[*]

2012 年 1 月

---

[*] 马重奇，福建师范大学语言研究所所长、文学院教授、博士生导师，"汉语言文字学"博士点学科带头人。曾获"福建省优秀专家"称号，享受国务院政府特殊津贴。现任国务院学位委员会"学科评议组中国语言文学学科组成员"，全国哲学社会科学规划领导小组"国家社会科学基金学科评审组专家"。

序 二

  《朱子语类》是朱熹语录的汇集，它比较全面地反映了南宋的语言实际，是研究南宋时期汉语语法乃至近代汉语语法的最有价值的语料之一。研究专书语法，对于研究断代语法是很有价值的。断代语法研究好了，对于全面研究汉语语法通史，起着基础作用。王树瑛的著作《〈朱子语类〉问句系统研究》既对《朱子语类》语法中的问句系统做了很好的研究，也对汉语语法通史的研究添砖加瓦，值得重视。

  王树瑛选择《朱子语类》作为语法研究的对象，是很有见地的。程湘清《汉语史断代专书研究方法论》认为，专书是否适当有三个条件，即：口述或撰写该书的作者是否属于该断代；该书的语言是否接近或反映断代的口语；专书的篇幅大小是否具备相当的语言容量。《朱子语类》是语录的汇集，口语化程度较高，篇幅长达230万字，容量较大，能够比较全面客观地反映南宋时期的口语实际。因此《朱子语类》是研究南宋时期汉语语法的最有价值的语料之一，在汉语语法史上也具有很高的价值。正如徐时仪所指出："朱熹所处南宋时期正好是文言文渐渐由盛而衰，口语由不占书面语的主要地位而开始与文言文分庭抗礼，形成古白话系统，《朱子语类》成书的时代又正好处在上古汉语到近代汉语的转折点上，这是汉语发展史上近代汉语逐步形成和定型的重要阶段。""《朱子》作为加工过的宋代口语，糅合了当时的口语和书面语，正好是上古汉语和近代汉语成分的均衡混合，处于周代的上古汉语和以话本为代表的近代汉语的中间状态。"（《略论〈朱子语类〉在近代汉语研究上的价值》，《上海师范大学学报》（社会科学版）2000年第4期。

　　作者从事《朱子语类》的问句系统的语法研究，是在占有充分的语言材料基础上进行的。她研读了230万字的文本材料以及45万字的《近代汉语语法资料汇编》，收集了《朱子语类》中的7000多条问句和《近代汉语语法资料汇编》中的980多条问句，并对这数千条问句加以排比分析，全面研究了《朱子语类》问句系统各子系统（特指问、选择问、反复问、是非问等）的具体使用情况，同时探流溯源，进行纵向历时比较和动态分析，力求在静态描写的基础上探讨问句系统中一些重要的句式和虚词的历史发展过程。充分的语料，细致的分析，使《〈朱子语类〉问句系统研究》在同类语法研究中成为佼佼者。

　　作者认为，《朱子语类》反复问中主要使用"VP否"形式，不见"VP不"式，"VP未/无"式也比较少；选择问句的形式很多，历史上各主要阶段的选择问形式都在这里留下了印记；是非问句数量很多，主要有不带语气词的是非问句和带语气词的是非问句两大类；还分析了疑问语气词"否"、"无"、"么"、"吗"的演变过程；特指问句是用得最多的句式，表达疑问的主要形式是使用疑问代词；反问句的形式丰富，特别是对新兴的反诘副词"不成"的分析很充分。作者将问句作为一个完整的系统，分析在具体的语言使用中的情况，运用系统功能语法的相关理论从语用和语篇的角度来观察问句，着重分析了问句系统的使用在语篇中所体现的人际意义。这些都显现出作者具有很扎实很专业的语言分析能力。书中的亮点还很多，读者也自会探赜钩深，不必我一一列举。

　　树瑛勤奋好学，治学严谨，对《朱子语类》问句系统研究如此深入全面，确非易事。祝她在今后的学术研究中取得更好的成绩。

林玉山*

2012年1月22日

序于福州炳仙斋

---

　　* 林玉山，福建人民出版社编审、福建省辞书学会名誉会长、福建师范大学文学院博士生导师。曾获"福建省优秀专家"称号，享受国务院政府特殊津贴。

第 1 章

绪 论

1.1 关于朱熹和《朱子语类》

1.1.1 朱熹和《朱子语类》的语料价值

朱熹（1130~1200），字元晦，号晦庵、考亭先生等，徽州（治所在今安徽歙县）婺源（今属江西）人，南宋著名理学家和教育家。朱熹毕生致力于学术研究和教育事业，受业弟子前后多达数百人。"晦庵朱先生所与门人问答，门人退而私窃记之。先生没，其书始出。"（黄干《池州刊朱子语录后序》）据相关记载，在朱熹去世后的 70 多年时间里，搜集刊印朱子语录的工作几乎没有间断：蜀人李道传博求记录者之初本，取 33 家，于南宋宁宗嘉定八年（1215）刊于池州，是为《朱子语录》（见《池州刊朱子语录后序》）；其弟李性传又访得 41 家，也大多为初本，于南宋理宗嘉熙二年（1238）刊于饶州，为《朱子语续录》（见《饶州刊朱子语续录后序》）；建安蔡杭又访得 23 家，于南宋理宗淳祐九年（1249）刊于饶州，为《朱子语后录》（见《饶州刊朱子语后录后序》）。以上"三录"除去重复的，共有 87 家。南宋宁宗嘉定十二年（1219），莆田黄士毅在李道传《朱子语录》的基础上增加 38 家，"既以类分，遂可缮写，而略为义例，以为先后之次第"，按主题分门别类重新加以编排，去除重复，刊于眉州，为《朱子语类》（见《朱子语类后序》）；南宋理宗淳祐十二年（1252），东阳王侣又在此基础上加以增广，编成《朱子语续类》，刊于徽州（见《徽州刊朱子语续类后序》）。至此，"三录二类"并行于世。

南宋理宗景定四年（1263），导江黎靖德根据上述"三录二类"加以综合，删除其文字和记录人完全重复的条目后，按黄士毅编辑的《朱子语类》所用的主题类别加以编排，出版了比较完整的景定本《朱子语类》。两年后（1265），吴坚编辑出版建州刊《朱子语类别录》，黎靖德又将这本书中的一些新条目编入景定本《朱子语类》中，于南宋度宗咸淳六年（1270）出版，共140卷，这就是现在《朱子语类》的初版。①

专书研究的一个重要方面就是要选好专书，即看研究对象是否具有较高的语料价值。专书是否适当有三个条件，即：口述或撰写该书的作者是否属于该断代；该书的语言是否接近或反映断代的口语；专书的篇幅大小是否具备相当的语言容量。② 据黎靖德《朱子语录姓氏》，各门人所记均为南宋孝宗乾道六年（1170）至南宋宁宗庆元五年（1199）之间所闻朱子之语，而黎靖德最终合刊《朱子语类》的时间是1270年。尽管各门人所记未必是朱熹原话，其中掺入了记录者本人的语言成分，但毕竟是1170～1270年这100年间口语或书面语的反映。这符合专书的第一个条件，也即太田辰夫先生所说的"同时资料"，即某种资料的内容和它的外形（即文字）是同一时期产生的。③《朱子语类》是语录的汇集，尽管有一定的文言成分或书面语色彩，但口语化程度相对较高，而且篇幅长达230万字（据中华书局1994年版《朱子语类》版权页显示），容量较大，能够比较全面客观地反映南宋时期的语言实际。因此可以说是研究南宋时期汉语语法、词汇的最有价值的语料之一。

《朱子语类》（以下简称《朱子》）在汉语语法史研究上也具有很高的价值。唐宋时期，新的虚词大量产生，出现了"地、底、得、和、把、连、就、莫、是、不成"等虚词，在《朱子》中相应地有"地字结构"、"底字结构"、"得字结构"、"和字结构"、"就字结构"，尤其是出现了一些上古汉语没有的句式，如"把字句式"、"连字句式"、"不成字句式"、"莫是字句式"等，这些结构和句式提供了考察近代汉语语法的大量用例，揭示了一些新出现的语法现象的脉络。如"不成"就是近代汉语中新兴的

---

① 参见"朱熹与朱子语类"部分，《朱子语类》八卷本第一册，黎靖德编，王星贤点校，中华书局，1994。

② 参见陈湘清《汉语史断代专书研究方法论（代序）》，陈湘清主编《宋元明汉语研究》，山东教育出版社，1992。

③ 参见〔日〕太田辰夫《中国语历史文法·跋》，蒋绍愚、徐昌华译，北京大学出版社，2003。

一个语言成分，从《朱子》中可以考察其由偏正词组变为表反诘的副词和语气助词的语法化轨迹（详见反问句一章）。

由于《朱子》所反映的语言时期处于一个重要的阶段，而且其篇幅容量大，所以语法学史上的一些重大问题都能从该书中找到实际的语言例证材料。例如关于"底"的来源，王力先生认为来自"之"，吕叔湘先生认为来源于"者"。"底"在《朱子》中共有 4637 个，其中作"底盖"、"底下"义讲的实词"底"有 49 个，作复音词语的有 28 个，作结构助词的有4560 个。祝敏彻（1982）《〈朱子语类〉中"地"、"底"的语法作用》一文通过对《朱子》中"底"的分析，认为"底"既来源于"之"，也来源于"者"。王力先生认为："'了'和'着'的产生是近代汉语语法史上划时代的一件大事，它们在未成为形尾之前，经历过一些什么发展过程，是值得我们注意的。"①《朱子》中有大量"了"和"着"的用例，据木霁弘（1986）考察，《朱子》中"了"出现了 5200 例，其中实词约 160 例，半虚化词 400 例，助词和语气词约 4500 例。分析这些"了"的用例，可以看出实词"了"的虚化脉络和助词"了"的具体用法。《朱子》中大量助词"了"的用例说明"了"虚化为助词的完成年代应在南宋时期。②"着"，据刘坚等（1992）的分析，在唐代已基本完成从动词虚化为助词的过程，到宋代，"着"的用法产生了一些变化。《朱子》除了"动₁ + 著（着）+ 动₂"这一表示动作持续和进行状态格式的两种用法外，还发展出"形 + 著（着）+ 动"的格式。③

南宋时期在整个语言发展阶段中也处于一个重要时期。徐时仪（2000）曾指出："古汉语两大系统（文言文和古白话）中，文言文以先秦两汉的口语为基础，代表了先秦两汉时期的上古汉语，而古白话则以先秦发展到唐宋的口语为基础，代表了唐宋以后的近代汉语，古白话的形成是古代口语发展的必然产物。从先秦到唐宋的口语发展状况，实际反映了文言文到古白话、上古汉语到近代汉语的演变过程。从这种演变过程中可以看出汉语发展的规律。研究探讨这些发展规律，无论是从语言学还是从辞

---

① 见王力《汉语史稿》修订本，中华书局，2001，第 309 页。
② 见木霁弘《〈朱子语类〉中的时体助词"了"》，《中国语文》1986 年第 4 期。
③ 刘坚等：《近代汉语虚词研究》，语文出版社，1992，第 101 页。

书学的角度来说，无疑都有着重大的学术意义。""而朱熹所处南宋时期正好是文言文渐渐由盛而衰，口语由不占书面语的主要地位而开始与文言文分庭抗礼，形成古白话系统，《朱子》成书的时代又正好处在上古汉语到近代汉语的转折点上，这是汉语发展史上近代汉语逐步形成和定型的重要阶段。""因此，理论上可以假定《朱子》作为加工过的宋代口语，糅合了当时的口语和书面语，正好是上古汉语和近代汉语成分的均衡混合，处于周代的上古汉语和以话本为代表的近代汉语的中间状态。"①

1. 1. 2　《朱子语类》的语言性质

　　关于《朱子》的语言性质，情况比较复杂。主要有两个方面：其一，这是一部以对话为主的讲学语录，包括师生之间的问答。全书以朱熹讲解、阐述为主，据估算约占全书的 3/4，学生的话语约占 1/4，而其中问语占有很大的分量。那么，朱熹在讲学时使用的是什么性质的语言，学生使用的是什么性质的语言？其二，这个语录并不是讲学时的现场记录，而是讲学之后，"门人退而私窃记之"，所录的是不是当时的原话（包括师生的）？如果不是，自然夹杂着记录者本人的语言成分，那么，记录者使用的语言性质如何？朱熹讲学答问时使用的是方言还是通语？还是既有方言又有通语？如果有方言，是什么方言？这一点我们可以从朱熹所处的环境、从其经历及当时的语言使用情况加以推测。

　　朱熹祖籍徽州（治所在今安徽歙县）婺源（今属江西）。北宋宣和五年（1123），其父朱松改任福建南剑州尤溪县尉，朱熹于建炎四年（1130）生于尤溪。② 朱熹的祖父母、父母都是从婺源迁来的，在家中说的应该是婺源话。而朱松既然以理学知名，又入闽做官，自然应该能说当时官场和文人之间通用的语言。因此，从朱熹儿时家庭环境来看，他接触最多的应该是婺源话，同时也多少会受一些通语的影响。

　　朱熹出生在尤溪，8 岁时全家迁至建州（今福建建瓯），14 岁时父亲病故，死前将他托付给崇安县五夫里的刘子羽、胡宪、刘子军、刘勉

---

① 徐时仪：《略论〈朱子语类〉在近代汉语研究上的价值》，《上海师范大学学报》（社会科学版）2000 年第 2 期。

② 参见高令印《朱子事迹考》，上海人民出版社，1987。

之，15 岁时他与母亲一起移居五夫里。19 岁时他考中进士，"除在江西、浙江、安徽逗留三年多外，其余近七十年都在福建各地从事学习、著述、讲学、从政活动，晚年定居在建阳县的考亭"①。他的出生地、童年、少年以至青年早期的居住地、中年晚年讲学定居地都在闽北；他所从学的老师是闽北人，妻子（刘勉之之女）是闽北人，学生大多也都是闽北周围的人，由此可以看出闽北话在朱熹日常语言中占有重要的位置。

但朱熹毕竟不同于一般的普通老百姓，他是学识渊博的学者、教育家，并且有做官的经历，他应该会说以汴洛方言为基础的通语。而且从《朱子》中也可以看到朱熹对各地方言的认识。

> 因说四方声音多讹，曰："却是广中人说得声音尚好，盖彼中地尚中正，自洛中脊来，只是太边南去，故有些热。若闽浙则皆边东角矣，闽浙声音尤不正。"②

在朱熹看来，洛阳音是正音，由于闽浙距洛中太远，语音差别大，所以显得"尤不正"。尽管这里是从地理位置上来评判语音的正与不正，也许未必正确，但是有一点是可以肯定的，那就是朱熹一定懂得洛阳话，这样才有可能把两个地方的语音加以比较，才知道"闽浙声音尤不正"。正如现在的南方人很难说得一口标准的普通话，多少都带有地方普通话的色彩一样，当时的朱熹以通语为正宗，他在很多情况下说的是带有方言色彩的通语。在《朱子》中我们也可以看到朱熹实际上对通语很熟悉，甚至对其中的方言俗语也有研究。例如：

> 至之问："'学要鞭辟近里'，'鞭辟'如何？"曰："此是洛中语，一处说作'鞭约'，大抵是要鞭督面里去。"
> 问："'满腔子是恻隐之心'，如何是满腔子？"曰："满腔子，是只在这躯壳里，'腔子'乃洛中俗语。"

---

① 见高令印《朱子事迹考·前言》，上海人民出版社，1987。
② 书中所引《朱子》语料来源主要是由中华书局 1994 年出版的《朱子语类》（宋·黎靖德编，王星贤点校），另外部分利用的是南京大学"古典文学语料库"中《朱子语类》电子版。为统一及行文简洁起见，所有引用《朱子》的语料均不标示页码。

朱熹的弟子虽然多数是闽北周围的人，但也有不远千里而来者，如亚夫来自四川涪陵，朱熹曾问他："公数千里来见某，其志欲如何？"类似的记载《朱子》中还有多处。

从《朱子》卷前《朱子语录姓氏》看，其门人还有来自河北、湖北、湖南、浙江、江西及广东的。面对来自各地的学生，老师不可能用方言来讲学，所以朱熹讲学时不会用闽北话。此外，像朱熹与张栻在岳麓论讲，与陆九渊在鹅湖会辩，这种文人学者之间的学术讨论很难想象是用方言来表达的。朱熹曾任职泉州同安、南康军（今庐山附近）、漳州、潭州（今长沙）及临安（今杭州）。从现在的情况看，这些地方的方言与闽北方言差别很大，当时差别可能更大。朱熹在这些地方做官、讲学，也不可能用纯粹的闽北话。

从上面分析可推知朱熹在讲学时所用语言应以通语为主，但由于他长期在闽北，他所使用的通语很可能带有较多的方言色彩，类似现在的地方普通话，特别是在语音方面，这种地方色彩可能更明显，而在词汇、语法方面由于差别没有语音那么大，可能通语成分多一些，当然也夹杂有闽北方言成分。

既然老师讲学时使用通语，学生在听讲过程中的询问、讨论在很大程度上也应是使用通语，甚至更加注重语言表述的规范性，且带有较多的书面色彩。例如书中大量问句都是由学生提出来的，学生来自不同的地方，询问内容丰富多样，但从语言使用上看却具有相当的一致性（下详）。

要考虑的另一个问题是，门人记录下来的是不是讲学时师生所用的原话？如果不是，所记录的语言属于什么性质？

关于前者，前面已经提到不是记录的原话，在《朱子》卷前的各种序言中也都谈到这个问题。黄干在《池州刊朱子语类后序》中说道：

晦庵先生所与门人问答，门人退而私窃记之。……记录之语未必尽得师传之本旨。

黄士毅在《朱子语类后序》中讲道：

盖有一时之所闻，退各抄录，见有等差，则领其意者斯有详略。或能尽得于言，而首尾该贯；或不能尽得于言，而语脉间断；或就其中粗得一二言而止。今惟存一家之最详者，而它皆附于下。至于一条之内无一字之不同者，必抄录之际，尝相参校，不则非其闻而得于传录，则亦惟存一家，而注与某人同尔。

尽管这里所说的是他编辑眉州刊《朱子语类》的体例，但同时也说明所记录的并非原话。对朱熹思想研究比较细致并编写《朱子年谱》的王懋闳也认为：

即以同闻别出言之，大意略同而语全别，可知各记其意而多非朱子之本语矣。（见《朱子》卷前《朱子与朱子语类》）

学生主要是学习和领会朱熹的思想，至于当时老师具体怎么表述并不是最重要的，所以学生根据自己的记忆和领悟写下来的东西自然各个有别。我们通过对《朱子》中同一次谈话的不同记录的比较，就能明显地看出这一点。如朱熹与徐宇的一次谈话，徐宇、陈淳、杨道夫都有记录，下面分条对照，便于比较。

徐：问："'立于礼'，礼尚可依《礼经》服行。《诗》、《乐》皆废，不知兴诗成乐，何以致之？"

陈：徐问："'立于礼'，犹可用力。《诗》今难晓，《乐》又无，何以兴成乎？"

杨：居父问："'立于礼'犹可用力。《诗》、《乐》既废，不知今何由兴成之？"

徐：曰："岂特《诗》、乐无！礼也无。今只有义理在。且就义理上讲究。如分别得那是非邪正，到感慨处，必能兴起其善心，惩创其恶志，便是'兴于《诗》'之功。涵养德性，无斯须不和不乐，真恁地和平，便是'成于乐'之功。如礼，古人这身都只在礼之中，都不由得自家。今既无之，只得硬做些规矩，自恁地收拾。如《诗》，须待人去歌诵。至礼与乐，自称定在那里，只得自去做。荀子言：'礼乐法而不说。'更无可说，只得就他法之而已。荀子此语甚好。"

陈：曰："今既无此家具，只有理义在，只得就理义上讲究。如分别是非到感慨处，有以兴起其善心，惩创其恶志，便是'兴于

《诗》'之功也。涵养和顺，无斯须不和不乐，恁地和痒，便是'成于乐'之功也。如礼，今亦无，只是便做些规矩，自恁地收敛。古人此身终日都在礼之中，不由自家。古人'兴于《诗》'，犹有言语以讽诵。礼，全无说话，只是恁地做去口乐，更无说话，只是声音节奏，使人闻之自然和平。故荀子曰：'礼乐法而不说。'"。

杨：曰："既无此家具，也只得以义理养其心。若精别义理，使有以感发其善心，惩创其恶志，便是'兴于《诗》'。涵养从容，无斯须不和不乐，便是'成于乐'。今礼亦不似古人完具，且只得自存个规矩，收敛身心。古人终日只在礼中，欲少自由，亦不可得。"又曰："《诗》犹有言语可讽诵。至于礼，只得夹定去做。乐，只是使他声音节奏自然和平，更无说话。荀子又云：'礼乐法而不说。'只有法，更无说也。"

徐：又问："'志于道，据于德，依于仁'，与此相表里否？"
陈：曰："此章与'志于道'相表里否？"
杨：或问："此章与'志道、据德、依仁、游艺'如何？"

徐：曰："也不争多，此却有游艺一脚子。"
陈：曰："不然。彼就德性上说，此就工夫上说，只是游艺一脚意思。"

三人所录主要意思大同小异，但在词汇、语法上有较大差别。如第一段中都有两句话，第一句话徐记录较具体，出现主语"礼"，谓语有具体内容"依礼经服行"，谓语前用副词"尚"，而陈、杨的记录中，主语都承前省略，谓语都用概括性的词语"用力"，谓语前都用副词"犹"。在第二句话中三者都采用因果复句的形式，只是徐用一个分句表示因，两个分句表示果；陈用两个分句来表示因，一个分句表示果；杨则用一个分句表示因，一个分句表示果。在语气上陈采用反诘问的形式，语气最重。在徐录中，谓语、宾语在前面都先出现了，真正问句部分用"致"代替前面谓语动词，用"之"复指名词宾语；在陈、杨录中，直接用动词"兴成"作谓语，陈录中无宾语，杨录中以"之"作宾语。在陈录中还用了语气词"乎"。值得注意的是三种记录都用了带书面色彩的问句形式，即把介宾结构中的疑问代词宾语都放在前面，只是所用介词不同，徐、陈二人用"以"，杨用"由"。三人中徐宇是浙江永嘉人，陈淳是河北临漳人，杨道夫是建宁人，三人所录不同，一方面是因为各人语言风格的差异，另一个方面也受个人方言基础的影响。

尽管所录并非原话，但毕竟要受到说话人语言的影响和制约。同时记录者在进行记录整理的时候，肯定经过了一个内化吸收的过程，再用语言文字形式表现出来，这多少留下记录者的语言特色（这里不讨论思想内容）。另一方面，这种记录过程也多少进行了语言整理和加工，因为所记的内容是学术思想方面的东西，这又不完全等同于日常生活语言，它具有较多的通语成分。所以总的看来，《朱子》作为语料来说，应有通语成分（包括书面成分）和记录者个人方言成分。前面已经谈到在讲学过程中师生都是以通语为主，这一点应与记录者所用通语一致。

记录者的个人语言情况可以根据《朱子》卷前《朱子语录姓氏》作大致分析。《朱子》所收语录的最初记录者共 97 家，他们的语言成分在记录时多少都会有所反映。这 97 人中，《朱子语录姓氏》标明籍贯者 80 人，未标明籍贯但据《朱熹书院与门人考》可证明的有 6 人，另有 11 人不可考，其籍贯分布见表 1 - 1。

表 1 - 1　《朱子》记录者籍贯分布

单位：个

籍　　贯	人　　数
福建路	33
江南东路	20
江南西路	13
两浙东路	8
两浙西路	2
广东南路（潮州）	1
荆湖南路	4
荆湖北路	2
夔州路（涪陵）	1
河北西路（临漳）	2
籍贯无考	11
总　　计	97

说明：此表据杨永龙《〈朱子语类〉完成体研究》，河南大学出版社，2001。

从表 1-1 中可以看出：福建人最多，共 33 人，约占 34%，其中又主要集中在闽北的建宁、邵武、南剑、福州四个地区，共有 28 人，江南东路、江南西路和两浙东路都与闽北接壤，共有 41 人，其他地方的很少。

可见，记录者（学生）的地域分布与朱熹一生的主要活动区域是一样的，主要集中在闽北周围，他们中的多数人的方言基础也应该与朱熹基本一致。这样我们可以说：《朱子》的语言性质以通语为主，同时带有闽北方言成分。当然具体到每个个体，肯定多少有些差异，而这种差异反倒更能全面地反映当时的语言面貌。

要说明的是这里所说的通语应该是当时文人所通用的语言，既有书面成分，又有口语成分，可以说《朱子》大致反映了当时文人的口语面貌，这从书中大量使用的通俗习语和成语就可以看出来。朱熹教诲门人："不惟念得正文注字，要自家暗地以俗语解得，方是。"明确要求门人子弟用俗语来诠释书上说的道理。浅显通俗的语言能使深奥的道理一点即明，所以朱熹在讲学时也大量使用通俗习语。例如"活泼泼地"、"大惊小怪"、"心要在腔子里"、"吃紧为人处"等等。成语的大量使用则又体现其书面语的一面。苏联 G. 卡尔格伦在《宋代朱熹全书的口语研究》中认为，《御纂朱子全书》反映了朱熹时代真正的"官方"语言——知识阶层的口语。书中的文学词语较多，这是由于宋代口语比现在更接近文学语言，也就是说，某些为古典文学语言所特有的并被我们看做真正文言词语的虚词和语气词在朱熹时代可能是用于日常口语的。《朱子》中出现文言词语的另一原因，可能是朱熹有意地在自己的讲解中使用了有学问的听众所能接受的文学词语。

1.2 关于《朱子语类》的语言研究概述

1.2.1 全面研究

祝敏彻《〈朱子语类〉句法研究》（1991）。该书分复音词、成语、结构、单句成分、句式和复句等数章，较全面系统地探讨了《朱子》中的句法问题。

吴福祥《〈朱子语类辑略〉语法研究》① （2004）。该书以丛书集成本《朱子语类辑略》（以下简称《辑略》）为考察对象，分析《朱子》的语法现象。全书包括：指代词、助动词、数量词、副词、介词、连词、助词、述补结构、处置式、被动式、疑问句等 11 章，对《辑略》所出现的语法范畴、语法成分以及结构式作了比较全面、详尽的描写和分析。由于该书是按照"近代汉语专书语法研究"课题组事先商定的体例来写，所以只把《辑略》作为一个封闭系统，对其中出现的语法现象作定量分析和分类描写，而没有涉及相关文献的共时对比和历史比较。② 其中问句一章只占全书篇幅的 4.7%。③

1.2.2　专题研究

杨永龙《〈朱子语类〉完成体研究》（2001）。该书运用现代语言学理论，从句法结构、事件类型、情状类型、时制结构等多方面对《朱子》中表达完成体意义的若干副词、助词、语气词、完毕义动词予以描写和分析，并在此基础上进行古今比较，上溯其源，下探其流，同时对完成体及相关理论问题也进行了探讨。

唐贤清《〈朱子语类〉副词研究》（2004）。该书以《朱子》中的所有副词作为考察对象，将共时和历时相结合，对《朱子》中的所有副词进行了穷尽性的统计，对近代汉语新出现的副词一一作了探讨，并就《朱子》副词的特点作了较为深入的探索，对汉语副词的演变规律做了初步的总结。

1.2.3　对构词法、个别结构句式、虚词的研究

主要是单篇论文，较重要的有：

闵祥顺：《〈朱子语类辑略〉中复音词的构词法》（1987）

祝敏彻：《〈朱子语类〉中成语与结构的关系》（1990）

---

① 《朱子语类》刊布 400 余年后，清人张伯行从中辑出部分语录，编成八卷本《朱子语类辑略》（收入正谊堂全书，于康熙四十七年（1708）印行，是为正谊堂全书本《朱子语类辑略》。商务印书馆 1936 年据正谊堂全书本出版《朱子语类辑略》排印本（收入王云五主编《丛书集成初编》），是为丛书集成本。——参见吴福祥《〈朱子语类辑略〉语法研究》）。

② 参见该书引言部分。

③ 全书正文共 363 页，疑问句一章为第 347~363 页，共 17 页。

李思明：《〈朱子语类〉的处置式》（1994）

刁晏斌：《〈朱子语类〉中几种特殊的"被"字句》（1995）

祝敏彻：《〈朱子语类〉中的偏正复句》（1991）

李思明：《〈朱子语类〉的让步复句》（1996）

祝敏彻：《〈朱子语类〉中"地"、"底"的语法作用》（1982）

木霁弘：《〈朱子语类〉中的时体助词"了"》（1986）

李思明：《〈朱子语类〉中单独作谓语的可能性"得"》（1993）

1.2.4 词语考释

祝敏彻《〈朱子语类〉中成语与结构的关系》（1990）对《朱子》中284条成语的结构做了探讨，又在《〈朱子语类〉句法研究》（1991）一书中的第一章对《朱子》中的复音词和成语的结构关系作了详尽的分析，书后附录了《朱子》复音词总表和《朱子》成语总表。袁庆述《〈朱子语类〉方言俗语词考》（1990），徐时仪《〈朱子语类〉词语考释》（1991）、《〈朱子语类〉词语特点举耦》（1993）、姚振武《〈朱子语类〉词语札记》（1992）、《〈朱子语类〉词语杂释》（1993）等，以有关文献和史实为据，对《朱子》中的一些词语作了训释。

1.3 疑问句及相关问题的研究

1.3.1 近代汉语疑问句研究概况①

1.3.1.1 20 世纪 40 年代以前

汉语语法的系统研究是从《马氏文通》（1898）开始的，在此之前还没有建立系统的语法观念，也谈不上有系统的语法研究，对语法的论述是

---

① 近代不是指中国近代史（1840~1919）期间使用的汉语，而是指与现代汉语比较接近、与古代汉语的文言旨趣迥异的"白话"汉语。对于近代汉语的上下限，语言学界有不同的意见：如王力先生根据语音、语法、词汇标准，提出"公元十三世纪到十九世纪（鸦片战争）为近代"。吕叔湘先生认为："我们发现，尽管汉魏和隋唐都有夹杂一些口语成分的文字，但是用当时口语做基础，而或多或少地搀杂些文言成分的作品是直到晚唐五代才开始出现的（如禅宗语录和敦煌俗文学作品），因此我们建议把近代汉语的开始定在晚唐五代即第九世纪。"（《近代汉语读本·序》，语文出版社，1985。） （转下页注）

很零碎的，大多散见于各种书籍（如笔记、札记、注疏、字典、辞书等）之中，其中较多的是在解释虚词的专著中，如清代刘淇的《助字辨略》，袁仁林的《虚字说》等。

马建忠《马氏文通》首次将疑问句作为一个语法范畴提出来，他按照助词所传语气把句子分为两大类。"助词所传之语气有二：曰信，曰疑。故助词有传信者，有传疑者。"其中传疑内部又分为三种："一则有疑而用以设问者"，如"然则管仲知礼乎？""一则无疑而用以拟议者"，如"学而时习之，不亦说乎？"[1]"一则不疑而用以咏叹者"，如"一之谓甚，其可再乎？"[2]

其实该书中在具体讲解各类助词（如乎、邪）等的用法时还谈到另一些类别，如："凡事属量度两商，可直陈无隐者，其叠句或皆用'乎'字助之，或首句用'乎'字而后句用他字者。"[3] 举例如："王以天下为尊秦乎？且尊齐乎？""敢问天道乎？抑人故也？"这实际上就是我们所说的选择问句。还有"以'乎'字分助两句，故设两难，而后各为之解以夹出真义者，则其量度悬揣之状，自流露于行间矣"[4]。其举例如："共已成熟乎？将以为友也。其未成熟乎？将以讲去其非而趋是耳。"这实际就是设问句。

黎锦熙《新著国语文法》（1992）继承了马建忠的学说，仍以助词为纲，把疑问句放在"语气——助词细目"中去论述，把疑问句分为"表然否的疑问"、"助抉择或寻求的疑问"，以及"无疑而反诘语气"。[5]

1.3.1.2　20 世纪 40 年代至"文革"时期

此前对疑问句的分析只是粗线条，直到 20 世纪 40 年代，以吕叔湘

（接上页注①）"这样，汉语的言文分歧（即实际口语和文献语言的分歧——引者注）就维持了很长一个时期，直到五四运动之后才重新统一起来。所以把五四时期定为现代汉语开始的时期是合理的。"（同上）

　　吕叔湘先生关于近代汉语起于晚唐五代、止于五四运动的提法，与许多学者在工作实践中形成的对于近代汉语的认识比较吻合。

　　刘坚等《近代汉语虚词研究》（1992）指出："目前对近代汉语历史年代划分问题的讨论还没有完全一致的结论，但是大部分近代汉语研究工作者倾向于接受近代汉语的上限定在晚唐五代前后，下限定在清代前后的意见。"

① 吕叔湘、王海棻编《马氏文通读本》，上海教育出版社，2001，第 530 页。
② 吕叔湘、王海棻编《马氏文通读本》，上海教育出版社，2001，第 592 页。
③ 吕叔湘、王海棻编《马氏文通读本》，上海教育出版社，2001，第 597 页。
④ 吕叔湘、王海棻编《马氏文通读本》，上海教育出版社，2001，第 598 页。
⑤ 黎锦熙：《新著国语文法》（新 1 版），商务印书馆，1992，第 241 页。

《中国文法要略》为代表，才真正开始对疑问句进行比较细致而深入的研究。吕先生把"询问、反诘、测度"总称为疑问语气，疑问句分为两大类：（1）特指问句，（2）是非问句（包括选择问句）；并讨论了反诘问、间接问句以及问句的应用，提出一系列很有价值的课题，包括疑问点、疑问程度、疑与问的区别与联系、形式与功能的错综变化等。该书讲中国语法，兼及古今，其中对疑问句的研究，不仅奠定了现代汉语疑问句研究的基础，也奠定了近代汉语疑问句研究的基础。

高名凯先生在他的《汉语语法论》（1986）中指出："一向研究汉语语法的人都只注意到理性的语法平面的结构。他们并没有注意到同样语言材料的不同的说法。遇到否定、命令、询问、传疑、反诘、感叹等例时，他们并没有了解这些是整个句子的一种类型，而只把这些放在词类的范畴中去叙述。在他们看来，否定是副词，询问是副词或是代词，命令是动词的一格……其实这是看错了的。"① 该书第四编就是专门讨论这些不同的句型的。其中第二章"询问命题"详细分析了"询问命题的性质"（第一节），询问命题的种类（第二节），把询问命题分为三类：一是用询问句终词来表示的；二是用肯定和否定两成分来表示的，三是用特殊询问词来表示的。这三类分别相当于现在所说的"带有句末疑问语气词的是非问句"、"选择问句（包括反复问句）"和"特殊疑问句"。其中每一类都列举了相当数量的古今例证（分为古文和口语两类）。尤其值得注意的是第三节"汉语的询问词"，对前面所谈到的询问词的相互关系及其来源加以解释，并尽可能地说明古今演变的线索。比如通过历史分析证明现在口语中的询问命题中的否定词是从哪里变化而来的，如口语中的"'呢'确是'尔'的后身"，"至于'哪能'则是'呢'的蜕化，而'啦'则是'哩'的变形"，另外还探讨了口语中"什么"、"怎么"的来源等。

不论该编中对句型的分类是否恰当，某些具体的分析结论是否确切，其中给我们最大的启迪就是：疑问的研究不能仅局限于虚词（尽管虚词很重要），更要注重问句的句法结构形式；而采用历时分析的方法探源溯流，更是汉语语法史研究不可或缺的重要方法。

进入 20 世纪 50 年代以后，王力先生出版了《汉语史稿》，其语法史

---

① 高名凯：《汉语语法论》第四编"句型论"，商务印书馆，1986，第 429 页。

部分涉及近代汉语时期的许多语法问题。与疑问句相关的有"疑问代词"和"疑问语气词"两方面。讲疑问代词时谈到了产生于南北朝的表疑问的"底"，产生于唐代的"什麽"、"争"，宋代时的"怎"、"怎生、怎麽"、"怎的"等疑问词的来源和用法。另外，王先生还分析了表反诘的"那"（即后来的"哪"），认为"它的语法意义来自上古的'安'和'焉'。'安'和'焉'收音于—n，可能转化为 na（那）"①。疑问语气词部分着重分析了现代汉语中"吗"、"呢"的来源，认为"呢"来源于疑问语气词"无"，并从语音和方言上加以证明。对于"呢"，王力先生认为"其来源难以确定"。在近代汉语中有和"呢"大致相当的两个语气词"那"和"哩"，其中表疑问语气的"那"只出现在元曲里，"哩"大概产生于13 世纪，在元代已普遍应用，主要表夸张语气，也可表疑问语气。② 此前张相（1953、1979）《诗词曲语辞汇释》一书，汇集了唐宋金元明以来流行于诗词曲语中的特殊语辞 500 余条，其中有不少是虚词，与问句有关的如"争"、"怎生"、"麽"、"作麽"、"不成"等词，该书对其源流都进行了探讨，材料翔实，例句丰富。另外还有蒋礼鸿（1959、1988）《敦煌变文字义通释》一书，对变文中的词语进行解释，同时引用汉魏六朝和宋元以后的材料，分析词义变化的来龙去脉，其中第六篇"释虚字"部分涉及"为当、为复、为是"、"已不、已否、以不"、"没、阿没、甚没、什没"等几组与疑问句有关的虚词。

1.3.1.3　"文化大革命"以后（20 世纪 70 年代末至今）

"文化大革命"以后近代汉语语法研究工作有了较大的进展，特别是吕叔湘《汉语语法论文集》（增订本）和吕叔湘著、江蓝生补的《近代汉语指代词》的出版，对近代汉语语法研究工作起到了很大的推动作用。从 20 世纪 80 年代后半期开始，近代汉语语法研究进入了蓬勃发展的时期，对问句系统的研究也有了全面深入的发展，体现在以下几个方面。

1.3.1.3.1　通论部分

近代汉语语法通论的著作中，问句是不可或缺的重要部分，例如日本

① 见《汉语史稿》（修订本），中华书局，2001，第 289～293 页。
② 见《汉语史稿》（修订本），中华书局，2001，第 450～456 页。

志村良治《中国中世语法史研究》（1995）在概论部分有"疑问表达的发展"、"疑问代词"等专节论述，在专论部分"中世汉语的疑问词谱系"中又分两节对"疑问词'底'"和"'甚麼'的成立"进行了详细的讨论。日本太田辰夫的《汉语史通考》（1991）也有专章论述"中古汉语的特殊疑问形式"，"'甚么'考"一节对"甚么"一词的来源进行了详尽的考证，有很强的说服力。另外还有他的《中国语历史文法》（1987），袁宾的《近代汉语概论》（1992），孙锡信的《汉语历史语法要略》（1992），刘景农的《汉语文言语法》（1994）等都对疑问代词、疑问副词、疑问语气词、疑问句式等有详略不等的分析。

1.3.1.3.2 有关专题的语法研究专著

吕叔湘著、江蓝生补《近代汉语指代词》（1985），全书建立了一个比较完整的近代汉语指代词系统，其中对"谁"、"什么"、"哪"、"怎么"等与问句相关的指示代词的使用和发展描绘了一个完整的面貌。刘坚、江蓝生、白维国、曹广顺等著《近代汉语虚词研究》（1992），全书对近代汉语中30多个虚词作了全面细致的探讨，考察了这些虚词在各个历史发展阶段的使用和变化情况，同时对某些虚词的来源和语法化义理进行了探索，包括语气"呢（哩）"，疑问副词"颇"、"可（岂、宁、敢）"、"还（为）"、"莫"等，材料翔实，立论可信。孙锡信《近代汉语语气词》（1999）对语气词作了全面系统的研究，考察严密，多有创见。冯春田的《近代汉语语法研究》（2000）对近代汉语的代词、介词、助词与助词结构、句式等四个方面进行了全面的论述。王海棻（1987）《古汉语疑问词语》把有关古汉语疑问词语的丰富资料搜集到一起，加以归纳分析整理研究，详细说明各个疑问词语的语义和语法功能，尽管以古汉语词语为主，但也涉及不少近代汉语时期的内容，引文例证从《诗经》至唐诗宋词元曲以至《聊斋志异》，丰富翔实，为近代汉语疑问词语研究提供了大量可资借鉴的材料。

1.3.1.3.3 虚词和句式

与问句系统相关的论文主要集中在虚词和句式两个方面。

虚词方面主要集中在疑问代词和语气词上。疑问代词方面着重在分析"那（哪）"、"什么"、"怎么"三个词的来源及其发展演变过程，各自的语法功能等，张惠英（1984）、孙锡信（1985）、吴福祥

（1996）等都有论述。语气词则重点讨论近代汉语中"吗（么、无）"、"呢（那、哩）"的来源，如江蓝生（1986）、曹广顺（1986）、吴福祥（1997）、钟兆华（1997）等，各家都根据不同的材料从不同角度得出不同的观点。①

句式方面：由于对是非问句和特指问句着重在相关虚词（语气词和疑问代词）方面，所以对疑问句式的探讨主要集中在选择问句上，其中讨论得较多的是"是（还是）"字句和"可"字句两种句式。

梅祖麟（1978）在《现代汉语选择句法的来源》一文中讨论了汉语选择问句法从 5 世纪到 12 世纪的历史，认为现代选择问的句法在 5 世纪已经成型，以后发生若干词汇的变化，在 12 世纪产生"是……，还是……"这类现代选择问的句子，值得注意的是在文章的末尾梅祖麟还对语法史的研究方法问题提出了自己的看法。他指出，从刘淇的《助字辨略》和王引之的《经传释词》起，以虚词作研究重点是汉语语法史的基本传统，一般的体例是先列举虚字，然后在每个虚字下排列例句。这个工作虽然是建立汉语语法史过程中不可少的基本步骤，但其本身有两个盲点：

第一，为什么某个虚词会有不同的用法？为什么某几个虚词会有相同或类似的用法？以前很少讨论这个问题。如果仔细考察，往往能发现某个虚词有几个用法并不只是偶合，其中自有线索可寻。……虚词语意的引申、用法的转变以及几个义近的虚词之间的兴衰替代，这些都是语言史的一部分，是值得我们注意的。

第二，以虚词作研究重点的语法史只注意某个虚词的出现，而忽略句型的出现。"现代汉语的选择问是什么时候出现的？"这个问题有两个答案：以具体的虚词做研究重点就会去找用"是"及"还是"的例句，结果答案是在宋代，或许可以推到唐末；如果把现代选择问的特征定为以系词作记号，每句选择问可单用或双用这记号，两个小句句尾可以不用疑问语气词，结果答案是 5 世纪。这两种答案的差别是后者把语法分析为两个部分，句型是个框子，个别虚词是填框子的实体。5 世纪产生了新句型，此后句型不变，只是填框子的词汇经过了种种变化。

梅先生提出的这两点很有理论价值，第一个问题中关于一组意义相近

---

① 关于虚词部分的探讨由于下面相关部分要对各家观点进行详细分析，此处从略。

的虚词之间"相因生义"（或叫"同步引申"）问题，80年代大陆学者也先后提了出来并已用于语法研究的实践。梅先生在70年代末就指出这一点，我们不能不钦佩他在这一问题上的先见之明。第二个问题是有关词汇兴替和结构变化问题，他（1981）在考察现代汉语句末完成貌的来源时，又重申了这个问题。他说："句法结构不变，词汇中的新陈代谢就像接力赛跑，一个运动员跑累了，另一个接棒跑下去。汉语语法史常有这样的现象。"对梅先生的这一看法，蒋绍愚先生（1994）作了很高的评价，他说："这个看法对汉语语法史的研究十分重要。以往在语法史的研究中，对虚词的演变注意得较多，对于句型的演变注意得不够。而在研究结构变化时，又往往和词汇兴替分割开来，只有同时注意结构变化和词汇兴替，对一些问题才能观察得更深入。"

朱德熙（1985）指出，现代汉语方言里有一种在VP①前加上一个疑问副词造成的反复问句，这个疑问副词在苏州话里是"阿"，在昆明话和合肥话中分别是"格"和"克"，这里的"阿"、"格"、"克"很可能同出一源，而这个疑问副词在明清白话小说里写作"可"。由于明代白话小说里"可VP"句式已经大量出现，他猜想这类句式的产生要比这早得多。

刘坚、江蓝生等（1992）对"可"字句作了详细的研究。他们发现，历史上用于问句的"可"字有两种用法，一种是反诘副词（"可₁"），一种是推度副词（"可₂"）。两者出现的时间也不同，"可₁"出现前（东汉），"可₂"出现在后（唐代）。他们认为"可₂"是从"可₁"演变而来的，而"可₁"与"敢"不仅词性一致（都是助动词），而且词义有相同之处（都有"可以"之义），当"敢"字出现在反问句中时常表示"岂敢"义。根据类化或同步引申的规律可以推断，"可"也是沿这一途径演变为疑问副词。刘坚等最后认为，苏州话中的"阿₁"、合肥话中的"克"、昆明话中的"格"，这些与"可₂"相当的疑问副词，其实都是"可"的变体，他们还从音理上认证了"可"字演变为"阿"、"克"、

---

① "VP"是英文"Verb Phrase"的缩写，"V"表示动词，"VP"表示动词短语。后文出现的"NP"是英文"Nominal Phrase"的缩写，"N"表示名词，"NP"表示名词短语。"AP"是英文"Adjective Phrase"的缩写，其中"A"代表形容词，"AP"表示形容词短语。

"格"的具体过程。

1.3.2　问句系统的分类

从不同的角度，按不同标准对疑问句进行分类，会得出不同的结果。现在语法界对问句有七种不同的分类系统。[①]

一是根据疑问句内部小类的派生关系来分类，可称为"疑问句派生系统"，这可以吕叔湘为代表。他认为，特指问与是非问是疑问句的两种基本类型，而正反问和选择问是从是非问句派生出来的，因为它们分别是由"两个是非问合并而成"[②]。即：

你去？你不去？……你去不去？

你去？我去？……你去还是我去？

疑问句派生系统的内部关系如下：

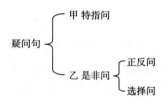

二是根据疑问句与陈述句之间的转换关系来分类，可称为"疑问句转换系统"，这可以朱德熙为代表。他认为"只要把相应的陈述句的语调换成疑问语调，就变成了是非问句"、"在相应的陈述句里代入疑问词语，加上疑问句调，就变成了特指问句"、"把陈述句的谓语部分换成并列的几项，再加上疑问句调，就变成了选择问"。总之，可以把这三类问句都看成是由陈述句转换出来的句式。同时，把反复问句看成是一种特殊的选择问句。[③] 疑问句转换系统的内部关系如下：

陈述句 —加疑问句调→ 疑问句 {是非问句 / 特指问句 / 选择问句（反复问句）}

---

① 参见邵敬敏《现代汉语疑问句研究》，华东师范大学出版社，1996，第 3～6 页。

② 吕叔湘：《疑问·否定·肯定》，《中国语文》1985 第 4 期。

③ 朱德熙：《语法讲义》，商务印书馆，2000，第 202～203 页。

三是根据疑问句的结构形式特点来分类，可称为"疑问句结构系统"。这可以林裕文和陆俭明为代表。林裕文指出疑问句结构形式上的特点有四项：（1）疑问代词；（2）"（是）A还是B"的选择形式；（3）"X不X"的正反并列形式，（4）语气词与句调。① 而疑问句内部的对立正建立在这四项形式对立的基础上。陆俭明在具体比较了疑问句各个类型后，认为特指问与选择问有两项重要的共同点，与是非问形成对立：第一，前两种疑问句都是由疑问形式的语言成分构成，而后者则由非疑问形式的语言成分构成。第二，前两种疑问句末尾都能带语气词"呢"，不能带语气词"吗"，而是非问则正好相反。② 疑问句结构系统的内部关系如下：

四是根据疑问句的交际功能，即说话人的意图和听话人的回答来分类，可称为"疑问句的功能系统"，这可以范继淹为代表。他认为，除特指问句外，其他的疑问句都是一种选择关系，因此，是非问句是选择问句的一种形式。③ 他的出发点是语义理解，对人工智能、中文信息处理和机器翻译等更具有实用价值。疑问句功能系统的内部关系如下：

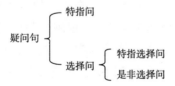

五是根据语义来分类，把所有的疑问句都看成一种选择，可称为"选择系统"，这可以邵敬敏为代表。他指出，作为选择，可以有两种：一种为是非选择，一种为特指选择。根本区别就在于要求回答时，前者为肯定或否定，后者为针对性回答。是非选择，即在正反两方面

---

① 林裕文：《谈疑问句》，《中国语文》1985 年第 2 期。
② 陆俭明：《由"非疑问形式 + 呢"造成的疑问句》，《中国语文》1982 年第 6 期。
③ 范继淹：《是非问句的句法形式》，《中国语文》1982 年第 6 期。

选择。黄国营（1986）认为，现代汉语的是非问句是由正反问发展而来的，"吗"语气词是由否定副词"不"虚化而来的，其发展轨迹可简单描述为：

你去不去？→你去不？→你去吗？

因此，邵敬敏认为从历史演变角度看，也可以把是非问句看做是非选择问的一种特殊形式。至于特指选择，例如"你去还是他去？"实际上同"谁去"基本同义，从三个方面证明：（1）从回答看，"谁去？"要求针对性回答。（2）选择问句的外延是开放性的，即可以是两项以上，而特指问句的外延也是开放性的。（3）选择问句的范围总是确定的，同样，特指问句的范围，由于上下文及语境的制约，也完全可能是确定的。①

疑问句选择系统的内部关系如下：

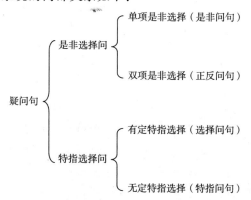

六是根据结构方式和语义表达的不同，在共时平面的基础上，兼顾历史和方言从而建立的一个新的汉语疑问句系统，称为"泛时性系统"，这可以袁毓林（1993）为代表。他指出，在汉语疑问句系统中，特指问句与其他问句在构成方式和语义表达方面不太一样。特指问句中必须有疑问代词（如"谁"、"什么"、"怎么"、"哪儿"）表示疑问的项目。所以疑问句首先可以分为两大类：特指问句和非特指问句。在非特指问句中，是非问句与其他问句在结构方式和意义表达方面不太一样，所以非特指问句可分为两大类：是非问句和非是非问句。在非是非问句中，狭义的正反问句比较特殊。所以非是非问句也可以分为两大类：正反问句和非正反问句。剩

---

① 邵敬敏：《现代汉语疑问句研究》，华东师范大学出版社，1996，第5～6页。

下的非正反问句包括通常所说的反复问句和选择问句两大类。反复问句由谓词性成分的肯定以及其否定形式重叠构成，要求听话人从中选一项回答。选择问句也可以分为两大类：并列选择问句，它要求听话人从并列的几项中选一项回答（如"你吃米饭还是吃面？"）；正反选择问句，它要求听话人从正反两项中选一项回答（如"你吃饭还是不吃？"）。这个疑问句的层级系统可以概括如下：

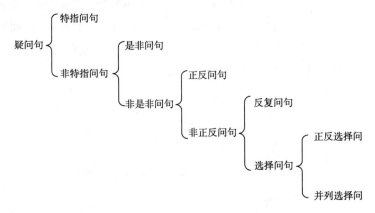

　　袁毓林还指出，在这个泛时系统中，不同层级的问句可以从不同的角度进行归并。比如，反复问句和选择问句都在表层的句法结构中提供几个可选项，让听话人选一项作回答。所以这两种问句可以合成一类，称为广义选择问句。正反问句、反复问句、正反选择问句都要求听话人从正反两项中选一项作回答，所以这三种问句可以合成一类，称为泛义正反问句。泛义正反问句和是非问句都要求听话人在正反、是否两个对立项中选一项作答，所以它们可以合成一大类，称为广义是非问句。①

　　第七种分类以张伯江（1999）为代表。他认为陆俭明的分类（即上面的第三种）的缺陷是割裂了是非问句和反复问句历史上和功能上的联系；吕叔湘（即上面的第一种）和袁毓林（即上面的第六种）的观点比较合理，但历时的时间层次和共时的功能层次未能准确地反映出来。他"提出一个既能反映历史联系，又能反映功能联系的新的分类系统"②：

----

① 袁毓林：《正反问句及相关的类型学参项》，《中国语文》1993 年第 2 期。
② 张伯江：《汉语疑问句的功能解释》，邢福义主编《汉语语法特点面面观》，北京语言文化大学出版社，1999，第 292 页。

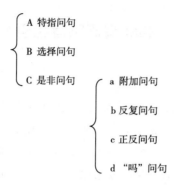

A 特指问句

B 选择问句

C 是非问句

a 附加问句

b 反复问句

c 正反问句

d "吗"问句

　　张伯江解释，第一个层次上并列的三类疑问句是汉语从古至今一直保持着的稳定的疑问系统，ABC 代表着不同功能的三种疑问方式：A 是针对某一点提问的，B 则是针对某一个特定的范围，C 却是针对整个命题的。这三种功能是不可或缺的，所以在历史发展中一直保持着稳定的格局。第二个层次上的四类问句具有相同的功能，都是判断命题的是非的。四者之间不是完全并列的关系，至少在 b c d 三者之间存在一种可观察到的派生关系：b 是重复谓语的形式，要求答话人在动词的一正一反之间判明是非；c 是从 b 发展出来的，这个时期，判断是非的意义靠判断语词的外露而更加突出，句末的否定词已有语法化的倾向；d 则是 c 发展的结果，已经完全语法化为专职的是非疑问表达的标记了。

　　以上介绍的七种疑问句分类系统都是现代汉语语法学者提出来的，在近代汉语疑问句研究方面由于重点在讨论某些虚词和句式的发展演变的历程，而对整个系统的建立的论述并不多见。从已有的分类看主要是按照传统的结构分类法，把疑问句分为是非问句、特指问句、选择问句、反复问句四类。如太田辰夫（1987）把疑问句分为：是非疑问、特指疑问、选择疑问、反复疑问、承前疑问五类。

　　专书研究中凡对疑问句分类的也基本上类似前面的情况，如吴福祥（2004）、张美兰（2003）等。

　　本书的分类系统：本书借鉴现代汉语语法学者的研究成果和具体情况对问句系统进行分类。从语义和结构出发，我们同意袁毓林的分类，分为特殊疑问句、是非问句、反复问句、选择问句。从特殊的表达功能上另外加上附加疑问句和反问句两类。

1.4　本书的写作宗旨和研究方法

1.4.1　写作宗旨

早在 20 世纪 80 年代初的全国语言学科规划会议（1983 年 3 月在太原举行）上，老一辈语言学家王力、吕叔湘、朱德熙等先生就提出，要在汉语史方面取得重大进展，必须对历史上的许多重要著作从语言学角度作比较详尽的研究，写出专书词典或专书语法。专书词典包括全部语汇，专书语法应包括全部句型。有人认为，根据对一部书全面研究得出的结论，当然要比只根据若干例句作出的结论更有价值。将这些专书的语言现象弄清楚了，对各个历史时期的语言面貌就有了比较具体的了解。再把各个历史时期联系起来，就能比较全面地（而不是片断地），比较清晰地（而不是模糊地）勾画出汉语史的轮廓。① "从 1983 年以后的研究情况来看，在汉语语法史的研究方面取得较大进展的，主要也是在专书语法研究方面取得的成果。"②

20 世纪末中国社会科学院语言研究所的刘坚、江蓝生两位先生组织承担的"近代汉语专书语法研究"课题，对《祖堂集》、《三朝北盟会编》、《朱子语类辑略》等 10 本近代汉语各个时期有代表性的专书进行全面的语法描写。该课题所采用的研究方法主要是定量分析和静态描写，即把各专书作为一个封闭系统，对其中出现的语法现象作定量分析和分类描写，而不涉及相关文献的共时分析和历史比较。③ 这使我们对近代汉语各个历史时期的语法面貌有了较清楚的了解，也为以后的进一步语法专题研究提供了丰富的资料。

语句按照语气来划分一般分为陈述句、疑问句、祈使句和感叹句四类。日常语言中陈述句占的比重最大，人们对客观事物的反映主要采用陈述句的形式，在语法研究中也以陈述句作为主要的研究对象。其实疑问句

---

① 见蒋绍愚《汉语史研究的回顾与前瞻》，《语言教学与研究》1989 年第 3 期。
② 见蒋绍愚《近代汉语专书语法研究·序》，吴福祥著《〈朱子语类辑略〉语法研究》，河南大学出版社，2004。
③ 据吴福祥《〈朱子语类辑略〉语法研究》（2004）引言部分，这是该课题组事先商定的体例。

在句法结构上有特殊形式，在思维和交际中也占有独特的地位，应该说疑问句具有很高的语法和语用研究价值。但在近代汉语研究中除对一些相关虚词和几个句式的研究外，把疑问句作为一个完整的语句系统来加以研究的到目前为止还没有看见。

《朱子》是南宋时期最有价值的语言材料之一，作为一部讲学语录，讲学常见的师生之间的问答形式是该书行文的最大特色和主要形式。书中问句所占篇幅大而且形式特别丰富，既有继承中古以及唐五代时期的问句形式，也有在前期处于萌芽状态而在此阶段发展成熟的形式，还有新兴的句法形式。此外，它还带有自己的地域特色。

本书拟以专书《朱子》作为主要研究对象，在前人研究的基础上考察问句系统在共时平面及历史发展中的具体情况，以期勾勒出它在近代汉语中所呈现的面貌以及建立与现代汉语疑问句的历史联系。

1.4.2　研究方法

本书以近代汉语语法研究所应用的基本理论和方法作为指导并结合实际，研究方法主要有以下几个方面。

第一，分门别类进行静态描写。

"专书研究的基础工作就是对汉语进行共时静态描写，只有描写得具体、全面，结论才比较可靠，揭示规律才能够深入。"王力先生曾指出，"普通语言学还有这样一个原理：语言的历史也是系统的，从一个时代变到另一个时代，是一个新的系统代替一个旧的系统，它不是零零碎碎地变的，所以我们研究语言绝不能零打碎敲，而必须对整个语言系统进行全面审查。"① 本书对《朱子》的问句系统按类别进行全面细致的描写。

第二，探流溯源，作纵向历史比较和动态分析。

静态的描写对汉语史来说是必不可少的组成部分，但单靠静态研究并不能达到建立汉语史的目的，还必须抓住断代的汉语某一现象追本溯源，了解分析问句系统发展的来龙去脉，进一步对句法的演变作出动态性的解释。本书力求在描写的基础之上对相关的语言现象的发展过程进行梳理，并作一些力所能及的解释。

---

① 王力：《我的治学经验》，《龙虫并雕斋琐语》，商务印书馆，2002，第 276 页。

第三，注重系统性。

任何一种语法单位都处在特定的系统中。某一语法现象的产生、发展、变化，不仅取决于其内在的功能，还受制于其所属系统的调节、整合。在本书中，除了对问句系统中的各子系统分别分析之外，还将讨论它们之间的联系，并将其放在《朱子》整个文本中，看它们的具体使用情况。

第四，结合现代语言学的相关理论来讨论问句系统在语篇中的具体运用，特别是其所体现的人际意义。

第 2 章

选择问句

2.1 宋代以前选择问句的历史发展概貌

选择问句一直是学术界研究的热点之一，取得了相当多的研究成果。就选择问句的历史发展来看，从先秦到宋元时期，选择问句的格式、语气词以及连接词都发生了很大的变化，它的丰富发展和定型大致在唐代以后，特别是宋代。也就是说近代汉语时期是选择问句发展演变乃至最后完善和定型的重要时期。在这里我们先根据前人的研究成果来了解一下宋以前选择问句的概貌，包括唐代以前和唐五代两个时期。①

2.1.1 唐代以前选择问句的发展情况

2.1.1.1 先秦两汉时期

先秦两汉时期已有了选择问句，吕叔湘（1984），王力（1980、2001），梅祖麟（1978），杨伯峻、何乐士（1992），祝敏彻（1995）等都做过研究。

梅祖麟（1978）指出，先秦两汉时期并列选择问句的特点是"两小句句末几乎必用'与'、'乎'、'邪'之类的疑问语气词"，而且"大多数另嵌入'抑'、'意'、'将'、'且'、'其'、'妄其'之类的关系词"。

与梅文不同的是，杨伯峻、何乐士（1992）把选择问句分成两类，即范围选择问句和分项选择问句，其"分项选择问句"相当于梅文的并列选

---

① 部分相关的内容参见刘子瑜《汉语选择问句历史发展研究评述》，浙江大学汉语史研究中心编《汉语史学报》第五辑，上海教育出版社，2005。

027

择问句，对这类选择问句特点的论述，杨、何文与梅文的基本看法是一致的。至于"范围选择问句"，杨、何二先生认为有以下特点："（一）句首有供选择的范围；（二）句中一定有疑问词代表提问的内容，形成这样的句式：'F（代表选择范围）·疑问词（何、安、孰、曷……）·动词谓语'。"

祝敏彻（1995）在对《论语》、《孟子》、《左传》、《战国策》中的并列选择问句统计调查的基础上，大致根据表疑问词语的不同，总结出了11种汉语选择问句式，它们是：（1）……乎？（意）……乎？（2）……诸？……诸（乎）？（3）……乎？……也？（4）……乎？……邪？（5）……乎？抑……与？（6）……与？抑（意）……与？（7）……邪？抑（意）……邪？（8）……何如？……何如？（9）……何……？（10）……孰……？（11）……孰与……？

以下是各家所举部分例证。①

（1）滕，小国也，间于齐、楚，事齐乎？事楚乎？（《孟子·梁惠王下》）

（2）曰："诚病乎？意亦思乎？其不乎？"（《战国策·秦策二》）

（3）子以秦为将救韩乎？其不乎？（《战国策·韩策二》）

（4）曰："有楚大夫于此，欲其子之齐语也，则使齐人傅诸？使楚人傅诸？"曰："使齐人傅之。"（《孟子·滕文公下》）

（5）孟子曰："子能顺杞柳之性而以为桮棬乎？将戕贼杞柳而后以为桮棬也？……"（《孟子·告子上》）

（6）且王之论秦也，欲破王之军乎？其不邪？（《战国策·赵策三》）

（7）求牧与刍而不得，则反诸其人乎？抑亦立而视其死与？（《孟子·公孙丑下》）

（8）然即国都不相攻伐，人家不相乱贼，此天下之害与？天下之利与？（《墨子·兼爱下》）

（9）子禽问于子贡曰："夫子至于是邦也，必闻其政。求之与？

---

① 转引自梅祖麟《现代汉语选择问句的来源》，1978；祝敏彻《汉语选择问、正反问的历史发展》，1995。

抑与之与?" (《论语·学而》)

（10）齐王建入朝于秦，雍门司马前曰："所为立王者，为社稷耶？为王立王耶？"王曰："为社稷。" (《战国策·齐策六》)

（11）知不足邪？意知而力不能行邪？ (《庄子·盗跖》)

（12）岂吾相不当侯邪？且固命也？ (《史记·李将军列传》)

（13）知其巧佞而用之邪，将以为贤也？ (《汉书·京房传》)

（14）赵王与楼缓计之曰："与秦城何如？不与何如？" (《战国策·赵策三》)

（15）子贡曰："必不得已而去，于斯三者何先？" (《论语·颜渊》)

（16）或问乎曾西曰："吾子与子路孰贤？" (《孟子·公孙丑上》)

（17）司马空曰："赵孰与秦大？"曰："不如。" (《战国策·秦策五》)

从例证看，各家对先秦两汉时期并列选择问句特点的认识大致相同，所不同的是，杨、何文及祝文都列举出了用疑问代词表示选择疑问的句式（即杨、何的"范围选择问句"，例（15）～（17））。

此外，对于梅文所提及的几个选择问记号——"抑"、"意"、"将"、"且"、"其"、"妄其"，有学者认为它们来源不同，性质不同，所起作用也不同。李崇兴（1990）认为，"其"是副词，与是非问句中表揣测、提议的副词"其"功能一样，是从是非问句带过来的，在选择问句中仍然表推测、拟议；其余几个是连词，"抑（意）"、"且"本来就有转折连词用法，在选择问句中起"另开一意的作用"；"妄其"的来源不清楚；"将"的来源是时间副词"将来"义→对将来情况进行断定→语气副词，一般性表断定、拟议→连词。总之，这几个语词在选择问句中所起作用是"把两个是非问小句勾连在一起，构成选择问"。

2.1.1.2　魏晋南北朝时期

对魏晋南北朝时期并列选择问句发展演变情况进行讨论的主要有梅祖麟（1978）、何亚南（2000）、李崇兴（1990）等学者。

2.1.1.2.1　梅祖麟（1978）曾对现代汉语选择问句的来源进行过研究，他认为"现代选择问的几个句式，在五世纪差不多都已经出现"，该

期相关句式主要有三:

1. N$_1$VP$_1$为(N$_2$)VP$_2$(乎/也),例如:

(18)不知孚为琼之别名,为别有伍孚也?(《三国志·魏志·董二袁刘传》,裴松之注)

(19)岂薪樵之道未弘?为网罗之目尚简?(《文选·永明十一年策秀才文》)

2. N$_1$为VP$_1$(也/耶)为VP2(乎/耶),例如:

(20)王问,汝为如形象作也,为使好乎?(《众经撰杂譬喻》,《大正藏》卷四)

(21)以何等故事不宜尔,为以姓望,为以财货耶?(东晋·僧伽提婆译《增壹阿含经》,《大正藏》卷二)

(22)又尝讥玄学植不进曰:为尘务经心,为天分有限?(《晋书·王凝之妻谢氏传》)

(23)如是耳声鼻香舌味身触意法,为意系法耶,为法系意耶?(宋·求那跋陀译《阿含经》,《大正藏》,卷二)

3. V$_1$VP$_1$(N$_2$)VP$_2$,例如:

(24)兄今在天上,福多,苦多?(《幽明录》)

(25)便问人云:"此为茶,为茗?"(《世说新语·纰漏》)

(26)助教顾良戏之曰:汝姓何,是荷叶之荷,为河水之河?妥应声答曰:先是姓顾,是眷顾之顾,为新故之故?(《北史·何妥传》)

梅文认为前两类句式的主要特点有三:"第一,'为'字用作选择问的记号。'为'字在这时期也是系词,以后'是'字在口语里淘汰'为'字作关联词的位置,只是一个系词替代另一个系词,结果使'是'字变成选择问的记号。第二,与古汉语比较,此期选择问句式中的'为'字成对出现,这也是现代选择问的特征之一,是上古汉语没有的。第三,"除用'为'或'为……为'作选择问记号之处,大多数还在句尾另加'也'、'乎'之类疑问语气词,有的在句首用询问词'岂'。这是上古和近古过渡之间的现象……"第三类是"两小句并列而不另加记号"的形式，梅文认为这类"句子句尾没有疑问语气词，是中古新兴的句型，也是现代选择问一种句型的先驱"。"句末不用疑问语气词、用系词作选择问记号、选择问记号可以成双出现，这三点是现代选择问的特点……这些特征在南北朝都已出现，换言之，现代选择问句法在五世纪已经具备。"

对"为"字在中古变成选择问记号的原因，梅文认为是从它用于假设词的用法引申发展而来的，用于假设词的例子如：

（27）王甚喜人之掩口也。为见王，必掩口。（《韩非子·内储说下》）

进一步演变，"'为'字复词化产生'为是'、'为复'、'为当'。这些复词单用或双用所构成的选择问流行在南北朝和唐代，尾声一直延续到南宋"。例如：

（28）昨夜光明，殊倍于常，为是帝释梵天四天王乎？二十八部鬼神大将也？（吴·支谦译《撰集百缘经》）

（29）远法师问，为是比量见，为是现量见？（神会《菩提达摩南宗是非论》下，胡适《神会和尚遗集》）

（30）君家少室西，为复少室东？（王维《问寇校书双溪诗》）

（31）又问一切人佛性，为复一种？为复有别？（《祖堂集》）

（32）未知即是《通俗文》，为当有异？（《颜氏家训·书证》）

（33）将军为当要贫道身，为当要贫道业？（《敦煌变文集》）

（34）师曰：为当求佛？为复问道？（《祖堂集》）

梅文指出："这三个语辞出现的次序是'为是'最先，'为当'其次，'为复'最后，而其湮没也是照着这个次序。""'为是'的寿命是二世纪（?）到八世纪末……'为复'的流行时期是八世纪到十二世纪末。'为当'出生在六世纪……九世纪远颇健旺，终年不易确定。"

关于选择问记号"为"的来源，学界有不同看法，李崇兴（1990）认为"'为'字进入选择问，是它系词用法的引申"。何亚南（2000）也同意这一看法。

2.1.1.2.2　何亚南（2000）对《三国志》和裴松之《注》中的选择问句进行了统计调查，他把其中的并列选择问句（何文称为"一般选择问句"）分为四类：

1."X·语气词，Y·语气词"式，此式特点是"两个选择项 X、Y 前都不用关联词，但两个选择项后都用语气词"。例如：

（35）玠之吐言，以为宽邪，以为急也？（《魏志·毛玠传》）

2."关联词·X·（语气词），Y·语气词"式，此式特点是"选择前项用关联词，后项不用。关联词由副词'将'、'当'、'宁'等或连词'为'充当。两选择项后大都要用语气词，选择前项后也可不用"。例如：

（36）我知杨俊与卿本末耳。今听卿，是无我也。卿宁无俊邪？无我邪？（《魏志·杨俊传》注引《魏略》）

（37）君往者为王府君论怪，云老书佐为蛇，老铃下为乌，此本皆人，何化之微贱乎？为见于爻象，出君意乎？（《魏志·管辂传》注引《辂别传》）

3."X·（语气词），关联词·Y·语气词"式，此式特点是"关联词由连词'将'和'为'等充当。选择前项后可用也可不用语气词，但后项句末则必用语气词"。例如：

（38）视其冢上树木可三十岁，不知此妇人三十岁常生于地中邪？将一朝欻生，偶与发冢者会也？（《魏志·明帝纪》注引《傅子》）

（39）谢承记孚字及本郡，则与琼同，而致死事用与孚异也，不知孚为琼之别名，为别有伍孚也？（《魏志·董卓传》注）

4."关联词·X·（语气词），关联词·Y·语气词"式，此式特点是"选择前项句末不用语气词的占多数，后项句末则必用语气词。关联词则由副词、助动词'岂'、'但'、'审'、'当复'等和连词'将'、'为'充当"。例如：

（40）兵乱以来，经学废绝，后生进趣，不由典谟。岂训导未洽，将进和者不以德显乎？（《魏志·明帝纪》）

（41）明将军当复后有远志，但结耗而已邪？（《蜀志·诸葛亮传》注引《魏略》）

把何文四种形式与梅文三种形式作一比较，会发现，梅文的前两类与何氏的几类大致相同，但何氏的分类更细致一些，至于梅文第三类"两小句并列而不另加记号"的形式，何在《三国志》和《裴注》中没有找到，但他认为这种形式至迟在 2 世纪已经出现，并补充出更早的用例：

（42）一切人声从所出？从空出？（支娄迦谶译《伅真陀罗所问如来三昧经》卷上）

在定性定量调查的基础上，何文总结出《三国志》（以下简称《三》）和《裴注》（以下简称《注》）中并列选择问句的几个特点：

首先，先秦并列选择问的两个小句末几乎必用语气词，《三》和《注》的并列选择问句已经明显地突破了上古汉语的限制，这在并列选择问句式向近代转变过程中跨出重要的一步。其次，至于二式，何文认为它的高频出现是《三》和《注》中的特殊现象，而且该式有先天缺陷，在两个小句末都用语气词的情况下，它的缺陷还可以遮掩，但当第一小句末不用语气词时，前后两个选择项的分隔就会变得较为模糊，从而使一般选择问的句意得不到明确的表达，最终导致被淘汰。

最后，关联词的新发展。除沿用旧有的关联词如"将"、"岂"、"宁"等外，还新出现了"当"、"当后"、"审"、"但"等，这些词还都是助动词或副词，没有完全虚化为连词，但它们在句中的关联作用却十分明显。

此外，对梅祖麟（1978）提出的"为"字选择问句出现于 5 世纪的看法，何文予以补正，认为"为"字在 2 世纪就已经进入了选择问句，且并不罕见，如：

（43）今如是非本念，前世我为有不？前世我为无有不？（安世高

译《一切流摄守因经》)

由此，何文认为："现代一般选择问句的句式特点在公元二世纪已经具备。"

对于梅祖麟（1978）所提出的"为"被"是"替代的最早用例（见于禅宗《碧岩录》中），何文也予以了补正，认为后汉佛经中已经出现了"是"作选择问记号的用例，如：

（44）顷承释子端坐六年，道成号佛，为实尔不？是世所美乎？（《中本起经·度波斯匿王品》）

何文共举出两例，不过，就其举例看，"是"尚处于向选择问记号发展的过渡阶段，还不能算是典型的选择问记号。

总结以上，唐以前并列选择问句的发展特点可以概括为以下几点：

（1）先秦两汉时期并列选择问句的两个小句末几乎必用语气词，两小句间经常有表选择的关联词语，配合表示选择问。不过，这一特点在后汉开始松动，出现了既不用语气词也不带关联词语的新格式，这是并列选择问句的重要发展。

（2）先秦两汉时期，并列选择问句两小句间的关联词语还很驳杂，既有语气副词，又有连词，这一特点六朝仍保留，但又出现了新变化，即："为"字在六朝成了选择问句的重要标记，并进一步复词化，产生出"为是"、"为当"等新型关联词，但这些词语成为专业化的并列选择问句连接词则在唐以后。

（3）若着眼于句法框架，汉语并列选择问句的基本结构框架在先秦已经具备雏形；若着眼于关联词语，则现代汉语并列选择问句形制在后汉已初显端倪。

2.1.2　唐五代时期

李思明（1983）、伍华（1987）、徐正考（1988）、袁宾（1989）、阚绪良（1994）、刘子瑜（1994）、祝敏彻（1995）、张美兰（2000、2001）等从不同方面对唐五代并列选择问句的发展演变情况进行了讨论，现将他们的研究成果综述如下。

2.1.2.1　唐五代并列选择问句的基本结构形式

1.　"A, B" 式

此式的特点是并列选择的各项间没有连词或具有连接作用的副词, 句末也不用语气词。一般情况下是两项并列, 有时也有平列两项以上的情况。例如:

（45）大师进曰:"水路来? 陆路来?"（《祖堂集》卷十七）

（46）未委三生之中, 何生得记? 过去? 未来? 现在?（《敦煌变文集·维摩诘经讲经文》)

2.　"A + 语气词, B + 语气词" 式

这类形式并列选择的各项间没有连词或具有连接作用的副词, 但句末有语气词帮助表示选择问。一般情况下是两项并列, 也有并列两项以上的情况。例如:

（47）彼风鸣耶? 铜铃鸣耶?（《祖堂集》卷二）

（48）弥勒, 世尊授仁者记, 一生当得阿耨多罗三藐三菩提, 用何生得授记乎? 过去耶? 未来耶? 现在耶?（《敦煌变文集·维摩诘经讲经文》)

3.　"关联词 + A（ + 语气词）, 关联 + B（ + 语气词）" 式

进入格式的关联词有"为"、"为是"、"为复"、"为当"、"是"等。"为"、"为是"、"为当"、"为复"是唐五代并列选择问句中的高频连接词, "为"最早见于东汉佛经, 普遍使用开来是在六朝, "为是"、"为当"则是六朝新出现的选择连词, "为复"产生于唐, 这几个关联词都是在唐五代才得以普遍使用;"是"用作选择问句中的连接词在唐五代已不少见, 但普遍使用开来是在宋代以后。例如:

（49）师问曰:"为心出家耶, 身出家耶?"（《祖堂集》卷一）

（50）为是上界天帝释? 为是梵众四天王?（《敦煌变文集·频婆娑罗王后宫彩女功德意供养塔生天因缘变》)

（51）为复忧夏其国境事? 为复夏念诸女身?（《敦煌变文集·破魔变文》)

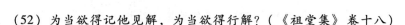

（52）为当欲得记他见解，为当欲得行解？（《祖堂集》卷十八）

（53）为当他国施方便？为复灵山礼宝台？（《敦煌变文集·维摩诘经讲经文》）

（54）和尚借问："山人所住是雌山，是雄山？"（《祖堂集》卷三）

以上是关联词同时出现在选择问句的各分句前，也可以单用于前项分句，或后项分句，如：

（55）为屈王邪？臣邪？（《敦煌变文集·只园图记》）

（56）相公问牙人曰："此是白庄家〔生〕厮儿，为复别处买来？"（《敦煌变文集·庐山远公话》）

（57）沩山曰："者沙弥，是有主沙弥，无主沙弥？"（《祖堂集》卷十八）

（58）师云："云居与摩道，是你与摩道？"云："云居与摩道。"（《祖堂集》卷十九）

4. 梅祖麟（1978）、张美兰（2000）认为此期还出现了少数"还"作标记的并列选择问句，例如：

（59）祖意与教意，还同别？（《祖堂集》卷十九）

（60）古人还扶入门，不扶入门？（《祖堂集》卷十一）

（61）秀才唯独一身，还别有眷属不？（《祖堂集》卷十八）

（63）隐峰问："只划得这个，还划得那个摩？"（《祖堂集》卷四）

不过，从例证看，我们认为其他用例都不是并列选择问句，（60）~（62）例不能排除正反选择问句的嫌疑，最后一例则为是非问。

总结以上，唐五代时期并列选择问句的发展特点可以概括为二：一方面继承了先秦至六朝并列选择问句的基本格式，另一方面又在前期基础上有了进一步的丰富发展。主要表现为：

（1）连接词出现了新变化。

承接中古选择问句形式特点，"为"以及由"为"复词化而形成的"为是"、"为复"、"为当"等在唐五代成为并列选择问句的常见重要连接词。据张美兰（2001）考察，"为"、"为是"、"为复"、"为当"在唐宋禅宗语录中使用频率很高，且配对使用多，单个使用少，与语气词配合者少，单个使用时又以用于前一分句居多，用于后一分句少。

另一重大变化是："是"开始替代"为"类连接词，进入并列选择问句中。"是"进入选择问句萌芽于后汉，但用例尚带有过渡性特征且罕见，唐五代始多见，普遍使用开来是在宋代以后。张美兰（2000）在《祖堂集》中找到 20 个例子，16 例是配对使用，另有"是……？……？"3 例，"……是……？"1 例。不过，大致同时的《敦煌变文集》中只有 3 例"是"字选择问句，这一方面说明"是"作为连接词用于选择问句的情况在唐五代还不够普遍，另一方面也显示出一定的地域差异性。

（2）并列选择问句分句末用语气词的情况减少。

刘子瑜（1994）、张美兰（2000）分别考察了《敦煌变文集》、《祖堂集》两部文献中的并列选择问句，结果发现，唐五代时期并列选择问句带语气词的数量逐减。

先秦并列选择问句的分句末一般都带有帮助传达选择疑问语气的语气词，六朝以后，不带语气词的用例渐渐出现，到唐五代则成为普遍现象，这与并列选择问句大量使用连接词紧密相关。

（3）产生了新兴格式。

出现与正反问交叉套合的形式，如：

（64）与摩道还得剿绝，为当不得剿绝？（《祖堂集》卷十一）

这类句式的特殊之处就在于并列选择问句的分句是由语义相对的正反问的分句构成，它是并列选择问句在发展过程中与正反问相套合而形成的句法形式。

2.2　《朱子语类》中选择问的结构形式

《朱子》中选择问的形式很多，既有沿用前期的形式，也有在此阶段发展成熟的形式。下面一一阐述。

2.2.1　沿用前期的形式

2.2.1.1　前后选项之间依据并列的语法结构来构句，中间不用表选择的连接词

其特点表现为选择项之间的对称性强，在语义上构成对立关系，从疑问焦点的句法位置看，大部分作谓语，少部分作状语或宾语。根据有无语气词，分为两小类。

2.2.1.1.1　前后分句都有语气词，主要用"耶（邪）"。例如：

（1）而今知得他合下是先有理，后有气邪？后有理，先有气邪？

（2）然则击磬之时，其心忧乎？乐乎？

（3）公欲取贤才耶？取文采耶？愿为今人之学乎？

（4）不知以心统性情为是耶？性统心情为是耶？

（5）不知今以动为心是耶？动为情是耶？

（6）不知是说圣人明之耶？说干道明之耶？

（7）不知当时为王道作耶？为伯者作耶？

（8）不知圣人是有思耶？无思耶？

（9）客气暴怒，害事为多，不知是物欲耶？气禀耶？

2.2.1.1.2　前后选项均无语气词，例如：

（1）问："与上蔡说同异？"曰："异。上蔡说觉，才见此心耳。"

（2）意、必、固、我有无次第？

（3）曰："毕竟是曾学未学？"

（4）问："五运之说，不知取相生、相克？"

（5）《论语》颜渊问仁，与问为邦，毕竟先是问仁，先是问为邦？

（6）此说得最好，然"一"字多在忠上？多在恕上？

（7）且周公所制之礼，不知在武王之时？在文王之时？

从结构上看，前四例是利用反义词来构成选择项，采用单句的形式，后三例用并列式复句选择结构。语义上，前三例选择焦点在谓语上，后四例焦点在宾语上。

2.2.1.2 用关联词连接

"抑"、"将":

据梅祖麟（1978）对选择问历史发展的考察，"先秦两汉的选择问，两小句末几乎必用'与'、'乎'、'邪'之类的疑问语气词，如此两小句每句单独已是疑问句，并列就可形成选择问，大多数嵌入'抑'、'将'、'意'、'且'、'其'之类的关系词"。《朱子》中使用的较早时期的连接词主要有"抑"、"将"，只有5例是单用的，放在第二个选择项的前面，以带语气词为主，共4例，只有1例不带语气词。

（1）府、史、胥、徒，不知皆民为之，抑别募游手为之？

（2）"天地者，道也"，不知天地即道耶？抑天地是形，所以为天地乃道耶？

（3）泰伯之让，知文王将有天下而让之乎？抑知太王欲传之季历而让之乎？

（4）不知周公以后，将以文王配耶？以时王之父配耶？

（5）初九"利建侯"，注云："占者如是，则利建以为侯。"此爻之占与卦辞异，未知其指盘桓难进者处阴之下不能进耶？将所居得正，不肯轻进耶？

其余的都是与"是"、"还是"等连用，形成"是（还是）……抑……"的过渡形式，共有24例。例如：

（6）问："'《关雎》乐而不淫，哀而不伤'，是诗人性情如此，抑诗之词意如此？"

（7）问："时习，是温习其义理，抑习其所行？"

（8）问："伊川'夺嫡'之说，不合礼经，是当时有遗命，抑后人为之耶？"

（9）问："三省忠信，是闻一贯之后，抑未闻之前？"

（10）问："'从善如登'是进向上底意，抑难底意？"

（11）问："解瑟为严密，是就心而言，抑就行而言？"

"为是"、"为复"、"为复是"：

在 5 世纪左右"为"字作为选择问记号出现，形成"N₁VP₁ 为（N₂）VP₂（乎/也）"两种选择问形式，同时"两小句并列而不另加记号的选择问也在这个时期出现"。而"下一步的演变，是'为'字复词化产生'为是'、'为复'、'为当'。这些复词单用或双用所构成的选择问流行在南北朝和唐代，尾声一直延续到南宋"。在唐五代时期的著作《祖堂集》中（张美兰，2003）用"为……为……"的句式有 13 例，同时伴有句末语气词"耶"、"也"，语气词配对使用的有 4 例，仅出现于后一分句句末的有 2 例。张美兰认为："连接词'为'的这种用法是《祖堂集》选择问句中保留魏晋南北朝'为'字用法特点最典型的一个。"另有"为当……为当……"作为连接词的共 11 例，用"为复……（为复）……"作连接词的有 12 例；同时，"为"、"为当"、"为复"也用在正反选择问中。其举例如下：

> 入定者为有心入定耶？为无心入定耶？
>
> 子白师曰："为心白耶？为头白耶？"
>
> 譬如皇太子受王位时，为太子一身受于王位？为复国界一一受也？
>
> 四祖曰："汝学为有求？为无求耶？"
>
> 为问因中三德？为问果上三德？
>
> 为当求佛？为复问道？
>
> 只这个？为当别更有？
>
> 凡修心地之法，为当悟心即了？为当别有行门？
>
> 直须目前生死，定取一言来看，为复实有？实无？
>
> 为复敬礼大圣手？为复悲礼如来腰？
>
> 好五六百人聚头，吃粥吃饭，为复见一般？见别处？
>
> 沩山云："为复常弄？还有置时也无？"

梅祖麟指出三个复音"为是"、"为当"、"为复"是依次先后出现的，其湮没也是照这个次序，"为复"一词最后消失，其流行时期是 8 世纪到 12 世纪末。从《朱子》中我们可以印证这一点，"为……为……"、"为当"没有出现，"为是"只有 1 例。而"为复"（包括"为复是"）共有 9 例，其中"为复"、"为复是"单用的共 5 例，都是放在后一选择分句前；连用的有 5 例，其中有 4 例是与"是"配对出现的过渡形式，构成

"是……为复（是）……"的形式。例见下：

（1）"包荒得尚于中行，以光大也。"以九二刚中有光大之德，乃能包荒耶？为复"包荒得尚于中行"，所以光大耶？

（2）不知伏羲画卦之初，与连山归岁有系辞否，为复一卦只是六画？

（3）又问："'动而生阳，静而生阴，静极复动'，则动复生阳，静复生阴。不知分阴阳以立两仪，在静极复动之前，为复在后？"曰："'动而生阳，静而生阴'，则阴阳分而两仪立矣。静极复动以后，所以明混辟不穷之妙。"

（4）且如孔子说"天何言哉，四时行焉，百物生焉"。如今只看"天何言哉"一句耶？为复是看"四时行焉，百物生焉"两句耶？

（5）涣卦既散而不聚，本象不知何处有可立庙之义？将是卦外立义，谓涣散之时，当聚祖考之精神邪？为复是下卦是坎，有幽隐之义，因此象而设立庙之义邪？

（6）兑巽卦爻辞皆不端的，可以移上移下。如"和兑"、"商兑"之类，皆不甚亲切。为复是解书到末稍，会懒了看不仔细？为复圣人别有意义？

（7）不知古人充耳以塞，或用玉，或用象，不知是塞于耳中，为复是塞在耳外？看来恐只是以线穿垂在当耳处。

（8）又问："'然太虚，升降飞扬，未尝止息'，此是言一气混沌之初，天地未判之时，为复亘古今如此？"

（9）因说湖南学先体察，云："不知古人是先学洒扫应对，为复先体察？"

（10）犹可晓，易解。下经多有不可晓，难解处。不知是某看到末梢懒了，解不得，为复是难解？

从《朱子》的以上用例来看，沿用上古及中古初期的形式总体上是比较少的，相对来说只有与其时间间隔最短的"为复"比较多。也就是说，中古时期的选择问句式在南宋时期已处于尾声，取而代之的是在唐五代处于萌芽阶段，而在此期间不断发展并趋于成熟的新的选择问句式。

2.2.2 逐渐发展成熟的新句式

2.2.2.1 "还"

梅祖麟（1978）指出，"还"进入选择问最早出现在《祖堂集》中，只有5例[①]，即：

古人还扶入门，不扶入门？（《祖堂集》卷十一）

秀才唯独一身，还别有眷属不？（《祖堂集》卷十五）

祖意与教意，还同别？（《祖堂集》卷十九）

沩山云："是也理长则就，除却这个色，还更有色也无？"（《祖堂集》卷十八）

隐峰问："只划得这个，还划得那个摩？"（《祖堂集》卷四）

梅祖麟从两点来说明这是一种新兴的句法：（1）《〈敦煌变文集〉口语语汇索引》不列"还"字。（2）《祖堂集》还有其他选择问的记号："为……为……""为复……为复……""为当……为当……"出现的次数都比"还"字句的选择问多。在《朱子》中，"还"用于表选择问的共有10例。构成的疑问格式有："……还……""还……，还……"举例如下：

（1）蔡又因说律管，云："伊川何不理会？想亦不及理会，还无人相共理会？"

（2）"古者各树其所宜之木以为社。"不知以木造主，还便以树为主？

（3）不知要就此处学子路"未之能行，惟恐有闻"，还只要求子路不是处？

（4）天地之心亦灵否？还只是漠然无为？

（5）《大学》次序，在圣人言之，合下便都能如此，还亦须从致知格物做起？

（6）恭父问："必不能违天害己，不知当时圣人见其事势不可害己，还以理度其不能害耶？"曰："若以势论，则害圣人甚易，唯圣人

[①] 阙绪良1988年统计应该有9句表选择问的"还"字句式。

自知其理有终不能害者。"

（7）看此语，程先生说得也未尽。只说无为，还当无为而治，无为而不治？

（8）问："'其在宗庙、朝廷'，集注云：'宗庙，礼法之所在。'在宗庙则'每事问'，固是礼法之所在，不知圣人还已知之而犹问，还以其名物制度之非古而因订之？"曰："便是这处，某尝道是孔子初仕时如此。"

（9）所以明道又云："'自能寻向上去。'这是已得此心，方可做去；不是道只块然守得这心便了。"问："放心还当将放了底心重新收来，还只存此心，便是不放？"

（10）问："使二君与桓文同时，还在其上，还出其下？"

（11）只管在尘俗里面，还曾见四端头面，还不曾见四端头面？

（1）～（7）例都是"还"单用于后一分句，（8）～（11）例前后两分句都用"还"。

关于"还"为什么能成为选择标记，梅祖麟（1978）的解释是"把用'还'字句的场合从'省略句'推广到'非省略句'"。如前例"古人还扶入门，不扶入门？"省略即成"古人还扶入门不？"而"还VP也无"这种句型的来源梅先生认为可以追溯到五六世纪以"为"作为疑问副词的"为VP不"一型。即"还VP也无"的来源是"为知邪，不知邪？"由于省略或紧缩变成了"为知邪不"，后来"邪"换成了"也"，"不"换成了"无"，"为"换成了"还"，就变成了"还知也无"。再从这种省略句推广至原来的非省略句中，即成为以"还"为标记的反复问句。在这里我们不讨论反复问句是否由选择问句省略而来这一问题（相关内容见"反复疑问句"一章）。梅先生所说的"还"替换"为"的看法还是很有道理的。至于"还"为什么能够替代"为"，梅先生认为可能是同一个词（两种不同的读法和写法）的替代。理由是："为"在南北朝时期不但用作"如其"，也作选择问记号；"还"在唐宋时期不但用作"如其"，也作选择问记号。而且还从语音分析上加以证明，但由于证据不足，梅先生也未作定论。疑问副词"为"在魏晋南北朝时期用法很多，既可以用在"VP不"式反复问句中，又可用于是非问句和选择问句中。例如：

（12）许允为吏部，多用其乡里。……帝核问之。允对曰："'举尔所知'，臣之乡人，臣所知也，陛下检校，为称职与不？若不称职，臣受其罪。"（《世说新语·贤媛》）

（13）世光与信于家去时，其六岁儿见之，指语祖母曰："阿爷飞上天，婆为见不？"（《冥祥记》）

（14）我为不如吉耶？而先趋附之。（《搜神记》卷一）

（15）向人前呼其父字，为是礼邪？（《殷芸小说》）

（16）晋明帝解占宅，闻郭璞为人葬，帝微服往看。……主人曰："郭云此葬龙耳，不出三年，当致天子。"帝问："为是出天子邪？"答曰："非出天子，能天子问耳。"（《世说新语·术解》）

（17）酒至，对杯不饮，云有茱萸气。协曰："为恶之耶？"（《冥祥记·古小说钩沉》）

（18）夫得道者，为在家得，为出家得乎？（《杂宝藏经》，《大正藏》卷四）

（19）不知孚为琼之别名，为别有伍、孚也？（《三国志·魏书·董二袁刘传》裴注，卷六）

（12）、（13）是反复问句，（14）、（15）是反诘问句，（16）、（17）是表推度的是非问句；（18）、（19）是选择问句。

而"还"在晚唐时出现，也可以用于各种问句中，如：

（20）公还读《金刚经》以否？（《敦煌变文集·庐山远公话》）

（21）问："省要处还通信不？"（《祖堂集》卷九）

（22）岩云："他还受盖覆也无？"师云："虽然如此，要且无漏。"（《祖堂集》卷八）

（23）问言诸将："还识此阵？"（《敦煌变文集·韩擒虎话本》）①

（24）我这里无人对，众中还有新来达士出来与老僧掇送？（《祖堂集》卷三）

（25）空中有一人说法，声振梵天，诸人还闻摩？（《祖堂集》

---

① 以上数例中，（16）～（23）转引自刘坚等《近代汉语虚词研究》，语文出版社，1992，第255页。

卷三）

（26）师云："明明是龙不带鳞，明明是牛不戴角，还会摩？"对云："不会"。（《祖堂集》卷三）

（27）远公还在何处？远公常随白庄逢州打州，逢县打县。（《敦煌变文集·庐山远公话》）。

以上诸例中，（20）～（24）例"还"用于"还 VP（已/也/不）"、"还 VP"的反复问中，（25）例"还 VP 摩"属是非问，（26）～（27）属特指问。把"为"和"还"使用的情况加以比较，可以看到两者有着几乎完全相同的语法意义和用法，特别是它们都能用在选择问句中。"为"主要在魏晋南北朝时期使用，到了唐代就不大见到了；而"还"大约出现在晚唐，二者在时间上可以相衔接，因此我们可以推测"还"替代"为"是有道理的。前面说过梅先生以为"还"之所以替换"为"是因为二者都有"如其"之义。我们对此有些怀疑。除了语音上难以讲通以外，还在于"还"作"如其"讲在唐代的例子很少见，宋代才较为普遍，而"还"作选择问记号在唐五代已经不少，时间上衔接得不紧。李崇兴（1990）认为"连接选择问的'还'由表转折语气的'还'变来"，"还"先表"却"义，进而起加强语气的作用，用于各种问句，进一步复合，就形成复合关联词"还是"用于选择问，即："还"表"却"义→"还"起加强语气的作用，用于各种问句→还 + 是，用于选择问→"还是"成为一个语词，作选择问记号。

我们觉得刘坚、江蓝生（1992）二位先生的解释较有说服力。他们认为，"为"作选择问记号不是直接来自它的"如其"义，而是来自它的"抑或"义。具体说，上古选择问的关联词"将"、"且"、"抑"、"其"之类都是"抑或"义，表示在或为此、或为彼的两种情况中进行推测选择。南北朝时期的选择问记号"为"本来是系动词，由于它经常出现在选择问这一语境中表示不确定的判断，于是就引申出"或是"的意义。"为"在意义上跟"又"、"复"相通，"为"由此又引申出"又"、"复"之义，这样"为"就跟"还"有了共同的义项，从而为"还"替代"为"提供了

先决条件，可以说"还"替代"为"是同义词的替代。① 五代时候开始作选择问记号的"还"，后来以复词"还是"的形式一直沿用至今。

2.2.2.2 "是"

2.2.2.2.1 "是"字作为选择问记号的初期及发展阶段。

"是"发展成为系词以后（王力，1980、2001），替代了前期系词"为"，由于"为"能进入选择问中成为"为……为……"式，"是"也就替换了"为"的这一功能而成为选择问的标记，并显示出强大的生命力。以"是"为代表的选择问句形式，一直沿用至今。

当"是"进入选择问句后，选择问句句式特色赋予"是"新的活力，选择问中两个小句在语义上是互相比较、前后照应的。在这样的语言环境中，原本为表断定而设的"是"字，在语用上发生了变异，由表断定作用而带上了连接词的性质，具有连接作用，但此时"是"仍然是系词。在后汉佛经、唐代其他文献材料中已有这种表连接作用的"是"字句。如：

（1）倾承释子端坐六年，道成号佛，为实尔不？是世所美乎？（《从中本起经·度波斯匿王品》）

（2）阿难作是念：是释提桓因自持智说耶？持佛威神说乎？（《道行般若经·释提桓因品》）②

以上两例"是"字选择问句末有疑问语气词帮助传疑。另外还有若干过渡句型，如"是……？为……？""是……为复……""为是……是"等新旧选择问连接词配对使用的情况。例如：

（3）八岁游国子学，助教顾良戏之曰："汝姓何，是荷叶之荷？为河水之河？"妥（何妥）应声答曰："先生姓顾，是眷顾之顾？为新故之故？"（《北史·何妥传》）

（4）此是白庄家［生］厮儿，为复别处买来？（《敦煌变文集》）

（5）道流，尔取这一般老师口里语，为是真道？是善知识不可思

---

① 见刘坚、江蓝生等《近代汉语虚词研究》，语文出版社，1992，第256页。

② （1）、（2）两例引自何亚南《从选择问句的历史发展看中古汉语的时限》，首届中古汉语研究会论文，2000。

议?（唐·慧然编《镇州临液晶慧照禅师语录》一卷，《大正藏》卷四十七）

（6）师垂语云："古人举一手竖一指，是禅是道？此语系缚人，无有住时，假饶不说，亦有口过。"（《祖堂集》卷十四）

（7）师云："云居与摩道？是你与摩道？"云："云居与摩道。"（《祖堂集》卷十九）①

在《朱子》里，有一小部分采用前期的过渡句型，主要是与"抑"配对使用成为"是……抑……""是……为复（是）""是……为是……"的形式，共有 24 例。其中带有语气词的 10 例，前后小句都有语气词的有 3 例，仅前小句有语气词的有 3 例，仅后一小句有语气词的共 4 例。而所有的语气词都是"耶"（邪）。前后小句都不用语气词的 14 例。例如：

（1）祭天地山川，而用牲币酒醴者，只是表吾心之诚耶？抑真有气来格也？

（2）伏羲始画八卦，其六十四者，是父王后来重之耶？抑伏羲已自画了耶？

（3）凡此等类，是苍苍在上者真有主宰如是耶？抑天无心，只是推原其理如此？

（4）"敬事而信"章，五者相承，各有次序。是能如此而后能如彼，抑既如此，更要如彼耶？

（5）"《关雎》乐而不淫，哀而不伤"，是诗人情性如此，抑诗之意如此？

（6）灵处是心，抑是性？

（7）"气然太虚，升降飞扬，未尝止息"，此是言一气混沌之初，天地未判之时，为复亘古今如此？

（8）《上经》犹可晓，易解。《下经》多有不可晓，难解处。不知是某看到末梢懒了，解不得，为复是难解？

（9）"乾坤，易之门"，门者，是六十四卦皆由是出，如"两仪生四象"，只管生出邪？为是取阖辟之义邪？

---

① （3）～（7）例引张美兰《〈祖堂集〉语法研究》，商务印书馆，2003。

（10）自阳动以至于人物之生，是一时俱全？且如此说，为是节次如此？

2.2.2.2.2　"是"字选择问的成熟阶段。

在《朱子》里，"是"字句选择问发展基本成熟，现代汉语里各种选择问都已出现。

以"是"为典型的选择标记大量出现，"是"字既可单用，又可配对使用。而且"是"字又可以复词化，成为"亦是"、"还是"，它们和"是"一样，既可单用，也可与"是"配对使用。梅祖麟先生曾指出，四五世纪左右，"是"字普遍地附加在其他的字之后，产生"是"型的复词，例如"非是"、"就是"、"即是"、"皆是"、"亦是"、"若是"等（梅祖麟，1978），同时他又指出从唐末到南宋一大变化是"还"变成"还是"，同样也是复词化的结果。我们认为"还是"之所以能成为与"是"同等重要而成为典型的选择问标记并沿用至今，是因为"还"、"是"都表示选择，复词化既是语言发展的趋势，在语义上又得到双重加强，所以它的出现也就很快导致"还"的渐趋没落。下面分述各种句式。

（a）是/还是 VP_1，VP_2

"是/还是"单用，放在第一个选择项的前面。共15例，其中"是"14例，"还是"1例，15例中有1例带有语气词"耶"。例如：

（1）《大学注》言："具体虚灵而不昧，其用鉴照而不遗。"此二句是说心，说德？

（2）直卿云："旧尝闻'视之不见，听之不闻'处，此是收拾知觉底心，收拾义理底心？"

（3）"无思、本也；思通，用也，无思而无不通为圣人。"不知圣人是有思耶？无思耶？

（4）问："还是切脉底是仁？那脉是仁？"曰："切脉是仁。"

（5）问："'致恭而中其节'，则能远耻辱。这耻辱，是在人，在己？"

（6）问："'万物各具一太极'，此是以理言？以气言？"

（7）不知"才说性便不是性"，此是就性未禀时说，已禀时说？

（8）问："'春王正月'，是用周正？用夏正？"曰："两边都有证据，将何从？"

（9）格物，还是事未致时格，既至然后格？

（b）VP$_1$，是/还是/只是 VP$_2$

"是/还是/只是"单用，放在第二个选择项的前面。共 8 例，其中"是"1 例，"还是"5 例，"只是"1 例，"亦"1 例，8 例中只有 1 例用了语气词"耶"。例如：

（10）不知常常恁地，只是祭祀时恁地？

（11）今程公《春秋》亦如此说滕子。程是绍兴以前文字。不知沙随见此而为之说，还是自见得此意？

（12）下一段言"存心养性，所以事天也"。游氏言之详矣。其言曰："'存其心'者，闲邪以存其诚也；'养其性'者，守静以复其本也。存着如此，则可以事天矣。"此言事天，亦伊川所谓奉顺之意，其说恐不出乎此。但不知存养之说，谓存此以养彼耶？亦既存本心，又当养其性耶？

（13）不知"变化"二字以成象、成形者分言之，不知是衮同说？

（14）"敬以直内"后，便能"义以方外"，还是更用就上做工夫？

（c）是……是（亦是/合是/只是）……

这一类数量最多，共 45 例，其中"是……是……"38 例，"是……亦/亦是"3 例，"亦是……亦是"2 例，"……是……合是……"2 例，45 例中只有 3 例句末带有语气词。下面分别举例如下：

（15）问："先生解云：'斐，文貌。成章，言其文理成就，有可观者。'不知所谓文，是文辞邪？亦指事理言之邪？"

（16）人物皆禀天地之理以为性，皆受天地之气以为形。若人品之不同，固是气有错明原薄之异。若在物言之，不知是所禀之理便有不全耶，亦是缘气禀之错蔽故如此耶？

（17）子贡得为器之贵者，圣人许之。然未离乎器，而未至于不器处，不知子贡是合下无规模，亦是后来欠工夫？

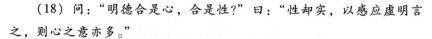

（18）问："明德合是心，合是性？"曰："性却实，以感应虚明言之，则心之意亦多。"

（19）下面说"见利思义，见危授命，久要不忘平生之言"，觉见子路也尽得此三句，不知此数语是夫子说，是子路说？

（20）问："意是心之运用处，是发处？"曰："运用是发了。"

（21）先生曰："被人将去，都无本了。看公于句读音训，也大段子细。那'言天下之至赜而不可恶也'，是音作去声字？是公以意读作去声？"

（22）又问："'必有事焉而勿正'一段，亦是不安排？亦是戒慎恐惧则心自存之意？"

（23）中庸之所谓"天命之谓性"，不知是极本穷原之性？是气质之性？

（24）且如鬼神事，今是有是无？

（25）蜚卿问："'纯亦不已'，是理是气？"

最后的（24）、（25）例由于选择项都很简单，所以采用并列结构。

选择部分一般是小句或谓词性成分，但也有名词性成分。此时"是"不仅表选择关系，而且充当各小句的谓语。例如：

（26）今不知吾之心与天地之化是两个物事，是一个物事？

（27）"继之者善，成之者性"，是道，是器？

（28）"性相近"，是本然之性，是气质之性？

从语义上看，选择项之间有正反对立关系或相关关系。对立的如：

（29）周天之度，是自然之数，是强分？

（30）"和顺道德而理于义"，是就圣上说？是就《易》上说？

（31）《诗》叶韵，是当时如此作？是乐歌当如此？

（32）"圣人定之以中正仁义而主静"，是圣人自定？是定天下人？

（33）与立同问："常苦志气怯弱，恐惧太过，心下常若有事，少悦豫底意思，不知此病痛是如何？"曰："试思自家是有事？是无事？"

（34）先生问寿昌："子见疏山，有何所得？"对曰："那个且拈归一壁去。"曰："是会了拈归一壁？是不会了拈归一壁？"

（35）《中庸·或问》说，未发时耳目当亦精明而不可乱。如平常著衣吃饭，是已发？是未发？

选择主要是就几个有一定关系的方面而言，有的是正反对立的两方面，如上面例中"有—无"、"会—不会"、"已—未"等。有的隐含着一种对比，如（29）例中"自然之数"与"强分"，更多的是相关的几个情况在某一方面不同，如上面例（30）、（31）、（32），这些不同的方面也就成为选择的焦点。

从句法结构上看，选择焦点可以充当各种句法成分。

作主语，如：

（36）吴仁父问："'充扩得去，则天地变化，草木蕃；充扩不去，而天地闭，贤人隐。'是气象如此？是实如此？"

（37）问："动静，是太极动静？是阴阳动静？"曰："是理动静。"

作谓语：

（38）问："'广大'、'变通'，是《易》上自有底道理？是《易》上所说造化与圣人底？"曰："都是他《易》上说底。"

（39）且以喜怒言之：有一件事，这里便合当审处，是当喜？是当怒？

作宾语：

（40）"逐于荒野，入宅于河，自河徂亳"，是说高宗？是说甘盘？

（41）"见其礼而知其政，闻其乐而知其德"，是谓夫子？是谓他人？

作定语：

（42）"《乾》、《坤》成列而《易》立乎其中"，是说两画之列？是说八卦之列？

（43）问："'春王正月'，是用周正？用夏正？"

作状语：

（44）三圣事，是当初如此？是后来如此？

（45）"其称名也杂而不越"，是指系辞而言？是指卦名而言？

（46）且看礼乐征伐是自天子出？是自诸侯出？是自大夫出？

（d）是……还是（还只是）……

各小句均无语气词，其中"是……还是……"8例，"是……还只是……"3例。例如：

（47）动也，正也，出也，不知是心要得如此，还是自然发见气象？

（48）曾点是实见得如此，还是偶然说着？

（49）"克伐怨欲"章，不知原宪是合下见得如此，还是他气错力弱，没奈何如此？

（50）此是礼乐之实，还是礼乐之文？

（51）"盖有之矣，我未之见也"，是言未见用力底人，还是未见用力而力不足之人？

（52）"'率性之谓道人上说'，率，循也"，此"循"字是就道上说，还是就行道人上说？

（53）"知皆扩而充之矣"，"知"字是重字，还是轻字？

（54）不须谈空说远，只反诸吾身求之，是实有这个道理，还是无这个道理？

（55）据祭祀时，恭敬之心，向于神明，此是已略发，还只是未发？曰："只是如此恭敬，未有喜怒哀乐，亦未有思，唤做已发，不得。"

（56）曰："所谓心者，是指个潜天潜地底说，还只是中间一块肉底是？""若作心说，恐未是。"

（57）或问：申包胥如秦乞师，哀公为之赋无衣，不知是作此诗，还只是歌此诗？

其中例（47）～（49）选择焦点是两个小句，例（50）、（51）选择焦点在定语上，例（52）选择焦点在状语上，例（53）焦点是谓语。例（53）"轻、重"、例（54）"有、无"直接形成对立。（55）、（56）、（57）三例用"还只是"来突出后一选项。

（e）还是……还是……

共 8 例，各小句均无语气词。

（58）"五载一巡狩"，还是一年遍历四方？还是止于一方？

（59）《正蒙》中说得有病处，还是他命辞不出有差？还是见得差？

（60）范氏解"祭如在"云："有其诚则有其神，无其诚则无其神。"虚空中无非气，死者既不可得而求矣，子孙尽其诚敬，则祖考即应其诚。还是虚空之气自应吾之诚？还是气只是吾身之气？

（61）如此，则末后以此二书并授之，还是以尹子已得此意？还是以二书互相发故？

（62）"机，微也。"微，还是见微而谏？还是"下气、怡色、柔声"以谏？

（63）上蔡谓"礼乐之道，异用而同体"。还是同出于情性之正？还是同出于敬？

（64）且如人而今做事，还是做目前事？还是做后面事？

（65）圣贤还是元与自家一般？还是有两般？

（f）只是（是）……还……

（66）时举云："所谓'玉振'者，只是石耶？还真用玉？"曰："只是石耳。"

（67）不知只是首尾用之？还中间亦用耶？

（68）必大因问：虹霓只是气？还有形质？

（69）哲宗春秋尚富，平日寡言。一旦讲筵说书，至用"三德"，发问云："只是此三者，还更有？"

（70）时举因云："金声玉振是乐之始终。不知只是首尾用之？还中间亦用耶？"

（71）有人自任己意说将去，更不看人之意是信受它？还不信受它？

（72）周子之学，是自得于心？还有所传授否？

学术界一般认为"是"作为选择问连接是在宋代，如梅祖麟。阚绪良（1994）指出当在晚唐五代，依据是《祖堂集》中的 8 个用例。张美兰（2003）统计《祖堂集》中有 20 例，另有三例正反选择混合问。同时她指出，对照同时期的《敦煌变文集》，只有 3 例选择问句中用"是"字，且"是"字在句中表断定作用意味较强。而魏晋南北朝时期经常使用的连接"为是"在《祖堂集》中未见 1 例。《敦煌变文集》中却仍有少数用例，甚至宋代编集的《五灯会元》中也用。据此张美兰认为在 9 至 10 世纪不同地域口语中"是"字选择问的使用是不平衡的。《祖堂集》（反映南方某些地区的方言）的用例大大超过了《敦煌变文集》（反映了当时的西北方言）。徐正考（1988）曾统计过《敦煌变文集》和《唐禅师语录》的选择问，其中"是"字句在《敦煌变文集》中共 2 句，《唐禅师语录》中"是"字句有 4 例。总的看来，我们认为"是"在晚唐时期已出现，但只能算处于萌芽阶段，不仅数量少而且形式有限。在《祖堂集》中尽管多达 20 例，但只有"是"单用和"是……是……"配对使用两种。

而在《朱子》中，"是"选择问数量多达 77 例，另外还有 6 例"是……抑……""是……为复……"等过渡形式。从形式来看，丰富多样，单用如："是/还是……""……是/还是……"更多的是配对使用，有"是……是……""是……还是/或是/亦是/只是/或者……""还是……还是……"等。由此可见，到南宋时期"是"字选择问形式已经很丰富，特别是"还是"的运用，表明这种形式已经发展成熟。

2.2.2.3　"或"

"或"主要是用于直陈句表示选择关系，可以连接名词性成分，也可以连接谓词性成分或小句，带有列举的性质。在《敦煌变文集》和《祖堂集》中都有这种用法。例如：

（1）日食一麻或一麦，鸦雀巢窠顶上安。

（2）或幢幡，或伞盖，要者不论千万对。

（3）第五，不恭敬，或嬉笑，不得为说法。

（4）弟四，人在前，己在后；或人在平稳大道，己在细夹（狭）迳云云。

（5）或在城市，随处任缘；或为人所使，事毕却还。

（6）或处出林，或居廓市。

（7）后于惠林寺，遇天寒，焚木佛以御冷，主人或讥，师曰："吾茶毗，觅舍利。"

（8）师曰："海师兄一日十二时中，为师僧说什摩法？"对曰："或曰三句外省去，或曰六句外会取，或曰未得玄鉴者。"

上面（1）～（4）例出自《敦煌变文集》，（5）～（8）例出自《祖堂集》。

在《朱子》中此类用法继续沿用。例如：

（1）两端不专是中间。如轻重，或轻处是中，或重处是中。

（2）世俗大抵十分有八分是胡说，二分亦有此理。多有是非命死者，或溺死，或杀死，或暴病率死，是他气未尽，故凭依如此。

在《朱子》中"或"以及相应复词"或是"、"或为"也用于选择问句中，既可单用，也可与"是"等配对使用，各小句间均不用语气词，共 19 例。

（a）……，或……

单用，共有 4 例，其中 2 例带有语气词。

（1）问："此道理如何求？谓见之于心，或求之于事物？"

（2）问："曾子弘毅处，不知为学工夫久，方会恁地，或合下工夫便着恁地？"

（3）章句只说己自知，或疑是合二者而言否？

（4）不审这处形容圣、贤气象不同，或据其地位合着如此耶？

（b）是……或……

共 4 例。

（5）问："知止，是万事万物皆知得所止，或只指一事而言？"

曰:"此育育下,知得一事,亦可谓之知止。"

(6) 如子贡问为仁。子曰:"工欲善其事,必先利其器。居是邦也,事其大夫之贤者,友其士之仁者。"不知此言是筑底处,或尚有进步处?

(7) 问:"颜子'具体而微',微是'微小'或'隐微'之'微'?"

(8) 问:"此是作乐使之听,或其自作?"

(c) 是……或是……
共5例。

(9) "为人谋而不忠"三句,不知是此三事最要紧,或是偶于此照管不到?

(10) "色难",此是承顺父母之色,或是自己和颜顺色以致爱于亲为难?

(11) 是见得吾心之理,或是出仕之理?

(12) 下面"察乎天地",是察见天地之理,或是与上句"察"字同意?

(13) 人杰录云:"勇是勇于义,或是武勇之勇?"

(d) 只是……或是……
仅2例。

(14) 问:"'凡事豫则立'以下四句,只是泛举四事,或是包'达道、达德、九经'之属?"

(15) "如有所立卓尔",只是说夫子之道高明如此,或是似有一物卓然可见?

(e) 是……或者……
仅1例。

(16) 问:"此是作乐使之听,或者自作?"曰:"自作。"若自理会不得,自作何益?

（g）是……为或……

仅 2 例。

（17）凡求之于心，须是主一，为或于事事求之？

（18）此是可以及人，为或已及人？

（f）为……或为……

仅 1 例。

（19）问："宰我为三年之丧，为自居丧时间，或为大纲问也？"曰："必是他居丧时。"

以"或"为代表的选择问，句式多样，但各种用例都很少，我们认为这主要体现了发问者的个人语言特色。

2.2.2.4　比较选择问

比较选择问是将两种或多种情况相比较，从中选择一个。这种形式很早就有，类型很多，下面略举数例。

（1）子贡问："师与商也孰贤？"子曰："师也过，商也不及。"曰："然则师愈与？"子曰："过犹不及。"（《论语·先进》）

（2）公孙杵臼曰："立孤与死孰难？"程婴曰："死易，立孤难耳。"（《史记·赵世家》）

（3）曰："独乐乐，与人乐乐，孰乐？"曰："不若与人。"曰："与少乐乐，与众乐乐，孰乐？"曰："不若与众。"（《孟子·梁惠王下》）

（4）邹忌修八尺有余，其身佚丽。朝服衣冠，窥镜，谓其妻曰："吾孰与城北徐公美？"其妻曰："君美甚，徐公何能及君也！"（《战国策·齐策一》）

（5）王曰："今之如耳、魏齐孰与孟尝、芒卯之贤？"对曰："弗如也。"（《战国策·秦策四》）①

由于句中使用了特殊疑问代词来发问，所以一般的语法书将其归入特

---

①　以上（1）～（5）例转引自王海棻《古汉语疑问词语》，浙江教育出版社，1987。

殊疑问句。其实这是两种问句形式的融合，从表达的内容来看，重点还是在进行比较后的选择。所以我们将其放在选择问类型下，作为一种比较特殊的小类来讨论。

在《朱子》中，比较选择问的形式主要是先列出几种情况，然后进行比较选择，相当于"A、B哪一个……"根据所用形式可分为如下几类。

（a）A、B孰……

"A、B"为并列结构作主语，"孰"复指前面的主语。

（6）尧卿问："穷理、集义孰先？"

（7）"中庸"二字孰重？

（8）陈仲亨问："晋三卿为诸侯，司马胡氏之说孰正？"

（9）问："看礼记语孟，孰先？"

（10）问："左右必竟孰为尊？"

（11）问："差役、雇役孰便？"

（12）问本朝宰相孰优？

（13）或问：通蔽开塞，张横渠吕芸阁说，孰为亲切？

（14）伯丰问："程子张子二说孰是？"

A与B之间可以用"与"连接。

（15）先生问："汤、武与颜子孰优？"

（16）"通蔽开塞"，张横渠与吕芸阁说，孰为亲切？

（17）漆雕开与曾点孰优劣？

（18）又问："事与友孰重？"

（b）A……B……孰（何者）……

A、B，各为并列小句，列举几种情况或几种说法，再用"何者"、"孰"复指前面的所指并加以选择。

（19）"色难"有数说，不知孰是？

（20）"曲能有诚"，若比句属上句意，则曲是能有诚；则云云。有此二意，不知孰稳？

（21）昏礼，温公《仪》，妇先拜夫；程《仪》，夫先拜妇。或以为妻者齐也，当齐拜。何者为是？

（22）"玉振金声"，伊川以喻始终。或者之意，以此有变有不变，其说孰是？

（23）复问："下文'明诸心，知所养'，一本作'知所往'，孰是？"

（24）若训无字，则与下句重；若作死亡之亡，则与上句重，未知孰是？

（25）问："'先之，劳之'，诸说孰长？"

（26）直卿问："或曰，非当如此，盖时出之耳。或曰，战国之习俗如此。或曰，世道衰微，孟子不得已焉耳。三者孰是？"

值得注意的是例（19），没有出现具体的内容，而只用"数说"一词来概括，可能因为内容多而且双方都知道，在这里没有说出来。算是一种特例。

（c）A……B……两者……孰……

先列举各种情况，再用数字总括并选择提问。

（27）问："'外丙二年，仲壬四年'，二说孰是？"

（28）明道谓适以禹、稷比夫子，故夫子不答。上蔡以为首肯之意，非直不答也。龟山以为禹、稷有天下不止躬稼，夫子未尽然其言，故不答。三说孰是？

（29）范氏以为德不同，谢氏以为时不同，游氏以为事不同，三者孰是？

（30）先生问林择之："'天何言哉？四时行焉，百物生焉。'此三句何句较好？"

（31）问："或说不改事父之道，又说不改父存所行之道，二说奚择？"

（d）或 A，或 B，或 C……孰？

前面列举各项内容，用"或"连接，然后从中选择提问。例如：

（32）或曰，非当如此，盖时出之耳。或曰，战国之习俗如此。或曰，世衰道微，孟子不得已焉耳。三者孰是？

（33）"射"或音"石"，或音"亦"，孰是？

（34）解父义处，或用"者"字，或用"谓"字，或用"犹"字，或直言，其轻重之意如何？

现将《朱子》中的选择问句制成表格，如表2-1。

表2-1 《朱子》中的选择问句

形式标志	句型	数量	句型	数量
无标志	……？……？	7	……邪/耶/乎？……邪/耶/乎？	5
将	将……耶？……耶？	1	……耶？将……耶？	2
抑	……乎/耶？抑……乎/耶？	10	……抑……？	2
为	……为复……？	2	……耶？为是……耶？	1
			……耶？为复是……耶？	5
	为复是……？为复……？	1	将是……？为复是……？	1
还	……？还……？	5	……？还……耶？	1
	还……？还……？	7	还是……还……？	4
	只是……耶？还……？	4	是……还……？	3
是	是……耶？抑……耶？	3	是……，……？	11
	只是……耶？抑……耶/也	2	还是……，……？	1
	是……耶？抑……？	3	……是……？	1
	是……抑……耶/邪？	5	……还是……？	5
	是……抑……？	23	是……是……？	37
	还是……抑……？	1	是……亦是……（耶）？	3
	是……？为复……？	2	是……合是……？	1
	是……？为复是……？	2	是……还只是……？	3
	是……？为是耶？	1	亦是……亦是……？	1
	是……？为是？	1	是……耶？亦……邪？	1
	是……耶？……耶？	3	是……是……？	2
	……只是……？	1	是……还是……？	8
	……耶？亦……耶？	1	还是……还是……？	6

续表

形式标志	句型	数量	句型	数量
或	……或……?	4	只是……或是……?	1
	是……或……?	2	是……为或……?	2
	是……或是……?	8	为……或为……?	1
	是……或者……?	1		
孰	XY 孰 A?	4	或 X，或 Y，孰 A?	5
	X 与 Y 孰 A?	5	X，Y，哪个 A?	1
	X，Y，孰 A?	8	X，Y，何者 A?	2
	X 与 Y，孰 A?	1	X，Y，奚（择）?	1
			与其 X，曷若 Y?	1

说明：（1）有时两个形式标志也可搭配，如"抑"、"还"和"是"，组成"是……抑/还……?"等格式，在表中根据具体情况列入相关格式，不重复计算。

（2）"孰"这一栏从语义上讲都表示"比较选择问"，其中有些不用"孰"，因数量少，不单列，均归为"孰"类。

从表 2 - 1 可以看出：《朱子》中选择问的形式种类很多。既有上古时期的，如"……耶?……耶"，也有中古时期的，如"……还……"，还有在晚唐五代处于萌芽阶段而此期发展成熟的形式（包括过渡形式，如"是……为复……"），如"是……是……""是……还是……"等。可以说历史各主要阶段的选择问形式都在这里留下了印记。我们认为宋代是选择问发展的非常重要的时期，我们把它和之前的唐五代时期和之后的元、明、清时期的情况相比较就可以说明这一点。我们分别选取了《祖堂集》（简称《祖》）、《敦煌变文集》（简称《变文》、《变》）、元杂剧（包括《话本选》，简称《话》）、《新校元刊杂剧三十种》（简称《元刊》）、《元人杂剧选》（简称《杂剧》、《杂》）、《水浒全传》（简称《水浒》、《水》）、《红楼梦》（简称《红楼》、《红》）等前后期的代表作品，来分析唐宋以来选择问的演变。请看表 2 - 2。

从表 2 - 2 中我们可以看出选择问发展的趋势是：

（1）不用连接词的由多到少，不用连接词的形式在不同时期呈明显下降趋势：《变》为100%，《祖》为45%，《朱子》为23%，《元刊》、《杂》为43%，《水》为34%，《红》为18%。到今天已经很少不用连接词。

表 2－2　唐宋以来选择问的演变

百分比　书　句型	《祖堂集》	《变文》	《话》《元刊》《杂剧》	《水浒》	《红楼梦》
无连接词 ……?……?	35	80	24	34	18
……邪?……邪	10	20			
动·宾·宾			14		
动·宾·那·宾			5		
连接词单用 为复……,……	1				
……?为复……?	2				
……却……				6	
……却是……				12	
……共……			7		
……和……			7		
……也是……				12	
……还是……					
是……,……	3		14		
……是……	1				
……还是……	3				13
连接词连用 为……（耶），为……（耶）	10				
为……为复……（也）	2				
为当……为复……	2				
为当……为当……	3				
只 NP/V，为当别……	5				
为复……还……	1				
为复……为复……?	7				
是……是……	15		14		25
是……那，是……那			5		
是……还是……					6
还是……只是……				18	
却……却……				12	
或……也……				6	
或……或……			5		
可是……也是……			5		
是……是……呢					7
是……还是……呢					13
还是……呢，还是……					6
可是……还是……呢					6
可是……还是……呢					6
合　计	100	100	100	100	100

（2）连接词单用比例由少到多，然后又逐渐减少：《变》中没有，《祖》10%，《话》、《元刊》、《杂》中为 28%，《水》30%，《红》13%；连接词成对使用的比例也基本上呈上升的趋势：《变》中没有，《祖》中占 48%，《话》、《元刊》、《杂》中占 29%，《水》36%、《红》69%，现以连用为主。

（3）疑问语气词"耶"、"也无"等只出现在《祖》、《变》中，"那"在元杂剧中已经在用，但《水浒》中没有发现，在《红》中已由"那"演变成"呢"，今已普遍使用。

（4）句型由少到多，再逐渐减少，如今更少。比较表 2 - 1 就会发现《朱子》句型最多，或用文言词，或用共同语，或用方言词。随着时间的推移，在交际中不断"去粗取精"，逐渐趋于简化规范。

《朱子》选择问与现代汉语选择问的联系：

邵敬敏（1996）总结了现代汉语选择问的特点：

1. 前后选项之间可以有关联词语连接，也可以不用关联词语；即使用了，既可以只用于后项，也可以前后项都用，互相照应。

2. 典型关联词语"是"、"还是"既可以各自成对使用，也可交互搭配使用。

3. 前后选项可以分别用问号，也可以前项用逗号，后项或最后一项用问号。

4. 疑问语气词可以前后项都不用，也可以都用，还可以单用，单用时可在前项也可在后项。

5. 前后项可以独自成句，也可以在一句话里并存。

6. 并列的选项至少两项，也可以是两项以上。

按照上述特点来检验《朱子》，可以看到以上各个特点在《朱子》中都具备了，正如梅祖麟（1978）所说的"现代选择问的各种类型到十二世纪末完全出现，以后只是承继既有的句型，这是值得大书特书的一件事"。太田辰夫（1987、2003）认为"选择问是白话中的特有的形式"，"两个分句都用助词（按，即连接词）的时代很晚"[①]。他在书中列举了《红楼梦》和《儿女英雄传》的例子。其实"还……还"、"是……是"、"是……还

---

① 〔日〕太田辰夫：《中国语历史文法》，蒋绍愚、徐昌华译，北京大学出版社，2003，第 370～371 页。

是"、"还是……还是……"早已在《朱子》中出现了，而且数量都比较多。下面是一段完整的例子：

> 又曰：如今人也须先立个志趣始得。还当自家要做什么人？是要做圣贤？是只要苟简做个人？天教自家做人，还只教恁地便是了？闲时也须思量着。圣贤还是元与自家一般？还是有两般？天地交付许多与人，不独厚于圣贤而薄于自家，是有这四端？是无这四端？只管在尘俗里面滚，还曾见四端头面？还不曾见四端头面？

2.3　各选择项之间的关系

2.3.1　结构关系

依据结构特征，各选择项（X、Y）之间结构上的关系可分为两种情况：一种是 X、Y 选项结构一致，一种是 X、Y 选项在结构上不一致。例如：

（1）尽得洁短，是仁之道，恕之道？

（2）问："'色难'，此是承顺父母之色，或是自己和颜顺色以致爱于亲为难？"

（1）中选项 X 中"仁之道"与选项 Y 中"恕之道"结构可比；（2）中选项 X"承顺父母之色"与选项 Y"自己和颜顺色以致爱于亲为难"结构上不可比。

在句法结构中，构成句子的各个单位是按一定的结构层次和结构关系组织起来的。如果两个句法形式 S_1 和 S_2，它们的长度相同，包含的词和词类相同，词的排列顺序相同，层次构造相同，相对应的语法形式的功能相同，那么可以说 S_1 与 S_2 是狭义同构。如果 S_2 是 S_1 的扩展式，而且 S_2 的直接成分也都是 S_1 里的相对应的直接成分的扩展式，那么 S_1 与 S_2 属广义同构。[①] 在选择问句中，各选择项在结构上如果属于狭义同构或广义同构，

[①] 参见朱德熙《句法结构》，原名为《论句法结构》，《中国语文》1962 年第 8、9 期，《现代汉语语法研究》，商务印书馆，2000 年。又见于《20 世纪现代汉语语法八大家——朱德熙选集》，东北师范大学出版社，2001。

那么我们说它们在结构上是一致的，否则就是结构不一致。例如：

（3）使二君与桓、父同时，还在其上，还出其下？

（4）此说得最好。然"一"字多在忠上？多在恕上？

（5）问："'民无信不立'，是民自不立，是国不可立？"曰："是民自不立。"

（6）时习，是温寻其义理，抑习其所行？

（7）此气是当初禀得天地底来，便自浩然，抑是后来集义方生？

（8）今程公《春秋》亦然如此说滕子。程是绍兴以前文字。不知沙随见此而为之说，还是自己得此意？

（9）此是形容圣人气象不同耶？抑据其地位当如此？

上组例中（3）、（4）属狭义同构，（5）、（6）是广义同构，在结构上是一致的，（7）、（8）、（9）中各选项之间结构差异较大，不具可比性。

2.3.2 位次关系

选择项的位次，是指各选择项的前后排列顺序。这种排列顺序与说话人的语义表达有密切的关系。说话人在使用选择问的时候，对各选择项是真是假的情况不清楚，询问的目的是希望了解或探究各选择项的真假情况。例如：

（10）问："贼仁是'绝灭天理'，贼义是'伤败彝伦'。如臣弑君，子弑父，及齐襄公鸟兽之行等事，皆人伦大恶，不审是绝灭天理？是伤败彝伦？"

（11）厚之问："三圣事，是当初如此，是后来如此？"

例（10）中既没断定"绝灭天理"是真实的，也没有断定"伤败彝伦"是真实的，说话人使用该句式，是想了解齐襄公的行为是属于哪一类。

但是，这并不排除在说话人的心目中，各选择项成立的可能性大小存在着一定的差异。如果考察由 X、Y 两个选择项构成的选择问，那么在说话人看来，X 成立的可能性大小与 Y 成立的可能性大小存在着三种情况：一种是 X 成立的可能性与 Y 成立的可能性相当，用 X＝Y 来表示；一种是 X 成立的可能性大于 Y 成立的可能性，用 X＞Y 来表示；另一种是 X 成立的可能性小于 Y 成立的可能性，用 X＜Y 来表示。在这三种不同的情况下，说话人在选择项位次的安排上是各有特色的。

第一种情况：X＝Y。

如果说话人认为 X、Y 成立的可能性不存在哪个大哪个小的问题，也就是 X＝Y，那么对于问话人来说，X 与 Y 相比，X 往往是熟悉的、重要的或按事理顺序在先的，是问话人更关心的情况，而 Y 往往没有 X 那么熟悉，那么重要，或按事理顺序在后的，或者是说话人不那么关心的情况等。例如：

（12）此道理如何求？谓见之于心，或求之于事物？

（13）如平常著衣吃饭，是已发，是未发？

（14）或问："明善，择善，何者为先？"

例（12）中，"见之于心"与"求之于事物"相比，"见之于心"更重要；（13）中，"已发"与"未发"有一个时间先后的问题，（14）中"明善"先于"择善"，因为只有先明了了才能进行选择。

如果 X 和 Y 相比，不存在哪个更熟悉、更重要或事理先后等情况，X 与 Y 的位置可以随便交换。例如：

（15）问："伏羲始画八卦，其六十四者，是文王后来重之耶？抑伏羲已自画耶？"

（16）又问："然则六十四卦名是伏羲元有，抑文王所立？"

（15）、（16）分别问"六十四卦"与"六十四卦名"的来源，（15）中是文王在前，伏羲在后；（16）中则刚好相反。再例如：

（17）叔器问："婚礼，温公《仪》，妇先拜夫，程《仪》，夫先拜妇。或以为妻者齐也，当齐拜。何者为是？"

（18）先生问学者曰："公今在此坐，是主静？是穷理？"久之未对。

（17）中把三种看法改变次序，语义表达不会受任何影响。（18）中说成"公今在此坐，是穷理？是主静"语义也完全一致。

第二种情况：X > Y。

一般来说，如果构成选择问的选项，一个成立的可能性大，一个成立的可能性小，那么对说话人来说，他往往会将可能性大的放在前面，将可能性小的放在后面，这时可能较少考虑其他因素，如熟悉程度、重要性、事理先后等。例如：

（19）且如知止，只是闲时穷究得道理分晓，临事时方得其所正。……事君亦然。以至凡事都如此。又问："知止，是万事万物皆知得所止，或只指一事而言？"

（20）问："'几天无我'，'几'字，莫只是就'从事'一句可见耶？抑并前五句皆可见耶？"

例（19）中，前面先生已说到"以至凡事都如此"，所以下面的问句中，问话者心里应该是偏向前者的，即"万事万物皆知得所止"。例（20）中，前一选项中已有表推测的"莫"字，也能明显表示问话者在心理上是有所侧重的。

第三种情况：X < Y。

在并列的各选项中，X 成立的可能性小于 Y 的可能性，即 X < Y，这种情况是不多见的，但也许并非不存在，只是在《朱子》中，我们暂时还没有发现此类用例。

2.3.3 语义关系

进入选择问的各选择项之间，必须有共同的论域。所谓论域，就是指各选项所共同关涉的语义范畴，该范畴可以用某一特定的命题语句来表述。例如：

（21）"从善如登"，是进向上底意？抑难底意？

（22）今不知吾之心与天地之化是两个物事，是一个物事？

（21）中 X、Y 选项共同关涉"从善如登"的意义，这个命题就是它们的共同论域；（22）中共同关涉"吾之心与天地之化"之间的关系，也就是两个选项的共同论域。

论域的实质，是限定说话人在使用选择问时对各选择项的挑选范围。从理论上讲，在一定的论域之内，其选择项可以是有限的，也可以是无穷的，例如，在选择问"是你嗓门大，还是别人嗓门大？"中，其论域是"某人嗓门大"，某人可以是你、我、他、张三、李四等任何人，其选项可以列举多个。我们在这里考虑的只是选项穷尽的一种，即以具体的语言形式出现的选择项。

在各选择项中，都有一个说话人关注的语义重心，我们称其为选择项的着意焦点。这种着意焦点既可以是句中的某一句法成分，可以称为成分焦点，也可以是整个选项命题，可以称为命题。例如：

（23）又问："怨，是人怨己怨？"曰："人怨。"

（24）且看礼乐征伐是自天子出？是自诸侯出？是自大夫出？

（25）……涣卦既散而不聚，本象不知何处有可立庙之义？将是卦外立义，谓涣散之时，当聚祖考之精神耶？为复是下卦是坎，有幽隐之义，因此象而设立庙之义耶？

（23）例中的"人"、"己"是成分焦点，分别作主语；（24）例中的"天子"、"诸侯"、"大夫"是成分焦点，分别与"自"构成介词结构作状语。（25）例中的着意焦点则是选项各命题焦点。

构成选择问的选项之间在语义上存在着各种关系。主要有以下几种。

2.3.3.1 矛盾关系

所谓矛盾关系，是指其中一个选项为真，则另一个选项为假；其中的一个选项为假，则另一个选项为真。从形式上看，两个选项可以是用肯定否定形式构成的矛盾关系，也可以是选用具有矛盾关系的词语构成矛盾关系。

正反型：

X 为肯定项，Y 为否定项，否定标志可以用"不"、"无"等，例如：

（26）今有人自任己意说将去，更不看人之意，是信受它，还是不信受它？

（27）公且仔细看他是许管仲，不是许管仲？

（28）设使汤、武居之，还是恁地做，不恁地做？

反义型：

X 与 Y 是一对反义词，从而形成语义上的对立，这种反义主要表现在动词、形容词上，也有副词、名词。

在《朱子》中有：有—无、同—异、忧—乐、曾—未、上—下、轻—重、前—后、未—已、相生—相克、人—己等。例如：

（29）且如鬼神事，今是有是无？

（30）不须谈空说远，只反诸吾身求之，是实有这个道理？还是无这个道理？

（31）五运之说，不知取相生、相克？

（32）使二君与桓、文同时，还在其上，还出其下？

（33）"致恭而中其节"，则能远耻辱。这耻辱，是在人，在己？

隐含对立型：

这种类型没有对立的形式标志，但在它们的特殊词汇意义上体现了对立。例如：

（34）此气是当初禀得天地底来，便自浩然，抑是后来集义方生？

（35）知止，是万事万物皆知得所止，或只指一事而言？

（36）能之不违仁，不知能终不违耶，亦有时而违耶？

例（34）可理解为"先天与后天"的对立，例（35）可理解为"万物与一"的对立，例（36）可理解为"始终偶尔"的对立。

还有一种情况是在词汇意义上不对立，但在文化意义、社会意义等方面形成对立。在《朱子》语类中这一类较多，如：理—气、心—性、仁—恕、形—道。例如：

（37）灵处是心，抑是性？

（38）曰："此说最好。然'一'字多在忠上？多在恕上？"

（39）"无是，馁也"，是指义，是指气？

语境型：

X 与 Y 本身并不形成对立，但由于语境条件的制约，临时构成对立，在问话人看来，X 与 Y 是不相容的。例如：

（40）"必观其澜"，是因其澜处，便见其本耶？抑观其澜，知其有本了，又须穷其本之所自来？

（41）商要官司令民为之？抑民自为之邪？

（42）后之学《春秋》，多是较量齐、鲁长短。自此以后，如宋襄、晋悼等事，皆是论伯事业，不知当时为王道作耶？为伯者作耶？

（43）"知者乐水，仁者乐山"，是就资质上说，就学上说？

2.3.3.2　差异关系

即 X 与 Y 都属于一类情况，但在某一方面不同，从而显示差异，但不能算是对立。例如：

（44）"今之成人"以下，是孔子言，抑子路言？

（45）公欲取贤才耶？取文采耶？

2.3.3.3　相容关系

X 与 Y 仅仅是两种可能的情况，它们不形成对立，也不表现差异，而体现一种相容关系，可能是 X，也可能是 Y，可能 X 与 Y 都成立，也可能都不成立。例如：

（46）问："伊川'夺嫡'之说，不合礼经，是当时有遗命？抑后人为之邪？"先生曰："亦不见得如何，只侯师圣如此说。"

（47）问："圣人凡谦词，是圣人亦有意于为谦，抑平时自不见其能，只是人见其为谦耳？"曰："圣人也是那意思不恁地自满。"淳举东莱说："圣人无谦。本无限量，不曾满。"曰："此说也略有些意思，然都把圣人做绝无此，也不得。圣人常有此般心在。如'劳而不伐，有功而不德'，分明是有功有劳，却不曾伐。"

2.3.3.4　比较选择关系

把同类的 X 与 Y 进行比较，显示哪一个较好，更具有优势等，前几类都只列出两种情况，可作任何一种选择，而这一类是比较后进行优选。例如：

（48）先生问林择之："'天何言哉？四时行焉，百物生焉'，此三句何句较好？"

（49）问："孟子则露其才，盖以时焉而已。"直卿云："或曰，世道衰微，孟子不得已焉耳。三者孰是？"

（50）问："'鲜矣仁'章，诸先生说都似迂曲，不知何说为正？"

2.4　选择问所反映的说话人的心态特征及答语的类型

所谓心态特征是指说话人在特定语境、类型中使用某一句法格式时所共同具有的一系列观念、认知等。反之，这种句法格式在特定语境中又反映了说话人的这些共同观念、共同认识，这一系列共同观念、共同认识，也就是共同心态特征的聚合，就构成了该句法格式在这种特定语境类型中所有的心态模式（丁力，1998）。

选择问属于无底询问，说话人对各选择项的真假情况不清楚，而他又希望了解它们的真假情况，问话的目的是为了求得解答。这种问话形式可以体现说话人的以下心态特征：

心态特征 1：说话人对 X、Y 选项是真是假的情况不清楚；

心态特征 2：说话人相信 X、Y 中有一个成立或成立的可能性较大；

心态特征 3：说话人知道或相信，答话人知道或很可能知道 X、Y 选项的真假情况；

心态特征 4：说话人希望并相信答话人能对自己所提的问题给予解答。

下面通过两个例子加以说明。

（51）或问："正蒙中说得有病处，还是他命辞不出有差？还是见得差？"曰："他是见得差。如曰'继之者善也'，方是'善恶混'云云。……"

（52）问："此是作乐使之听，或者自作？"曰："自作，若自理舍不得，自作何益！"

例（51）中，说话人不知"他命辞不出有差"与"见得差"两者何者为真，希望对方能予以解答。（52）中说话人相信"作乐"或者是"使之听"，或者是"自作"，但不能确定是哪一种情况，请求对方回答。

但这只是说话人的心态特征，有时候说话人的问话前提并不成立，即说话人采用选择问时他是相信选项中只有一个是成立或成立的可能性较大，但实际上可能两者都成立，或两者都不成立。

所以从答语上看，可以有三种类型：

1. "肯定—否定"或"否定—肯定"型

答话人肯定其中一个选项，从而否定另一选项，或否定其中一项而肯定另一项，在语言层面上可能只出现一个方面，也可能两方面都出现。例如：

（53）舜功问："'徽柔懿恭'是一字，是二字？"曰："二字，上轻下重。柔者须徽，恭者须懿。柔而不徽则姑息，恭而不懿则非由中出。"

（54）问："先生解云：'斐，文貌。成章，言其文理成就，有可观者。'不知所谓文，是文辞耶？亦指事理言之耶？"曰："非谓文辞也，言其所为皆有文理可观也。"

（53）例中肯定是"二字"，也就否定另一选项，即不是"一字"。（54）例中先否定不是指"文辞"，后肯定"其所为皆有文理可观"。

这种问答语能很好地体现说话者的心态特征。

2. 根据事理，两个选项都有可能性，所以回答是同时肯定前后两个选择项。例如：

（55）问："格物，还是事未致时格，事既至然后格？"曰："格，是到那般所在。也有事至时格底，也有事未至时格底。"

（56）问："……然则击磬之时，其心忧乎？乐乎？"对曰："虽忧而未尝无乐。"

在问话者的心里，一般认为只有其中的一个选项是成立的，而答语则否定了这种预期，指明两项都是可以成立的。

3. 在答话人看来，问话人所给的两个选项都不成立，所以同时否定前后两个选项，例如：

（57）曰："'天地者，道也。'不知天地即道耶？抑天地是形，所以为天地即道耶？"曰："伊川此句，某未敢道是。天地只以形言……"

（58）问："三省忠信，是闻一贯之后，抑未闻之落？"曰："不见得。然未一贯落也要得忠信，既一贯后也要忠信。此是彻头彻尾底。"

（57）例中，问话人问伊川所说的"天地者，道也"这句话的意思，而答语则从根本上否定了伊川的话，认为所说的这句话并不对。

4. 答语没有明确的答案

问话人询问的目的是为了解疑，其心理上认为答话人是知道答案，但实际上有时候只是问话人的一种想法，答话人其实可能也不知道答案。例如：

（59）问："伊川'夺嫡'之说，不合礼经，是当时有遗命？抑后人为之邪？"先生曰："亦不见得如何，只候师圣如此说。"问："此说是否？"曰："亦不见得如何。"

2.5　本章小结

本章先回顾了选择问句的历史发展概貌，认为从选择问句的历史发展来看，从先秦到宋元时期，选择问句的格式、语气词以及连接词都发生了很大的变化，它的丰富发展和定型大致在唐代以后，特别是宋代。也就是说近代汉语时期是选择问句发展演变乃至最后完善和定型的重要时期。接着全面描写《朱子语类》中选择问的结构形式，指出《朱子语类》中选择问的形式很多，既有上古时期的，如"……耶！……耶"，也有中古时期的，如"……还……"，还有在晚唐五代处于萌芽阶段而此期发展成熟的形式（包括过渡形式如"是……为复……"），如"是……，是……""是……还是……"等。可以说历史上各主要阶段的选择问形式都在这里留下了印记，我们认为宋代是选择问发展的非常重要的时期。最后还分析了选择问中各选项之间的句法和语义关系。

第 3 章

反复疑问句

3.1 反复问句的发展及研究概况^①

目前文献中所见到的最早的反复问句是西周中期铭文中的 1 例"VPNeg"式：

（1）正乃讯厉曰：汝贾田不。（五祀卫鼎）

从先秦两汉到唐五代时期反复问句可以总结为两种形式：VPNeg（PRT）、VP Neg VP（Neg：否定词，PRT：语气词）。这两种形式在不同的时期具体表现不一样：先秦时期以"VPNegPRT"式为主，到汉代，该式减少，六朝时期，"VPNeg"式成为主要形式；到唐五代，反复问句发生了重要变化，主要结构形式有"VPNeg"和"VPNegVP"，仍以"VPNeg"式为主，"VPNegPRT"式消失。

3.1.1 "VPNeg（PRT）"式

刘子瑜（1998）对先秦《论语》、《左传》、《孟子》、《庄子》、《诗经》、《吕氏春秋》、《礼记》、《战国策》、《睡虎地秦简》、《史记》、《世说新语》、《杂宝藏经》、《贤愚经》等 30 多种文献进行了考察，结果发现先秦汉语正反选择问句以"VPNegPRT"式为主，从汉代开始该式减少，到

---

① 此节概述部分只谈先秦至唐五代时期的发展及研究状况，参见刘子瑜《汉语选择问句历史发展研究评述》（2005）一文中的相关论述。

六朝时期"VPNeg"式成为主要形式。进入上述格式的否定词有"不"、"未"、"否"、"无",语气词有"乎"、"耶"、"也"等。其举例如:

（2）如此,则动心否乎?（《孟子·公孙丑上》）

（3）遂使寡人得相见否乎?（《孟子·公孙丑下》）

（4）相与门,交伤,皆论不也?（《睡虎地秦简》）

（5）二世曰:"丞相可得见否?"乐曰:"不可。"（《史记·秦始皇本纪》）

（6）汝能食不?（《百喻经》）

对于这种现象变化的原因,刘文的解释是:一是与句末语气词的脱落有关,语气词的脱落是因为汉语正反选择问句"VPNeg"形式本身就能传达正反选择疑问语气,语气词只起到辅助传疑的作用;二是汉代处于包孕地位的动词性并列结构"VPNeg"剧增,经由重新分析语法化成正反选择问句。

从先秦到六朝,"VPNeg（PRT）"式正反选择问句还经历了否定词的词汇替换过程,即:先秦进入格式的否定词是"不"、"否",汉代,"未"、"无"进入"VPNeg（PRT）"框架,"无"只能与"有"相对,六朝时仍如此,当"无"出现在与"有"相对的语境中时,其否定词性质仍很强。例如:

（7）上乃曰:"君除吏已尽未?吾亦欲除吏。"（《史记·魏其武安侯列传》）

（8）佛言:"我故自问。若随所报之,余须菩提意云何?幻与色有异无?幻与痛痒思想生死识有异无?"须菩提报佛言:"雨,天中天。幻与色无异也。色是幻,幻是色。幻与痛痒思想生死识等无异。"（支书迦识译《道行般若经·道行品》）

（9）问诸人曰:"世间赢瘦,有剧我者无?"（《贤愚经》卷一）

东汉六朝时期,还出现了"疑问副词'颇（叵）/宁/岂（讵）'+ VPNeg（PRT）"的正反选择问句格式。例如:

（10）给使白诞曰:"人盗君膏药,颇知之否?"（《搜神记》卷十七）

（11）汝今巨见彼大长者七日作王不？（《撰集百缘经》卷一）

（12）问言："卿颇能作欲食不耶？"对曰："能作。"（《长寿王经》《大正藏》卷三）

（13）宁知彼时少年不乎？（支曜译《成具光明定意经》）

（14）乡里人择药，有发简而得此药者，足下岂识之不？（王义之杂帖，《全晋文》卷二十五）

（15）折杨柳，寒衣履薄冰，欢讵知侬否？（《月节折杨柳歌》，《东府诗集》卷四十九）

对于上述问句的性质，学界有不同看法。

刘坚、江蓝生等（1992）认为，"颇（叵）/宁/岂（讵）"都是疑问副词，用在反复问句中表示推度询问语气，句中的"不/否"等否定词，仍具有称代性，"'不耶、不乎'连用，更可以看出'不'的称代性，即'不'称代'不 VP'，'耶、乎'表示疑问语气"。

吴福祥（1997）认为，按照汉语的语义选择原则，上述副词不能进入"VPNeg"式反复问句的句法语义框架，句中的后置否定词已经丧失称代性否定的功能，而虚化成疑问语气词，其功能在于帮助表达句子的疑问语气。至于句子性质，由于句末语气词的虚化，也发生了变化：不再是"VPNeg"式反复问句，而变成"F—VP"（F：疑问副词）式正反复问句。

遇笑容、曹广顺（2002）在对 19 部中古译经以及《三国志》、《洛阳伽蓝记》、《世说新语》等 6 部主要本土文献中的"VP 不"式疑问句进行调查的基础上又提出不同意见，他们认为，"中古汉语'VP 不'式疑问句，有'VP 不'和'AdvVP 不'两种变体，句型中的'不'已经在相当的程度上虚化了，许多句子可能已经是是非疑问句，而不是反复疑问句。到中古中晚期，为避免'不'虚化造成的反复疑问句和是非疑问句表达上的模糊，开始出现'VP 不 VP'和'AdvVP'两种新的反复问句句型。这两种句型的大量使用，以及在方言中的分布差别，是在近代汉语中才出现的"。

刘子瑜（2005）指出，以上分歧之所以存在，根本原因在于汉语正反选择问句和部分是非问句在历时发展过程中存在着渊源关系，一些正反选择问句在历时发展过程中转化成了是非问句，构成是非问句的一个来源，"转化的条件，是它们表达的语义接近或相同，结构形式相近"（遇笑容、曹广顺，2002）。历史语法的演变是一个从量变到质变的过程，汉语选择问句经历了"并列选择问句→反复问句→是非问句"的发展过程，在这个从量变到质变的过程中，肯定会出现处于演变中间阶段的语法形式，这一阶段，反复问句与是非问句是难以划清界限的。所以，对上述汉魏六朝时期部分"（疑问副词）VPNeg（PRT）"的问句形式的定性，不能绝对化，应以语言事实为准，不妨就把它们看成是一种游离于反复问句和是非问句之间的句法形式。

唐五代时期，反复问句以"VPNeg"式为主，"VPNegPRT"式消失。进入格式的否定词有"否"、"不"、"未"、"无"，其中以"否"、"不"居多，"未"仍少见，"无"在唐代大量进入"VPNeg"框架，不再局限于与"有"相对的语境。可以出现在与其他非"有"义动词相对的语境中。例如：

（16）能禅师已后，有传授人不？（《神会语录》）

（17）腾一生已来，造寺、布施、供养，有功德否？（《六祖坛经》）

（18）子命尽未？（《敦煌变文集·搜神记》）

（19）还称得长老意无？（《祖堂集》卷三）

需注意的是，唐五代时期还出现了一些在"VP"与"Neg"之间加语气词的形式，共两类：一是加"已（以）"，一是加"也"，例如：

（20）足下辛（新）从帝邑来，诛灭陵新实已否？（《敦煌变文集·李陵变文》）

（21）须达敛容叉手，启言和尚："前者既言不堪，此园堪住已不？"（同上，《降魔变文》）

（22）恐娘不识，走入堂中，跪拜阿娘："识儿以不？儿是秋胡。今得事达，报娘汝（乳）哺之恩。"（同上，《秋湖变文》）

（23）既是巡营，有号也无？（同上，《汉将王陵变文》）

（24）师曰："吃饭也未？"对曰："吃饭了也。"（《祖堂集》卷四）

这种语气词的作用是"延缓语气，其应有一定的规律，'已（以）'

只能与'不'、'否'搭配，'也'只能与'无'、'未……'配合"（徐正考，1988）。而且，不同文献中的分布情况也不一样，代表北方方言的《敦煌变文集》以"已（以）"为主，代表南方方言的《祖堂集》及《唐禅师语录》等以"也"为，表现出一定的方言差异性。据刘勋宁（1998）考察，《祖堂集》中的"动也无"和"动也未"用例数量远远超过了"动无"、"动未"式，用例比分别为 276∶4 和 10∶1，由此，刘文认为不带语气词的"动无"、"动未"式是"刻书时的遗漏所致"，原因是"语气词'也'轻读，易被连续的语流吞没，因而造成书写的遗漏"。

尽管"VPNegPRT"式在唐五代已经消失，但是"疑问副词'颇（叵）/宁/岂（讵）'＋VPNeg（PRT）"的格式仍存留，其中"颇"字句出现频率不低，"宁/岂"字句已经衰微，又出现了"还"字句和"可"字句，形成"还 VP（Neg/PRT）""可 VP（PRT）"等格式。

"还 VP（Neg/PRT）"式比较多见。例如：

（25）问："古人有言：'无言无说，直入不二法门。'文殊与摩道，还称得长老意无？"（《祖堂集》卷六）

（26）如今者若见远公，还相识已否？（《敦煌变文集·庐山远公话》）

（27）师云："草还青也无？"对曰："青也。"师云："牛还吃也无？"僧无对。（《祖堂集》卷八）

（28）岩曰："还喜欢也未？"（《洞山悟本禅师语录》）

（29）蛮奴闻语，回马遂排一左掩右夷联，色（索）随驾兵士交战。衾虎亦见，破颜微笑，问言诸将："还识此阵？"诸将例皆不识。（《敦煌变文集·韩擒虎话本》）

（30）师云："空中有一人说法，声振梵天，诸人还闻摩？若也不闻，谛德谛听，久立珍重。"（《祖堂集》卷九）

从结构形式看，唐五代的"还"字问句大致有三类："还 VP（PRT）Neg"（见上例（25）～（28））、"还 VP"（例（29））和"还 VPPRT"（例（30））。

就第一类"还 VP（PRT）Neg"式而言，进入格式的否定词有"不"、"否"、"未"、"无"，有时否定词前面还可以插入延缓语气的语气词"已

（以）"、"也"等（见上例（26）～（29））。这类问句在唐五代时期出现频繁，但元代以后的白话文献中却很少见。袁宾（1989）认为它们"大概产生于唐代，盛行于五代、宋代，元代以后便从口语中逐渐消失了"；第二类"还VP"式较少见；第三类"还VPPRT"形式中的句尾语气词一般为"摩（麼）"，到宋代还很常见，但明清以后，则为"可VPPRT"所取代。

据遇笑容、曹广顺（2002）研究，"可VP（PRT）"式问句最早见于隋代佛经，其例为：

（31）阿罗逻言："莫行至彼，莫还来此，可不得乎？"（《佛本行集经》卷二十二）

（32）汝魔波旬，可不知耶？（《佛本行集经》卷二十七）

（33）释子，汝可不忆往昔实语诸仙如是言耶？（《佛本行集经》卷二十八）

刘坚、江蓝生等（1992）的研究显示，唐五代文献中，这类用例不多见，一般出现在诗词和禅宗语录里，而且"可"后动词比较单调，多为"能"和"是"。例如：

（34）可能舍得己身，与我充为高座？（《敦煌变文集·妙法莲花经讲经文》）

（35）善恶二根，可是菩提耶？（《祖堂集》卷一）

（36）可能更忆相寻夜，雪满诸峰火一炉？（齐己《闻沈彬赴吴郡请辟》）

（37）我未成名君未嫁，可能俱是不如人？（罗隐《嘲钟陵妓云英》）

（34）意即"能否舍身给我充当座位"，（35）意即"善恶二根是不是菩提呢"，（36）意思是"还记不记得当年……的情景"，（37）的意思是"是不是我们两个都不如别人呢"。刘、江等文未明言此类句子的性质，但从句法语义表达看，上述"可"字句应该是反复问句。

张美兰在《祖堂集》中也举过这一类的例子：

（38）善恶二根，可是菩提耶？

（39）此草可能惠施小许？

（40）可闻和尚与摩示徒？

（41）马师曰："可有成坏不？"

"可"后动词为"能"和"是"以外动词的只检得 1 例：

（42）相公此行何为也？可记得河南府解头？（《唐语林·方正》）

对于"可"的来源，刘坚、江蓝生等（1992）认为它来源于汉魏六朝同表推度询问的语气副词"颇"。

3.1.2　"VPNegVP"式

"VPNegVP"式最早见于《睡虎地秦简》，共 32 例，如：

（1）任人为丞，丞已免，后为令，今初任者有罪，令当免不当？

朱庆之（1992）、何亚南（2000）曾举出东汉至六朝佛经中的 5 个用例：

（2）问："坐与行为同不同？"报："有时同，有时不同。"（东汉·安世高译《大安般守意经》上）

（3）某求我女若姊妹，是人为好不好？应与不应与？（姚秦·弗若多罗等译《十诵律》卷三）

（4）闻者生疑："为尔不尔？"沈吟而住。（东晋·佛陀跋陀罗共法显译《摩诃僧只律》卷九）

（5）比丘部言："是本罪中问罪？"答言："是本罪。"后问："覆不覆？"答言："枯木逢春。"（同上卷二十六）

（6）当说何等法耶？得不得乎？（支娄迦识译《道行肌若经·经学品》）

"VPNegVP"式在先秦至六朝的中土文人作品中不见，只出现于《睡虎地秦简》这样的法律文书以及佛经文献中，其原因可能与这两类文献的口语性强，特别是法律文书的对白性语体内容有关。

关于"VPNegVP"式的来源，张敏（1990）认为它是由并列选择问句经删除（删除关联词、语气词或重复成分）发展而来的。

"VPNegVP"式反复问句在唐五代的出现频率较之前代有大幅上升，但仍不算高，据刘子瑜（1998）对该期7部白话代表文献（见前文）的统计，《神会语录》有3例、《六祖坛经》2例、《敦煌变文集》33例、《祖堂集》10例。不过，其形式已较为完备，有"动不动"、"动宾不动宾"、"动宾不动"、"形不形"等形式，"动""不动"之间还可以插入舒缓语气的语气词（见下例（7））。略举数例如下：

（7）蛮奴是即大名将，乍舒（输）心生不分（忿），从城排一大阵，识也不识？（《敦煌变文集·韩擒虎话本》）

（8）"知不知？"答曰："知。"（《神会语录》）

（9）诸座出手不出手？（《祖堂集》卷十三）

（10）这个是阿谁不是？（《敦煌变文集·舜子变》）

（11）吾打汝，痛不痛？（《六祖坛经》）

"VPNegVP"式反复问句在唐五代的出现频率较之前代有大幅上升，对此刘子瑜（1998）有一个解释：由于该时期"VPNeg"反复问句大量向是非问句转化，客观上造成正反选择问句用例减少，语言发展的客观要求必然要以新的语法形式来弥补空缺。

3.2　《朱子语类》中的反复问句

《朱子》中的反复问句以"VPNeg"和"VPNnegVP"形式为主，另外还有少部分"还VPNeg"式。

3.2.1　"VPNeg"式

刘子瑜（2005）认为，"VPNeg"式（否定词为"不"、"否"、"未"、"无"）反复问句在宋元明时期数量不多，已经是古语形式的遗留。但我们根据语料的统计与此有出入，至少在宋代不是这样。在《朱子》中"VPNeg"式（Neg主要是"否"字）占85%以上，在《语法资料汇编》（宋代卷）中占56%。

在《朱子》反复问句中主要使用"VP 否"形式，不见"VP 不"式，"VP 未/无"式比较少见。

3.2.1.1　"VP 否"式

这一部分我们将讨论三个问题：一是"VP 否"与"VP 不"的关系问题；二是确定"VP 否"是反复问形式；三是在前面讨论的基础上来描写《朱子》中反复问形式"VP 否"的具体表现。

3.2.1.1.1　关于"不"与"否"的关系

俞光中、植田均认为，"VP 否"与"VP 不"（原文是（S－P）否/不）不同。除从答语上区分外，还因为"不"与"否"不同，一个可以置动词前，一个不能，他举例如：

> 饮酒不饮酒？→饮酒不？
> *饮酒否饮酒！→饮酒否？
> （"*"表示这句话不成立）

据上例其结论为："饮酒否"不是由正反问来的，把所有"VP 否"均当做是非问。

太田辰夫（1991）指出：在平叙句末附上"不"构成是非疑问句的用法始于汉代，其文举例如：

> 秦以十五城请易寡人之璧，可予不？（《史记·廉颇蔺相如列传》）。
> 子去寡人之楚，亦思寡人不？（《史记·张仪列传》）
> 五十步而止，足以笑百步止者不？（《孟子·梁惠王上》，后汉·赵岐注）

他认为这类"不"可以用"乎"替换，但是作为古典语应该用"不"而不用"否"。这类句末的"不"应读 fǒu，一般认为与"否"同音。"否"原先是为了使带助动词"可"的句子表疑问而使用的，魏晋以后不限于用在带"可"的句子后面，而构成一般的疑问句。其举例如：

> 丞相可得见否？（《史记·秦始皇本纪》）
> 伯春小弟仲舒望见吉，欲问伯春无它否？（《后汉书·马援传》）

他还认为从诗的押韵看，"不"是作尤韵用的，"否"是有韵，仅仅是声调有别，而音相同，或许两者被混用了。

冯春田（2000）在《近代汉语语法研究》一书中讨论"反复问句式"时把"不"和"否"分开来论述，他分别称为"用否定词'不'的问句"和"用否定词'否'的问句"，他没有明确说明两者的区别，只提到"使用否定词'否'的反复问句已见于上古汉语，但是它的出现时代要晚于'不'字问句，而且在先秦两汉也不如'不'字句常见"。并列举了大量的例子。例如：

> 正乃讯厉曰："汝贾田不？"（五祀卫鼎）
>
> 免老告人以为不孝，谒杀，当三环之不？（《秦墓竹简·法律答问》）
>
> 且从子政之言。以胜为阴，情为阳，夫人禀性，竟有善恶不也？（《论衡·本性》）
>
> 僧意谓王曰："圣人有情不？"王曰："无。"（《世说新语》）

叶建军（2010）则认为正反问句（按，即我们所说的反复问）"VP不"与"VP否"句末的否定词"不"与"否"虽然有时通用，但是二者还是有区别的："VP不"可以变换为"VP不VP"，而"VP否"不能变换为"VP否VP"。个中原因就在于"'否'字是称代性及应对用的否定词。'否'字以否定词而兼含动词或形容词于其内，所以是称代性"（吕叔湘，1982）。"否"具有一定的文言色彩，在口语中一般不使用。他指出因为《祖堂集》口语化程度较高，书中"VP不"有168例，而具有文言色彩的正反询问句"VP否"仅有3例，远远低于口语化的正反询问句"VP不"。他还比较了同为禅宗语录且编撰时代在《祖堂集》之后的《景德传灯录》中的情况，"VP否"多达364例，而"VP不"仅有2例。究其原因，他认为与编撰者不无关系，他们出于仿古对前代禅师的语录作一定程度的加工。同样的或相似的机语，在《祖堂集》中为"VP不"，而在《景德传灯录》中却改为"VP否"。

他比较了几组例句（a例均出自《祖堂集》，b例出自《景德传灯录》）：

1a. 因举东寺问："近离什摩处?"云："近离江西。"东寺云："还将得马师真来不?"对云："只这个是。"（卷十一，保福和尚）

　　1b. 师问南泉："近离什么处来?"云："江西。"师云："将得马师真来否?"泉云："只遮是。"（《景德传灯录》卷七《湖南东寺如会禅师》）

　　2a. 聚徒十数年间，临迁化时，剃发澡浴，焚香声钟，集众告云："汝等诸人还识得无声三昧不?"众曰："不识，请师指示。"（卷十六，古灵和尚）

　　2b. 师后住古灵，聚徒数载。临迁化剃沐声钟，告众曰："汝等诸人还识无声三昧否?"众曰："不识。"（《景德传灯录》卷九《福州古灵神赞禅师》）

　　3a. 师曰："大德信一切法不思议不?"大德云："佛之诚言，那敢不信?"（卷十七，岑和尚）

　　3b. 师曰："大德信一切法不思议否?"云："佛之诚言，那敢不信?"（《景德传灯录》卷一〇《湖南长沙景岑》）

　　4a. 大夫问南泉："弟子家中有一片石，或坐或踏。如今镌作佛像，还坐得不?"南泉云："得，得。"（卷一，陆亘大夫）

　　4b. 又问云："弟子家中有一片石，或时坐或时卧。如今拟镌作佛，还得否?"师云："得。"（《景德传灯录》卷八《池州南泉普愿禅师》）

　　其他的研究者也比较过几部作品中"不"和"否"的使用情况。刘子瑜（1994）统计在《敦煌变文集》中"VP 否"有 60 例，"VP 不"有 35 例；刘勋宁（1998）统计《祖堂集》中"VP 否"只有 4 例，而"VP 不"有 186 例，认为都是反复问句；伍华（1987）则认为其中的 164 例可以换成"VP 不 VP"，才是反复问句，其余的 32 例为非反复问句。

　　在《朱子》中"否/不"出现的情况刚好与《祖堂集》的相反，《朱子》中全部都是用"VP 否"，共有 1766 例（电子版统计），没有出现"VP 不"的格式。而这部书的口语化程度学者们都普遍认同是比较高的。需要说明的是，因为在《朱子》中有很多"否"已经虚化为语气词，而有的既可以看成是否定词，也可以看成是语气词，不论"否"是什么性质，在外在形式上都采用"VP 否"表示疑问。如果认为主要是语体色彩上的差异，那么《祖堂集》和《朱子》同是口语程度较高而且都带有南方方言色彩，为什么有如此大的差异？

我们利用古代文献的电子版本统计了宋代的一些文献，包括《话本》、《五灯会元》、《古尊语录》、《禅林僧宝》、《旧五代史》、《新五代史》共1758088字，使用"VP否"格式的只有49例，使用"VP不"的只有6例，其中5例出现在《五灯会元》中（下面前5例），1例出现在《旧五代史》中（下面最后1例）：

> 僧问："世有佛不？"
>
> 曰："元气是道不？"
>
> 庆云："尽其机来还成瞎不？"
>
> 问："一切声是佛声，是不？"
>
> 问："是不？"
>
> 又问："汉收得西川，信不？"

我们又对元明时期的部分文献《老契大新》、《老契大谝》、《倩女离魂》、《西厢杂剧》、《元人小令》、《元散曲》、《三国演义》等15部作品的电子版做了统计，使用"VP否"格式的有215例，使用"VP不"的只有4例。其中3例出现在《水浒传》中（下面前3例），1例出现在《传习录》中（下面最后1例）。

> 太公道："师父请吃些晚饭，不知肯吃荤腥也不？"
>
> 便问庄客："柴大官人在庄上也不？"
>
> 柴进大笑道："大汉，你认的宋押司不？"
>
> 未知走不？

从以上的一些语料的统计也许可以看出从宋代开始，"VP否"格式不论其性质如何（表反复问还是是非问）都始终占据着主导优势地位，只有极少量的反复问才使用"VP不"格式。

3.2.1.1.2 对"VP否"式反复问的确定

对"VP不"的讨论主要集中在句末"不"的性质和作用上。中古汉语"VP不"式疑问句的主要发展变化，是处于句末的否定词"不"开始虚化。吕叔湘（1982）认为文言中的反复问只在句末加"不、未、无"等否定词。其举例如：

> 不知杨侯去时……道旁观者亦有叹息知其为贤与否？而太史氏又能张大其事为传，继二疏踪迹否？不落莫否？（韩愈《送杨少尹序》）

伍华（1987）把《祖堂集》中的186例"V＋不"分成两类：其中"VP不"（88例）、"还VP不"（73例）都可以换成"VP不VP"，是反复问，另有25例不能换成"VP不VP"，是是非问。但他认为两类中的"不"都是语气词而非否定副词。刘勋宁（1998）对《祖堂集》中所有"VP不"（包括"莫VP不"）都处理为反复问句，"不"为否定副词。

近年更多的看法是"VP不"中"不"已经在虚化。一部分"不"是否定副词，一部分"不"已成为语气词，从而使"VP不"分化成两个：反复问、是非问。关键问题是"不"虚化的标志是什么，如何证明它已经虚化了。

证明"VP不"中"不"的虚化，较有代表性的是赵新（1994）、吴福祥（1997）、遇笑容、曹广顺（2002）。吴福祥专文讨论了"VP－Neg"反复问的分化问题。他指出"VP－Neg"问句有两类：一是反复问，一是是非问。属于非反复问的"VP－Neg"有四种情况：

（A）S_1，S_2？选择问后一分句末的"不"为语气词。例如：

> 殿下问言："即一人有忙［之事］，诸余人总有不？""是［余］世人，殿下亦然。（《敦煌变文集》）

选择问句是并列两个项目，让答者选择其中一个回答。由两个小句构成的选择问句，后一小句或带上语气词，或不带。例如：

> 即此一个死，诸人亦然？（《敦煌变文集》）
> 太子又问："生者只是一人，人间总有？"（同上）

（B）不VP不/否？否定句排斥句末否定词，句末"不/否"为语气词。例如：

> 不落寞否？（韩愈《送杨少尹序》）

吴王曰："万兵不少以不？"（《敦煌变文集》）

子胥心口思惟："此人向我道家中取食，不多唤人来捉我已否？"（同上）

叔不曾读张燕公诗否？（《酉阳杂记》）

（C）F（莫）－VP不/否？"莫"为测度词，排斥句末否定词。例如：

夫人莫先疾病否？（《敦煌变文集》）

师曰："莫从须弥顶上采得来不？"（《祖堂集》卷二）

（D）F（宁/可）－VP不/否？"F（宁/可）"疑问副词排斥否定词进入句末。

例如：

言是人所得福德宁为多不？（《敦煌变文集》）

夫子曰："吾与汝共游天下，可得已否？"（同上）

如此在（A）、（B）、（C）、（D）四种句的句末"不/否"为语气词，这四种问句不是反复问句。

张美兰（2003）基本同意吴福祥的观点，她在对《祖堂集》中"VP－Neg"问句的处理中依据了这种分法。

叶建军（2010）对吴福祥的第一条提出质疑。他指出，现代汉语中选择问句的选择项通常情况下不是正反问形式，但是问题的关键在于，像上文第一例这样的晚唐五代时期的特殊疑问句，能否迁就于现代汉语选择问句的常见格式"S_1，S_2？"，因而就认为句末的"不"已经虚化为语气词了呢？我们认为，这种特殊疑问句的"选择问句"的资格是值得怀疑的，它不是真正意义上的选择问句。上文第一例第一个问句原为逗号，S_1 与 S_2 在语义上是对立或排斥的。如果要作语法分析，就不仅要照顾到原句的语义，更应该考虑到原句的句法结构，这样才是全面的。按照我们的理解，该句应当翻译为："只有一个人有忙碌之事？其他人有没有？"也就是说，"S_1，S_2 不？"应该理解为"S_1？S_2 不？"，第一句为是非问句，第二句为正反问句，句末的"不"仍然是否定词，二句组成了一个具有选择关系的疑问句群。叶建军还认为"S_1？S_2 不？"这种特殊的疑问句群完全成立，它的存在是有其合理性的。说话者提出的两个问题 S_1、S_2 如果具有对立性、差异性或相容性，那么可以作为两个选择项构成选择问复句，即所谓的选择问句 "S_1，S_2"。每一个选择项都有可能成为我们要追问、深究的焦点，都有可能成为一个独立的、突出的问题而得到强调。出于语用的需要，如果要凸显、强化每一个问题的独立性，那么就会形成 "S_1？S_2？" 这样的具有选择关系的疑问句群。无怪乎现代汉语中选择问句的前一选择项末尾是用逗号还是用问号仍存在分歧。一般认为，前一选择项末尾应使用逗号，只有后一选择项末尾可以用一个统摄全句的疑问句调，即 "S_1，S_2？"。

"在疑问句中，语气词'吗'和'呢'的对立，即'吗'只能出现在是非问句的末尾。'呢'则只能出现在非是非问句的末尾，它们形成对立性互补。"（邵敬敏，1996：22）一般认为，"规范"的选择问句 "S_1，S_2？" 中选择项末尾如果要用语气词，只能用 "呢" 而不能用 "吗"。可见，选择关系的疑问句群 "S_1 呢？S_2（呢）？" 中两个问句虽然都有独立的疑问句调，可是二者之间的选择性联系还是很明显的。但是正是因为强化了 "S_1？" 的独立性，凸显了它的疑问句调，所以可以暂且 "割裂" "S_1？" 与 "S_2？" 在语义上的选择性联系，因此 "S_1 呢？S_2（呢）？" 中 "S_1 呢？" 末尾的语气词 "呢" 也可以改作只用于是非问句末尾的疑问语气词 "吗"，即 "S_1 吗？S_2（呢）？"。

另外叶建军还对 "S_1？S_2 Neg？" 的生成机制做了探讨并用实例加以证明。我们认为他的分析是有道理的。

遇笑容（2002）对吴福祥的第四条提出了疑问。他认为中古时期副词"宁"、"颇"既可用于是非问句中，又可用于反复问中，在反复问中，句中的 "VP" 和 "不" 的结构承担了疑问功能，副词出现不出现没有影响，它基本没有表达疑问的功能，因此它实际上并不是现代汉语中 "Adv - VP" 中的 "Adv"，他把中古汉语 "AdvVP 不" 中的 "Adv" 称为语气副词，而现代汉语中的 "AdvVP" 中的 "Adv" 叫做疑问副词。所以中古汉语中并不存在汉语反复问中疑问副词和 "不" 不同时出现的 "语义选择规律"，检验中古汉语反复问句中 "不" 是否虚化，这个标准不起作用。

遇先生通过分析提出三个理由来证明 "不" 已虚化：

（一）在含有否定词、反诘副词的疑问句及选择问句中句尾的 "不"

是已经虚化了的。例如：

宁能使不痛不耶？（《道行般若经》卷五）

汝实不乐于我法中行梵行不？（《佛本行经》卷五十九）

（二）大量的"VP 不"和"VP 乎/耶"在相同或相近的条件下交替使用，二者的使用有很大的随意性，常常很难说出它们有什么差别。对比下面 a 与 b、c 与 d 两组：

a. 汝颇见第四天使不？（《出曜经》卷十一）

b. 汝等颇见迦㮭延安＝比丘不乎？（《增壹阿含经》卷四十六）

c. 汝识之不？（《贤愚经》卷七）

d. 汝颇识太子乎？（《增壹阿含经》卷四十九）

（三）"VP 不 VP"和"AdvVP"两种"VP 不"的替换句型在中古都已初露端倪。当时"VP 不"的问句大量使用，如果它是一种清楚的反复问句，就没有必要再制造新的句型，"VP 不 VP"、"AdvVP"句型的出现说明"不"的语法、语义已经不清楚了，从而使原来的"VP 不"句型被"磨损"，构成句型、承担疑问句功能的语法/句法成分含混不清了。

通过对《朱子》"VP 否"式问句的分析及参考学者们的相关意见，我们确定以下格式中的"否"已经虚化为语气词，"VP 否"不是反复问句。

A. 前有"不"、"无"、"未"、"非"等否定词的。

共有 553 例，其中用"不"的最多，有 375 例；其次是前面用"无"的，共有 97 例，前面用"未"、"非"的较少，分别有 52 例和 29 例。例如：

（1）《注》言："自处以敬，则中有所主而自治严。"程子曰："居敬则心中无物，故所行自简。"二说不相碍否？

（2）又问："'以质而语其生之序'，不是相生否？"

（3）或问："而今看道理不出，只是心不虚静否？"

（4）问："博学与近思，亦不相妨否？"

（5）至于安时，无勉强意思否？

（6）当应接之际，无相妨否？

（7）"更无余法"，是一理之外更无其他否？

（8）黄子功问："'其至尔力，其中非尔力。'还是三子只有力无智否？"

（9）伊川云"非乐不足以语君子"，便是物未格，知未致，未得过关否？

（10）"八卦成列，象在其中矣。"象，只是乾、兑、离、震之象，未说到天地雷风处否？

（11）曰："未尽善。"亦是征伐处未满意否？

（12）问："笃志"，未说到行处否？

（13）禹以鲧为有罪，而欲盖其愆，非显父之恶否？

（14）伊川云"伊尹终有任底意思在"，谓他有担当作为底意思，只这些意思，便非天子气象否？

（15）问：力不足者，非干志否？

（16）问：大衣，非命妇亦可服否？

B. 在测度问"莫/恐 VP 否"中，"否"为语气词。

"莫"表示一种推测，可以单用，更多的是用与"是"、"只是"连用，构成"莫是"、"莫只是"的形式，共 259 例。例如：

（17）子路举此而言，却似有车马衣裘为重之意，莫与气象煞辽绝否？

（18）郑子上问：昨日所说浙中士君子多要回互以避矫激之名，莫学颜子之浑厚否？

（19）"安，谓所处而安"，莫是把捉得定时，处事自不为事物所移否？

（20）"顺理则裕"，莫是紧要否？

（21）如下文所言，莫是笃信之力否？

（22）用之曰：莫是元城忠诚，感动天地之气否？

（23）"体段"二字，莫只是言个模样否？

（24）敬之问："颜子'不迁怒，不贰过'，莫只是静后能如此否？"

"恐"表示一种担心，其实更多的也是一种推测，只是不确定的成分更多一些，语气更委婉一些。共有 63 例。例如：

（25）问："似此，恐于'修身在正其心'处相类否？"

（26）问："苏氏'父子违言'之说，恐未稳否？"

（27）在初学，恐亦不得不然否？

（28）刘问："性，物我皆有，恐不可分在己、在物否？"

（29）恐亦如上经不言乾坤，但言天地，则乾坤可见否？

（30）程先生不取乐道之说，恐是以道为乐，犹与道为二物否？

另外还有几种情况我们认为也应该分析为非反复问：

C. 在"（S_1，S_2）否"式中。

即"否"前有由两个或多个小句构成的复句，"否"不是附加在最后一个小句上面，而是附加在前面一个复句上的。例如：

（31）问："穷是穷在物之理，集是集处物之意否？"曰："是。"

（32）必、固之私意轻，意、我之私意重否？

（33）义刚问：敬是就心上说，简是就事上说否？

（34）又问："尽心了，方能尽性否？"

（35）圣人得时得位时，更有制作否？

（36）惟理义以养其气，养之久，则自然到此否？

（37）问："浸润、肤受之说，想得子张是个过高底资质，于此等处有不察，故夫子语之否？"

（38）问："横渠只是硬把捉，故不安否？"

上面（31）、（32）、（33）例的复句是并列关系，（34）、（35）、（36）例是条件关系，（37）、（38）例是因果关系。

D. 在"是（S_1，S_2）否"式中。

"是"字后面带一个复句作宾语，最后加上"否"表疑问。例如：

（39）杨子顺问："'养知莫过于寡欲'，是既知后，便如此养否？"曰："此不分先后。未知之前，若不养之，此知如何发得？"

（40）问："如此则是齐变为缓，而鲁变为急否？"曰："亦不必恁分。"

（41）问："此是'我不欲人之加诸我，吾亦欲无加诸人'意否？"

（42）"人能充无受尔汝之实"，《集注》云："实，诚也，人不肯受尔汝之实者，羞恶之诚也。"须是自治其身无不谨，然后无尔汝之称否？

反复问句一般来说结构比较简单，否定词"不/否"与前面肯定结构联系很紧密，如果 C、D 两类也归入反复问，不论是从结构上还是语感上都不符合要求。

除以上四种情况不应算作"VP 否"式反复问外，"VP 否"式仍是《朱子》中反复问的主要形式。

3.2.1.1.3　《朱子》中反复问"VP 否"的构成类型

从结构形式来看，有多种类型：

A. "VP"是由判断词"是"带后加成分构成的判断形式。

"是"后既可带名词性成分，又可带谓词性成分，整个问句相当于"是不是 VP"，是反复问中用得最普遍的形式，共有 657 例。

带名词性成分的，如：

（1）民受天地之中以生，中是气否？

（2）问："此是天命否？"曰："是。"

（3）问："德是心中之理否？"曰："便是心中许多道理，光明鉴照，毫发不差。"

（4）曰：所谓体者，是强名否？

带谓词性成分的，如：

（5）人有常言，某人性如何，某特性如何，某物性热，某物性冷。此是兼气质与所禀之理而言否？曰："然。"

（6）絜矩之道，是广其仁之用否？

（7）童问："'贫而无谄，富而无骄，未若贫而乐，富而好礼'，是学要造其精极否？"

（8）问："礼乐同体，是敬与和同出于一理否？"

B."VP"是一般动词带宾语构成的动宾结构。例如：

（9）知止至能得，其间有工夫否？

（10）又问："'禄在其中'，只此便可以得禄否？"

（11）天有形质否？星辰有形质否？

（12）不知人当战惧之时，果有武毅之意否？

C.VP是动补结构。例如：

（13）问芝："史书记得熟否？"

（14）立，是大纲处把得定否？

D.VP是"动得"。例如：

（15）《小学》载乐一段，不知今人能用得否？

（16）问："'四十而不惑，是知其然'；'五十知天命，是其所以然'，如此说得否？"

E."VP"可以是形容词。例如：

（17）此"心"字与"帝"字相似否？

（18）天地会坏否？

（19）初间亦未尝不如此，但较生涩勉强否？

（20）又问："'真知'之'知'与'久而后有觉'之'觉'字，同否？"

在唐五代时"VP否/不"中常用"已"、"以"。"已"、"以"音相同，在用法上没有区别，可以换用，是一个词的两种不同写法（刘子瑜，1994）。例如：

放卿入楚救其慈母，求得已否？（《敦煌变文集·汉将王陵变文》）

女能作衣以否？（同上，《搜神记》）

肯修书诏儿已不？（同上，《汉将王陵变文》）

须达敛容叉手，启言和尚："前者既言不堪，此园堪住已不?"（同上，《降魔变文》）

未委娘子赐许以不?（同上，《秋湖变文》）

这种"已"、"以"的作用跟六朝后汉语中常用于动词并列词组的正反部分之间起连接作用的连词"与"大致相同，"已"、"以"在上古属余母之部字，"与"属余母鱼部字，古音相通，从语音上可以找到证据。

《朱子》中在"否"之前加"以/已"的很少见到，插入语气词"与"的共有 5 例，不见插入语气词"已"的。例如：

（21）问："孔子当衰周，岂不知时君必不能用己?"曰："圣人却无此心。岂有逆料人君能用我与否? 到得后来说'吾不复梦见周公'，与'凤鸟不至，河不出图，吾已矣夫'时，圣人亦自知其不可为矣。但不知此等话是几时说。"

（22）曰："或者说如此，但其家子孙自认是他作。张纲后来作参政，不知自认与否?"

（23）先生举程子读《论》、《孟》切己之说，且如"学而时习之"，切己看时，曾时习与否?

（24）"十五志学"一章，全在志于学上，当思自家是志于学与否?

（25）诗中凡及富贵处，皆说得口津津地涎出。杜子美以稷契自许，未知做得与否?

"VP - 否"式反复问是疑问信息的载体，其中"VP"是疑问焦点，它要求答话人针对"VP"进行肯定或否定的回答，答话人可以通过重复"VP"来进行肯定，也可以通过提出一个相关的命题来对问句的"VP"加以肯定。如果问句中含有系词"是"，答语也可以用"是"或"然"对"VP"进行肯定。例如：

（26）问："程子曰：'质美者明得尽，渣滓便浑化，与天地同体。'求之古人，谁可当之? 颜子孔门高第，犹或有违仁时，不知己上别有人否?"曰："想须有之。"

（27）问："'拟之而后言，议之而后动'，凡一言一动皆于《易》而拟议之否？"曰："然。"

（28）又问："'生爻'指言重卦否？"曰："然。"

（29）又问："如以'明庶物，察人伦'为穷理，不知于圣人分上着得'穷理'字否？"曰："如何不定？自是道理当如此。若不如此，便是天也把捉不定了。"

（30）时举因云："释氏有'豁然顿悟'之说，不知使得否？不知倚靠得否？"曰："某也曾见丛林中有言'顿悟'者，后来看这人也只寻常。如陆子静门人，初见他时，常云有所悟；后来所为，却更颠倒错乱。看来所谓'豁然顿悟'者，乃是当时略有所见觉得果是净洁快活。然稍久，则却渐渐淡去了，何尝倚靠得！"

（31）问："'四十而不惑'，是知其然；'五十知天命'，是知其所以然。如此说得否？'"曰："如门前有一溪，其先得知溪中有水，其后知得水源头发源处。如'天命之谓性，率性之谓道'。四十时是见得那'率性之谓道'；五十时是见他'天命之谓性'。至六十时，是见得那道理烂熟后，不待思量，过耳便晓。"

同样，对于"VP 否"的否定回答，可以采用在 VP 前加否定词的方式，也可以提出一个相关的命题进行否定。例如：

（32）问："子路死于孔悝之乱，死得是否？"曰："非是，自是死得痴。"

（33）问："人气力怯弱，于学有妨否？"曰："为学在立志，不干气禀强弱事。"

（34）问："子谓仲弓为犁牛子也。考之家语，多一'曰'字，意以仲弓生于不肖之父。其说可信否？"曰："圣人必不肯对人子说人父不善。"

（35）问铢："理会得彭蠡否？"铢曰："向来只据传注，终未透达。"

（36）问："虚实以阴阳言否？"曰："以有无言。及至'浮而上，降而下'，则已成形者，若所谓'山川之融结，糟粕煨烬'，即是气之渣滓。要之，皆是示人以理。"

答话人（有时）在回答中不仅对 VP 作出肯定或否定的回答，而且还进一步就相关的问题予以阐述，这时答话人所提供的信息量往往超出发问人的预期量。这种情况不在少数，这与该书的行文内容有关，老师的回答不仅要使学生知其然，而且要使其知其所以然。例如：

（37）或问："格物，致知，到贯通处，方能分别取舍。初间亦未尝不如此，但较生涩勉强否？"曰："格物时是穷尽事物之理，这方是区处理会。到得知至时，却已自有个主宰，会去分别取舍。初间或只见得表，不见得里；只见得粗，不见得精。到知至时，方知得到；能知得到，方会意诚，可者必为，不可者决不肯为。到心正，则胸中无些子私蔽，洞然光明正大，截然有主而不乱，此身便修，家便齐，国便治，而天下可平。"

3.2.1.2　"VP 未"式

"VP 未"式问句始见于汉代，魏晋至唐宋时期有所发展，但一直处于弱势。例如：

（1）君除吏已尽未？（《史记·田蚡传》）

（2）太白入以未？（《淮南子》卷三）

（3）从容问宗曰："可以交未？"（《世说新语·方正第五》）

（4）彼九只船发未？专到那岛里看定虚实。（《入唐求法巡礼行记》卷一）

（5）来日绮窗前，寒梅著花未？（王维《杂诗》）

（6）语其妻曰："子命尽未？"妻不思即害，必称已死。（《敦煌变文集·搜神记》）

（7）微闻呼声曰："去未？"（《冷斋夜话·鬼知参政》）

（8）昔日居士南岳得绝句还曾举向人未？（《景德传灯录》卷八）

大约从唐代开始，出现了由"也"连接"VP"和"未"的例子，尤其是在五代及宋代的禅宗文献里多见。张美兰统计《祖堂集》的结果是"V 未"只有 1 例，"V 也未" 10 例。"V 未"为：

对曰："前后则且置，和尚还曾见未？"

"V也未"如：

> 吃饭也未？
>
> 师曰洞庭湖水满也未？
>
> 汝乱走还变也未？
>
> 师云："知得也未？"庆云："要且不是和尚。"

在《朱子》中"VP未"式所见例很少，只有4例，都是反复问。

（9）问："看《论语》了未？"广云："已看了一遍了。"

（10）问："曾子未闻得一贯之前，已知得忠恕未？"曰："他只是见得圣人千头万绪都好，不知都是这一心做来。及圣人告之，方知得都是从这一个大本中流出……"

（11）先生问木之："前日所说气质之性，理会得未？"对曰："虽知其说，终是胸中未见得通透。兼《集注》'上智下愚'章，先生与程子说，未理会得合处。"

（12）若不恁地，只是且就晓得处依傍看。如公读《论语》，还当文义晓得了未？若文义未晓得，又且去看某家如此说，某家如彼说，少间都搅得一场没理会。

在《资料汇编》中检索到5例。如：

> 相公来未？（《张协状元》）
>
> 吃粥了也未？（《虚堂和尚语录》）

这一类正反问句在问话人心理预设上不同于其他正反问句。从上面的例子可以看出，问话人心中有肯定一方的预设。如"看了《论语》"、"知得忠恕"、"理会"等，只是说话时实现与否暂不知道，问话人绝无否定一方的预设。而其他正反问都允许有否定一方预设的存在。如"在床上不"、"有图书无"都可以"不在床上"、"无图书"为预设。主要原因是"未"字具有"尚未"的语义。独立运用时可以明显地体现出来：

> "哥你听的么，京都驾几时起？""未里，且早里。"（《朴通事颜解》）

在宋代其他作品中除了《五灯会元》外，"VP 未" 也使用得很少。《五灯会元》中共出现 71 次，其中有 70 例都插入语气词 "也"，构成 "VP 也未"。例如：

> 法眼别云："识得观音也未？"
>
> 逮夜，祖潜诣碓坊，问曰："米白也未？"
>
> 峰曰："日出也未？"
>
> 岩曰："和尚有也未？"
>
> 才相见，士便问："人问大梅，未审梅子熟也未？"
>
> 师曰："汝已了，莫道可否。"曰："还识得目前也未？"
>
> 及见师，师问："你还曾见我嫂也未？"
>
> 禅者曰："还曾出家也未？"
>
> 一日晚参，谓众曰："汝等诸人还得个入头处也未？"
>
> 师曰："礼佛也未？"

从南宋起 "VP 未" 式开始从口语中逐渐消失，到元代以后就比较少见了。偶尔可以见到几例：

> 夫人寝未？（《董解元西厢记》卷四）
>
> 安排行李了未？（《元本琵琶记》第五出）
>
> 不知他得官也未？（《元曲选》）
>
> 你只问须贾来也是未？（同上）
>
> 王婆问道："了也未？"（《水浒全传》第二十五回）

可以说 "VP 未" 式反复问一直都不是发达的形式。

现代吴方言中嘉兴话有此类说法（未读 mi，停留在重唇未分化阶段）。例如：

> △ 饭烧好未？理奴肚皮饿熬哩！
>
> △ "电影开演未？""未哩。"

今泉州话也多用此类格式。例如：

> △ 汝衫裤洗未？鞋拖颂破去未？

△日头出来唠，涂脚干也未？　（引自李如龙《泉州方言的"体"》）

3.2.1.3　"VP 无/也无"式

此式在唐代大量出现，例如：

晚来天欲雪，能饮一杯无？（白居易《问刘十九》）

前日狂风昨夜雨，残芳更合得存无？（白居易《惜小园花》）

彼此业缘多障碍，不知还得见儿无？（元稹《哭子十首》）

羽乃高声唱："帐前莫有当直使者无？"（《敦煌变文集》，引吴福祥，1997）

据叶建军（2010）统计，《祖堂集》中有"VP 无/也无"式反复问260 例，其中"VP 也无"有 254 例，而用"还……VP 也无"则多达 245例。例如：

侍者便认得家兄，便把手啼哭云："娘在无？"

仰山云："不立不说有无？"沩山云："子是定性声闻。"

僧曰："五逆之子还受父的也无？"

问："与摩来底人，师还接也无？"师云："接。"

师曰："见说广南有镇海明珠，还是也无？"对曰："是也。"

"无"受"不/否"的影响很快开始虚化，上面所举的"羽乃高声唱……"一例已带有测度问标记"莫"，"无"已经是语气词了（详见是非问句一章）。到宋代作为反复问的"VP 无"式就不多见了。

在《朱子》中只发现 3 例：

（1）曰："人则有孝悌忠信，犬牛还能事亲孝、事君忠也无？"

（2）看圣贤教人，曾有此等语无？

（3）每诵其疏一段竟，又问云："王安石是如此也无？"

《资料汇编》中有 13 例。如：

（4）有国书无？（《三朝北盟会编》）

（5）其被发人又问云："的实有文字照验无？"（《乙卯入国奏请》）

（6）何不以溺自照面，看做得三路运使无？（《二程集》）

这前二例中"无"和"有"相对，基本上可以断定是反复问句，第三例是反复问句还是是非问句难以确定。

我们在宋代的《五灯会元》中却可以看到不少用例。共有"VP 无/也无"382 例，其中"VP 也无"有 369 例。例如：

> 华严座主问："虚空为定有，为是定无？"
>
> 曰："还有过常者无？"
>
> 于过去迦叶佛时，曾住此山，因学人问："大修行人还落因果也无？"
>
> 老人曰："大修行人还落因果也无？"
>
> 座曰："某甲随和尚去还得也无？"
>
> 曰："还可雕琢也无？"
>
> 公见鸟雀于佛头上放粪，乃问："鸟雀还有佛性也无？"

《五灯会元》中的这种情况与《祖堂集》很相似，而其他同时代的作品中也少见，我们认为这可能与内容题材有关。

"VP 无/未"式的消退主要是与"无"的虚化有关（吴福祥，1997），取而代之的是"不曾"开始进入"VPNeg"框架。

3.2.1.4　"VP 不曾"式

这一格式可能还只处于起步阶段，所见用例不多，共发现 2 例。如下：

（1）只问取自家是真实见得不曾？

（2）何不试思，自家为人谋时，亦曾尽不曾？

在 43 万字的《资料汇编》中只发现 1 例。对宋代的几部著作《话本》、《五灯会元》、《古尊语录》、《禅林僧宝》、《旧五代史》、《新五代史》的电子版检索中也没有发现一个用例。

到宋末和元代用例开始增加，据李思明（1983）统计，在宋末和元代的《话本选》、《新校元刊杂剧三十种》、《元人杂剧选》中"VP 不曾"共出现 20 次。李焱（2003）对《清平山堂话本》、《老乞大》、《朴通事》、《水浒传》、《三遂平妖传》、《西游记》以及"三言二拍"等 11 部作品的调查，"VP 不曾"共出现 13 次。到明代中叶开始广泛使用，据傅惠钧（2000），在《金瓶梅》中有 80 例，占反复问句的 26%；在《醒世姻缘传》中有 69 例，占 41%。例如：

> （3）"孩儿，羊肚肠有了不曾？"（《新校元刊杂剧三十种》）
>
> （4）兄弟你吃饭未曾？（《元人杂剧选》323）
>
> （5）山前行问道："曾放火不曾？"（《清平山堂话本》）
>
> （6）你的货物都卖了不曾？（《老乞大》）
>
> （7）如今都好了不曾？（《朴通事》）
>
> （8）我不在家，你想我不曾？（《金瓶梅》）
>
> （9）你那家子曾收用过了不曾？（《醒世姻缘传》）

到清代以后"VP 不曾"又为"VP 没/没有"所代替。

3.2.2 "VP 不 VP"式

刘子瑜（2005）认为，"VP 不 VP"式在宋明清时期成为占优势的反复问句形式，实际上在《朱子》中这一形式总共不到 20 例，在《资料汇编》中也只有 11 例，和唐五代时期的情况差不多。"VP"主要指句中作谓语的谓词性成分（包括动词性的形容词性的）。根据"VP"带不带宾语又可以分为"V 不 V"、"VO 不 VO"、"VO 不 V"三种形式，共有 18 例。

3.2.2.1 "V 不 V"式

（1）今有人自道心正了，外面任其箕踞无礼，是得不得？

（2）事亲有事亲之礼，事兄有事兄之礼。如今若见父不揖拜，谓之孝弟，可不可？

（3）人既自有这良能、良知了，圣贤又怎地说，直要人寻教亲切。"父慈而教，子孝而箴"，看我是能怎地不怎地？《小学》所说，教人逐一去上面寻许多道理。

（4）又教授之职，只教人做科举时文。若科举时文，他心心念念要争功名，若不教他，你道他自做不做？

（5）纵使你做得了将上去，知得人君是看不看？

（6）"有朋自远方来"，果能乐不乐？

（7）问："万物灿然，还同不同？"曰："理只是这一个，道理则同，其分不同。"

（8）自家不弟，也教天下人不消事其兄；自家不信，也教天下人不消信其友，恁地得不得？还有道理否？

以上 V 是单个动词，我们还检索到几例带补语的例子：

（9）或问："祖宗非士人，而子孙欲变其家风以礼祭之，祖宗不晓，却如何？"曰："如何议论得恁地差异？公晓得不晓得？"

（10）且如今告谕民间一二事，做得几句如此，他晓得晓不得？

（11）只是当时六国如此强盛大，各自抬举得个身已如此大了，势均力敌，如何地做，不知孟子，奈何得下奈何不下？

（12）因问所托之人："公且与撰几句可荐之句将来，是说得说不得？"

例（9）和例（10）是同一个词"晓得"的不同反复问形式，一个是"晓得不晓得"，一个是"晓得晓不得"，说明"晓得"还不是一个很稳定的动词，"得"还可以看做是补语。

下面举几个《汇编》中的例子：

（17）张太尉道："姚观察，背虏王刚、张应、李章伏不伏？"（《三朝北盟会编》）

（18）孩儿要出路，又是我苦，你道焦躁不焦躁？（《张协状元》）

3.2.2.2 VO 不 VO 式

（13）若是个贼来尊敬自家，自家还从他不从他？

（14）先生曰："公孙丑初间谓任此重事，还动心不动心？孟子答以不动心极容易底事，我从四十已不动了。"

3.2.2.3 "VO 不 V"式

（15）且说而今暗昧底人，解与人健讼不解？（先生语）惟其启明后，方解罢讼。

（16）五峰曰"人有不仁，心无不仁"，既无心不仁，则"巧言令色"者是心不是？

3.2.2.4 对《朱子语类》"VP 不 VP"式反复问的一些分析

3.2.2.4.1 "VP 不 VP"与选择问的关系

学界对"VP 不 VP"反复问句的来源问题有几种看法。

梅祖麟（1978）指出，选择问和反复问（你去不去？）的关系很近，差别只在前者是选择甲跟乙，后者是选择甲跟非甲。六朝汉译佛经中的"为 VP 不 VP"句，如"今我欲问，身中之事，我为常不常？"是介于两者之间，"为"字脱落后就变成"VP 不 VP"，再省略后一个动词，就变成"N 为 VP 不"问句了。

俞理明（2001）指出，正反并列选择问句，只要略去其中前一分句末的语气停顿，就成反复问句了。举例如：

> 子宁解耶，不耶？（《太平经》卷五十二）
> 今见凡人死，当大冤之，叩而告地邪？不当耶？（同上，卷九十）
> "今人当学为善不当邪？""当力学为善。"（同上，卷四十九）

朱德熙（1985）基本同意梅祖麟的意见，他指出："梅祖麟曾经指出反复问句是从选择问句演变出来的，其说大体可信。""为 VP 不 VP"的"为"字脱落后变成了"VP 不 VP"，这种形式见于唐诗、敦煌变文和禅宗语录。现代大多数方言里的"VP 不 VP"式反复问大概是从这里来的。后来朱先生又否定了前一看法（1991），认为这一论断（按，即前一种观点）需要修改。因为在时代可以确定为秦国或战国末期的云梦睡虎地秦简里已经多次出现过这种句式（按，即 VP 不 VP），但在此后一千多年里一点痕迹也看不到，他把这种现象解释为：云梦秦简反映的是当时的一种西北方言。而传世文献都是用标准语写的，所以这种形式很少有机会得到反映。直到唐代，"VP 不 VP"句式才重新在唐诗、变文、禅宗语录里出现。

段业辉（1998）认为，"……不"格式是中古，特别是魏晋南北朝时期的新兴的语法现象，句末的"不"是否定限制词。从深层的表意结构看，都是典型的"X 不 X"正反问格式，但从表层的语法结构看，所有这类句子都只出现前项"X"和副词"不"，无后项"X"，但这并不能否定这类句子的正反问资格。中古"……不"这种新生的正反问句型的特点是：否定副词"不"后面有一个语法空位，而汉语在发展过程中填补了这个空位，使之成为"X 不 X"的格式，这也正是中古汉语与现代汉语的差别之一。

　　遇笑容、曹广顺（2002）指出，在中古时期"VP 不"句式中，由于"不"已经在相当程度上虚化，许多句子已经是是非疑问句而不是反复疑问句。在中古晚期为避免由于"不"虚化造成的反复疑问句和是非疑问句在表达上的模糊，开始出现"VP 不 VP"式句型。而这种新出现的"VP 不 VP"可能与正反两项的选择问句有关，是在旧句型磨损之后，为表达需要而产生的一种发展变化。该文列举了汉译佛经《增壹阿含经》中的几个例子。如：

　　　　世尊告曰：此五盛阴是有常无常也？尼健子报曰：无常也。（卷三十）
　　　　修摩提女为满富城中满财长者索求，为可与不可与？（卷二十二）
　　　　复次当作是去，不应作是去？作是来，不应作是来？（卷十五）
　　　　世尊告曰：云何尼健子，色者是常，为是无常？（卷三十）

　　前两例是反复问，后两例是选择问，作者认为两者的区别在于前者删除了两个分句之间表示选择的连词"为"，第一例和第四例刚好是同一句子删除前和删除后的两种格式，显示了两组例子之间的关系。

　　学界对"VP 不 VP"来源的不同看法，尽管各家观点不一，甚至是对立的，但都反映了一个事实：那就是"VP 不 VP"反复问与选择问的关系是很密切的。通过对《朱子》材料的分析，我们同意遇笑容、曹广顺（2002）所说的"VP 不 VP"有产生的必要性，即"VP 否"中"否"已经相当虚化，成为语气语，这样"VP 否"既可表反复问，又可表是非问，为分化这种歧义，有必要产生新的反复问形式来替代"VP 否"式反复问。至于"VP 不 VP"的产生，我们认为是经过了一个类化简化的发展过程。在中古时，表示正反两种情况是通过选择问的形式进行的。如：

如来身死耶，如来不死耶？为有死耶，为无死耶？（《增壹阿含经》卷四十三）

饮食为妙为不妙？（同上，卷四十五）①

在《朱子》中也有：

（19）只管在尘俗里面滚，还曾见四端头面，还不曾见四端头面？

（20）如《论语》说"学而时习之"，公且自看，是曾去学，不曾去学？

（21）是有这四端，是无这四端？

（22）曾有说意思，无说意思？

（23）今有人自恁己意说将去，不看人之意是信受它，还不信受它？

（24）设使汤武居之，还是恁地做，不恁地做？

由于是在"V"与"不V"之间选择，其间就有很多共同的东西，鉴于语言的经济性需要，在结构上更简明，表意上更精炼，在句法上进行合并是很自然的。看下面《汇编》中的两例：

（25）山僧道"不在河南，正在河西"，且道是有事是无事？（《碧岩录》）

（26）别有无陈奏言语？（《三朝北盟会编》）

比较上面几个例子，（19）～（24）例是采用选择问的复句形式，（25）和（26）例把相同的成分进行合并形成单句，在结构上更加紧凑。另外还有一种过渡句式，即在"V"与"不V"之间加上语气词"也"或关联词"与"。例如：

（27）不知人物消靡时，天地坏也不坏？

（28）先生问及二友："俱尝试看《易传》，看得如何是好？何处是紧要？看得爱也不爱？"

---

① 以上两例引自遇笑容（2002）。

（29）执笔视寿昌曰："会麼？会也不会？"

（30）不知皇帝知与不知？（《三朝北盟会编》）

（31）沈元用今在耶不在？（同上）

（32）未知是也不是？（《张协状元》）

但"V 也不 V"这种形式并不是最精炼、紧凑的，中间的语气词可以说明这一点，而这个"也"或"与"并不是必需，可以省略，只是用了在语气上更舒缓一些，这样使"V 不 V"格式更进一步形式化而成为正反问的最典型、稳固的形式。

3.2.2.4.2 "VP 不 VP"式反复问句中的动词

《朱子》中"VP 不 VP"式反复问句中的动词"V"可以由各类动词充当："做"、"看"、"爱"、"信"等动作动词和心理动词，也可以是助动词如"得"、"会"、"可"等，还可以是形容词，如"坏"、"乐"、"妙"等，不仅有单音节词，还有双音节词，如"恁地"、"晓得"、"奈何"等。根据吴福祥（1996）对《敦煌变文集》中此类句式的统计，在 30 个用例中动词"V"仅限于"愿"、"听"、"能"、"闻"等少数几个。相比较可知"VP 不 VP"对动词的选择在不断扩大，该句式处在继续发展的过程中。但我们也可以看到它还是属于一种不成熟的句式。可以从两个方面来看：

一方面，"VP 不 VP"使用数量有限，共只有 17 例，与"VP 否"式反复问句相比要少得多。

另一方面，从句法功能来看，"VP 不 VP"主要是作谓语。（见前用例）

也有少数作状语和补语的，但在结构上必须重复谓语中心词。例如：

（33）此等处，要紧在"性"字上，今且合思量如何是性？在我为何物？反求吾心，有蔽无蔽，能充不能充？不必论尧如何，舜又如何，如此方是读书。

（34）又问："事亲岂非事之当为，而不归之义，何也？"曰："己与亲乃是一体，岂可论当为不当为？"

（35）义却是当爱不当爱？

以上例中"能充不能充"、"当为不当为"、"当爱不当爱"，其疑问点都在前面的状语上，但并未出现"能不能充"、"当不当为"、"当不当爱"的形式。徐正考（1996）指出，"V不V"式在现代汉语有疑问点在状语上的用法是很晚才有的。如清代只有"能开不能开"这样的形式，却没有"能不能开"的形式。这说明"V不V"充当状语的形式有待于进一步发展。

"VP不VP"结构较为简单。我们发现先进入"V不V"格式的多以不及物动词、心理动词、助动词、形容词为主。若是及物动词也以不带宾语为常，这时宾语或在前已提及，或泛指而不必出现。在《敦煌变文》（吴福祥，1996）中，"VP不VP"共34例，其中只有2例带宾语，都是"VO不V"式，在《敦煌变文12种》（吴福祥，2004）中"V不V"反复问共4例，全是不带宾语的。例如：

（36）暂舍火宅，莫暄（喧）莫闹，闻时应福。能不能，愿意不愿意？

（37）其诸室女，尽皆分散还家。只有耶输陀罗一身，太子相伴："且问夫人三从之事。妇女有则：在家从父，出嫁从夫；及至夫亡，即须任从长子。但某乙有一交言语，今说与夫人，你从与不从？"耶输答曰："争敢不从！"

（38）不似听经求解脱，学佛修行能不能？能者合掌虚恭着，经题目名字唱将来。

张美兰（2003）统计《祖堂集》中不带宾语"V不V"的共9例，情况也大致同前，所用词语有"当不当"、"与摩不与摩"（出现2次），"扶提不扶提"，另有3句宾语都在前已出现，现转引如下：

（39）竖起物道："你道这个与那个别不别？"僧无对。

（40）僧曰："未审此三般分不分？"

（41）敬（常敬长老）云："明君有诏，臣无不现。"师云："适来诏不诏？"对云："诏。"师便喝出。

另外我们查了《近代汉语语法资料汇编》（宋代卷）也发现类似情况，例如：

（42）张太尉道："姚观察，北虏王刚、张应、李璋伏不伏？"

（43）孩儿要出路，又是我苦，你道焦躁不焦躁？

如果必须带宾语，由于疑问焦点在动词"V"上，所以只要第一个动词带宾语即可，即采用"VO 不 V"式。从前面有关统计资料可以看出，"V 不 VO"格式相当少见，由于所见材料有限，其中原因有待进一步分析。至于"VO 不 VO"格式也少见，因为不符合语言经济性原则。只有当动词和宾语结合得相当紧密时，才采用此形式。例如：

（44）只道这是胸中流出，自然之理；不知气有不好底夹杂在里，一齐衮将去，道害事不害事？
（45）公孙丑初间谓任此重事，还动心不动心？

至于《祖堂集》中有 10 例"VO 不 VO"句式，而无"VO 不 V"式，我们认为这与该书本身内容有关，正反对举是禅宗语录常见的一种表达形式。

朱德熙先生（1991）曾指出："VO – Neg – V"和"V – Neg – VO"两种句型在方言里分布不同；前者主要见于北方方言，后者主要见于南方方言。在《朱子》中只有"VO 不 VO"和"VO 不 V"两种，且各只有 2 例，没有发现"V 不 VO"的形式。考查"V – Neg – V"的反复问使用的历史，我们发现文献中多用"V – Neg – V"／"VO – Neg – V"式，偶见"VO – Neg – VO"式。张美兰（2003）统计《祖堂集》中，只有"V – Neg – V"和"VO – Neg – VO"式，不见"V – Neg – VO"和"VO – Neg – V"式。她（2001）统计《元曲选》"VO – Neg – VO"式仅 14 例，不见"V – Neg – VO"式。章一鸣（1997）对《金瓶梅词话》和《醒世姻缘传》两书作了调查，指出这种"VO – Neg – VO"的问句极少。《金瓶梅词话》中未见"V – Neg – VO"的用例；《醒世姻缘传》中有"V – Neg – VO"式，但动词只限于"是"，用例也不多。余霭芹（1997）的研究指出，"V – Neg – VO"是很晚才在闽南地方戏文及广东传教士的汉语课本中见到，仅限于少数几个词。所以我们认为"VO – Neg – V"和"V – Neg – VO"两种句型在方言里的分布现象是较晚的事。

另外需要指出的是，近代汉语里"V – Neg – V"及反复问句的各种变式，不是由"V – Neg – VO"顺向承前省或逆向的蒙后省而产生的各种简略式。现代汉语研究学界认为，由于语言尤其是口语的经济原则起作用，相同项往往可以删略。将"VO－Neg－VO"看做一个完整常式，将"V－Neg－VO"看做前删略式，"VO－Neg－V"式当做后删略式，"VO－Neg"当做后删动宾式。① 如果从语言发展的历史来看，近代汉语的"V 不 V"反复问句并不是删略而来的，而且在不同的方言中"V 不 V"反复问也有不同的表现形式，对此朱德熙先生已有详细的论述，而且邵敬敏先生（1996）也提到有些"VO 不"很难用省略来解释。所以在观察语言现象的时候除了内部共时分析外，不能完全断开语言本身的历史联系以及这种历史在方言中的沉淀。

3.2.2.4.3 "V 不 V"格式在陈述句的使用情况

"V 不 V"在陈述句中不表疑问，只列举事情的正反两面。有时在"V"与"不 V"之间可以加入连词"与"。如果"V"是"是"、"可"等助动词，"不 V"可直接用"否"来代替。举例如下：

（1）今去读书，要去看取语句相似不相似，便方始是读书。

（2）心之存不存，系乎气之清不清。气清，则良心方存立得；良心既存立得，则事物之来方不惑，如"先立乎其大者，则小者弗能夺也"。

（3）问："本心依旧在否？"曰："如今未要理会在不在。论着理来，他自是在那里。只是这一处不恁地，便是这一些不在了……"

（4）圣人但顾我理之是非，不问利害之当否，众人则反是。

（5）学者千章万句，只是理会一个心。且如"仁者其言也讱"，察其言，便可知其本心之存与不存，天理人欲之胜负。

（6）你做与不做，却在你。

（7）人只个仁义礼智取四者，是此身纲纽，其他更无当……又言，四者时时发动，特有正不正耳……

（8）《诗》、《书》、《六艺》，固文之显然者。如眼前理会道理处，及于所为所行处审别是否，皆是。

（9）因言：孟子于义利间辨得毫厘不差，见一事来，便劈作两

---

① 见邵敬敏《现代汉语正反问研究》，收入《现代汉语疑问句研究》，华东师范大学出版社，1996，第 108 页。

片，便分个是与不是，这便是集义处。义是一柄刀相似，才见事到面前，便与他割断了。

（10）若以常人去比圣贤，则说是与不是不得；若以圣贤比圣贤，则自有是与不是处，须与他分个优劣……

（11）某因思得此所谓君子者，非所谓成德之人也。若成德之人，则诚不待于怀刑也。但言如此则可以为君子，如此则为小人，未知是否。

"V 不 V"在陈述句中可作多种句法成分：作谓语或主谓结构中的谓语部分，如上面（1）～（6）例；作宾语，如上面（7）～（11）例；还可以作主语。

3.2.2.4.4　"V 不 V"在疑问句和陈述句中使用的概貌

从前面的分析可知"V 不 V"反复问形式产生的时期是在中古。尽管"VP 不 VP"式在睡虎地秦简中曾出现过，但此后近千年的文献中再也找不到例证，直到唐代才重新出现。朱德熙先生（1991）曾从方言的角度探讨这种断层的原因，认为秦简反映的是当时的一种西北方言。刘子瑜（1994）则认为与文献的口语化程度有关，汉以来的文献文言程度高，口语化程度低，唐变文口语化较高，与秦简大体一致。我们觉得两种说法都有可疑之处。秦简是讨论法律的，为何不用官方语言而用一种方言记录？唐变文固然是口语化较高，但唐诗文中"V 不 V"形式并不少见，例如：

弦琴待夫子，夫子来不来？（卢仝《从走笔追王内丘》）

春草明年绿，王孙归不归？（王维《送别》）

另外如韩愈、杜甫、刘禹锡、王勃、白居易等人的诗中都有"V 不 V"的形式。[①] 再者，近千年的文献尽管文言色彩较重，是不是一点口语成分都没有体现（特别是在人物对话中）？这种断层情况怎样解释还有待于进一步研究。

值得注意的是，"V 不 V"在陈述句中各个历时文献中均有。除了秦简外，《史记》中"V 不 V"（包括 V 不 V，VO 不 VO，VO 不 V）出现过

---

① 参见刘一之《现代汉语口语""（N）VPNeg"疑问句探源》，北京大学硕士学位论文，1986。

18 例（张美兰，2003）。例如：

（1）卜系者出不出：不出，横吉安；若出，足开首仰有外。（《史记·龟策列传》）

（2）卜岁中有兵无兵：无兵，呈兆若横吉安；有兵，首仰足开，身作列强情。（同上）

（3）卜行遇盗不遇：遇，首仰是开，身节折，外高窗下；不遇，呈兆。（同上）

秦汉其他文献中也有：

（4）夫能通古今，别然不然，乃能服此也。（《春秋繁露·服制像》）

（5）夫凡事信不信，何须必当考问之也？（《太平经》卷三十九）

（6）夫未可以而入，入与不入之时，不可不熟论也。（《吕氏春秋·应言》）①

"V 不 V" 在陈述句中和疑问句中应是两个不同层面的东西。这一点也可以从方言中得到印证。朱德熙先生（1985）指出在方言里反复问句有两种形式：一种是 "VP 不 VP"（包括 "VP 没 VP"、"VP 也不"）；另一种是 "可 VP"。值得注意的是，取 "VP 不 VP" 为反复问句形式的方言里，主语位置上严格取 "VP 不 VP" 形式，像陕北清涧话的反复问句取 "VP 也不 VP" 形式，而主语位置也取 "VP 不 VP" 形式。例如：

谓语位置	主语位置
你明儿来也不？	来不来你个人瞧的办
你说也不？	说不说就这的回事

而取 "可 VP" 为反复问句形式的方言里，"可 VP" 只出现在谓语上，主语位置上也严格取 "VP 不 VP" 形式，作主语时不表疑问，"VP 不 VP" 是一个并列词组。例如：

去了勿去随便耐。（去不去随便你）［苏州话］

---

① （1）～（6）例转引自张美兰（2003）。

相信不相信没得关系。［昆明话］

去不去不要紧。［合肥话］

陆俭明（2004）指出："去不去由你"和"你去不去"两句话中的"去不去"不具有同一性。前者作主语，该句是陈述句；后者作谓语，该句是疑问句。根据方言和历史情况，有一点可以肯定："VP 不 VP"处于句子的谓语位置上形成反复问句，这跟"VP 不 VP"处于主语位置上形成非疑问句，二者不是同步进行的。从历史上看这二者也不是同一个层面上的东西。我们认为陆先生的这种推测是颇有道理的，但疑问中的"VP 不 VP"的形成是否也多少受到非疑问形式的影响，还有待于进一步证明。

3.2.3　"还 VPNeg"式

疑问副词"还"不仅可以用在选择问句中（见选择问章节），在晚唐五代时还可以用于反复问句，形成"还 VP 不"、"还 VP 也无"等形式。袁宾（1989）对《敦煌变文集》进行检索，共得 4 例，其中 2 例是"还……以（已）否"，2 例是"还……"，例如：

公还诵《金刚经》以否？（《敦煌变文集·庐山远公话》）

如今者，若远公，还相识已否？（同上，190 页）（注：道安从未见过远公，因此，这句话不能理解为"以前曾见过面，现在是否认识"）

衮虎亦见，破颜微笑，问言诸将：还识此阵？诸将列皆不识。（《敦煌变文集·韩擒虎话本》）

《祖堂集》篇幅远小于《敦煌变文集》，但"还 VP 不/否"句式共出现 17 次（梅祖麟先生统计），例如：

"汝还识此人否？"对曰："不识。"

有个爷年非八十，汝还知也无？

在《五灯会元》中此类句例出现得很频繁，共有 179 例。如：

祖曰："还假修证否？"

陆亘大夫问："弟子从六合来，彼中还更有身否？"

又问："弟子家中有一片石，或时坐，或时卧，如今拟［镌］作佛，还得否？"

师问僧良钦："空劫中还有佛否？"

师敲鼎盖三下，曰："子还闻否？"

师曰："还将得那个来否？"

师乃弹指曰："诸人还闻否？"

师曰："人人传使君读万卷书籍，还是否？"

时有法师数人来谒，曰："拟伸一问，师还对否？"

对于"还 VP"式，袁宾（1989）把它归入反复问句，认为这类句子由于句尾没有否定词，因此"还"表达反复问语气的功能就可以看得更清楚，与后世出现的疑问副词"可"作用相当。这也许是因为"还 VP"格式很可能是"还 VP 不/否"式省去句末的"不/否"而成，在语义上相当于反复问句。但从形式上看，只能把它归入是非问句，因为"VP 不"句末的"不/否"的称代性逐渐虚化，以至发展为语气词而不起称代作用，"不/否"就可以省略，仅靠前面的疑问副词和整个句调来传疑，这样就产生了"还 VP"式。另外"VP 不/否"进一步成为语气词时，"无"也同步虚化，进而变成语气词"摩"（刘坚、江蓝生，1992）。在《祖堂集》中，就可以见到这样的例子：

（1）空中有一人说法，声振梵天，诸人还闻摩？

（2）师云："明明是龙不带鳞，明明是牛不戴角，还会摩？"对云："不会。"

在《五灯会元》中有大量"还 VP"式，也有"还 VP 麼"式。

（3）陛下还见空中一片云麼？（卷二）

（4）还知道大唐天国师麼？（卷四）

（5）上座还识牛麼？（卷二）

在《朱子》中，"还 VP"式共检索到 38 例。例如：

（6）明德新民，还须自家德十分明后，方可去新民？

（7）"先进于礼乐"，此礼乐还说宗庙、朝廷以至州、间、乡、党之礼乐？

在《朱子》中，"还 VP 否"式共47例。例如：

（8）如先生所言，推求经义，将来到底还别有见处否？

（9）今人心中摇漾不定叠，还能处得事否？

（10）看做这般模样时，其心还在腔子里否？

（11）尧舜在汤武时，还做汤武事否？

（12）请自思量别处说仁，还有只言知仁底意思否？

（13）先生与范直阁论忠恕，还与集注同否？

（14）且如物，还可便谓之理否？

（15）亚夫问："'克己复礼'，疑若克己后便已是仁，不知复礼还又是一重工夫否？"

（16）还有这道理否？

（17）敬之问："'经正则庶民兴'，这个'经正'，还当只是躬行，亦及政事否？"

（18）又问："然则小人而犹知忌惮，还可似得愚不肖之不及否？"

（19）两汉以来，人主还有理会正心、诚意否？

（20）昔伯恭解书，因问之云："尚书还有解不通处否？"

另外还有7例是用"还是 VP 否"的形式。例如：

（21）问："祭祀之理，还是有其诚则有其神，无其诚则无其神否？"

（22）问："此还是仁之体否"

（23）又问："不知此语还是孔子说否？"

（24）黄子功问："'其至尔力，其中非尔力'，还是三子只有力无智否？"

（25）问："'道不可离'，只言我不可离这道，亦还是有不能离底意思否？"

（26）又问："此还是当时特故撰出此等言语否？"

（27）又问："还是以其出亡在外而言，亦可以为通论否？"

"还 VP 也无/未" 在《朱子》中暂各只发现 1 例：

（28）问："犬牛之性与人之性不同，天下如何解有许多性？"曰："人则有孝悌忠信，犬牛还能事亲孝，事君忠也无？"

（29）公读《论语》，还当文义晓得了未？

现学界一般将"还 VP 不/否/无"、"还 VP 也无/也未"的句子一律看做反复句，而把"还 VP"式看做是非问句。

3.3 本章小结

本章对反复问句的历史发展过程进行了梳理，着力描写了《朱子》中的各类反复问句。指出在《朱子语类》反复问中主要使用"VP 否"形式，不见"VP 不"式，"VP 未/无"式也比较少见。"VP 不 VP"式在《朱子》中总共不到 20 例，在《资料汇编》中也只有 11 例，和唐五代时期的情况差不多。并不像有些学者所说的"VP 不 VP"式在宋明清时期占优势。对于"VP 不 VP"来源，我们认为"VP 不 VP"反复问与选择问的关系是很密切的，"VP 否"中"否"已经相当虚化，成为语气语，这样"VP 否"既可表反复问，又可表是非问，为分化这种歧义，有必要产生新的反复问形式来替代"VP 否"式反复问。至于"VP 不 VP"的产生，我们认为是经过了一个类化简化的发展过程。而在中古时，表示正反两种情况是通过选择问的形式进行的。

第 4 章

是非问句

4.1 结构形式

是非问是针对一个命题提问，要求对方作出是非判断的疑问句形式。吕叔湘先生（1982）曾说，是非问句其"疑点不在这件事的哪一部分，而在这整个事情的正确性"。也就是说，是非问句的疑问焦点体现在问句所包含的命题上，它要求对方就该命题的是与非提供答案。《朱子语类》中是非问数量很多。根据疑问句是否附有语气词分为不带语气词的是非问句和带语气词的是非问句两大类。

4.1.1 不带语气词的是非问句

不带语气词的是非问句又可分为三小类。

A

（1）问："口鼻呼吸者为魂，耳目之聪明为魄？"曰："精气为物，魂乃精气中无形迹底……"

（2）问："义者仁之质？"曰："义有裁制割断意，是把定处，便发出许多仁来……"

（3）又问："'君子人与'，是才德出众之君子？"曰："'托六尺之孤，寄百里之命'，才者能之；'临大节而不可夺'，则非有德者不能也。"

（4）问："颜子瞻忽事，为其见得如此，所以'欲罢不能'？"

（5）问："'易，圣人之所以立道，穷神则无易矣。'此是指

117

《易》书?"

（6）或问："天下之山西北最高?"曰："然。"

（7）问："康节近似庄周?"曰："康节较稳。"

（8）蒙叔问："不出这体用，其体则谓之佳，其用则谓之道?"曰："道只是统言此理，不可便以道为用。"

（9）问："'果而确'，果者阳决，确者阴守?"曰："此只是一事……"

（10）又问："如此，则才与心之用相类?"曰："才是心之力，是有气力去做底。心是管摄主宰者，此心之所以为大也……"

不带疑问语气词的是非问句，由于句子中未出现疑问标记，疑问信息由句子语调来传达。仔细观察可以发现，使用这类问句时问话人带有一定的倾向性，是"信大于疑"，也就是说，发问人对问句所涉及的命题倾向于某种程度的肯定。还有一种情况：答话者对问语进行分析、阐述，作出回答，问话人继之以具体的例子提问，这类问句也明显带有肯定性的意味，用"如/犹……相似"之类的词语。例如：

（11）曰："道便是路，理便是那文理。"问："如木理相似?"曰："是。"

（12）问："'可与立'，是如'嫂叔不通问'，'可与权'，是'嫂溺援之以手'?"曰："然。"

（13）魏才仲问"善人之道"一章。曰："如所谓'虽曰未学，吾必谓之学矣'之类。"又问："如太史公赞文帝为善人，意思也是?"曰："然。"

（14）问："'德性'犹言义理之性?"曰："然。"

对于问话人带有的这种肯定性倾向在下面 B 组例子中体现得较为明显。

B

（15）元昭问："致知、格物，只物穷理说?"曰："不是只作穷理说。格物，所以穷理。"

（16）问：“孔子又云：‘吾从周。’只是指周之前辈而言？”曰：“然。圣人穷而在下，所用礼乐，固是从周之前辈……”

（17）问：“尧舜生丹、瞽叟生舜，恐不全在人，亦是天地之气？”曰：“此类不可晓……”

（18）问：“明性须以敬为先？”曰：“固是，但敬亦不可混沦说，须是每事上检点。”

（19）问：“如此则心不违仁者，是心在仁内？”曰：“不可言心在仁内，略略地是恁地意思。”

（20）“动出时也要整齐，平时也要整齐。”方问：“乃是敬贯动静？”曰：“到头底人，言语无不贯动静者。”

（21）问：“凡日用之间作事接人，皆是格物穷理？”曰：“亦须知得要本……”

（22）问：“格物、穷理之初，事事物物也要见到那里了？”曰：“固是要见到那里。然也约摸是见得，直到格物、知至，那时方信得及。”

（23）又问：“如此，当自四勿起？”曰：“是……”

（24）问：“吕氏之说却是在仁外？”曰：“说得未是……”

（25）问：“良心与气，合下虽是相资而生，到得后来或消或长，毕竟以心为主？”

以上这些例子都带有“只”、“只是”、“亦是”、“须”、“则”、“乃”、“皆”、“要”、“当”、“毕竟”等表示肯定的强调标记，这类强调标记的使用使得命题带有明显的肯定性倾向。除此之外，我们也可以从答话人的回答方式上看到这一点。我们知道，中性是非问句因为不带发问人的倾向或意图，答话人的回答一般只就命题的是与非作出判断。而带有发问人的倾向或意图的是非问句，答话人的回答既可以是就命题的是非作出判断，也可以对发问人的倾向作出评判。如上面例（19）答语“不可言心在仁内”就是对问话人的说法或倾向作评价而不是针对具体的问话内容，例（24）答语“说得未是”针对问话人的说法进行否定性评判。

下面一组例子都有测度问标记，如“恐”、“莫”、“似”、“莫是”、“莫也”等，句子的肯定性倾向更为明显。

C

（26）"……莫是仁知之体难言，而樊迟未足以当之，姑举其用，使自思其体?"曰："'体'与'用'虽是二字，本未尝相离，用即体之所以流行。"

（27）问："曾皙似说得高远，不就事实?"曰："某尝说，曾皙不可学。他是偶然见得如此，夫子也是一时被他说得恁地快活了，故与之……"

（28）某问："苏章夜与故人饮，明日按之，此莫太不是?"曰："此是甚人? 只是以故人为货……"

（29）问："……谢又曰：'万钟与不得则死，远矣。有不辨礼仪而受之者，血气衰故也。'恐是不辨礼义则受，奚必气血之衰?"曰："谢说只是伤急，阙三数字……"

（30）问："程子又云：'修省言辞，乃是体当自家"敬以直内，义以方针"之实事。'恐此所谓乾道坤道外，亦不可作两事看?"曰："固皆是修己上事。但……"

（31）问："……据下文'天地之道，博也，厚也，高也，明也，悠也，久也'，则'悠'与'久'字，其义恐亦各别?"

（32）问："欧阳以'除隋之乱，此迹汤武；致治之美，庶几成康'赞之，无乃太过?"曰："只为欧公一辈人寻常亦不曾理会本领处，故其如此。"

（33）又问："此语莫也无病?"曰："便是不如此……"

A、B、C三组问句都在不同程度上有肯定性倾向，比较而言，C组带有测度问标记，其问话的目的是为了求证，其肯定性程度最高；B组次之，带有显示肯定一面的强调标记，如"须"、"当"、"只"等副词；A组由于没有带任何标记，其肯定性倾向不如B、C两组，但从语境及答语仍可以得到一定的体现。另外还有一种是非问，是不带任何倾向的，这一类在《朱子》中少见，例如：

（34）或问："伊川称谢显道王佐才，有诸?"

（35）问："《小学》举《内则篇》'四十始仕，方物出谋、发虑'。先生注云：'方物出谋，则谋不过物；方物发虑，则虑不过物。'

请问'不过物'之义？"曰："方物谋虑，大概只是随事谋虑。"

4.1.2 带语气词的是非问句

这类是非问句数量颇多，所带语气词有"乎"、"耶/邪"、"与/欤"、"否"、"麽"等，这些语气词是疑问信息的主要承载者。但不同的疑问语气词，表示的疑问程度有所不同。

（I）S + 乎

（1）问："十月是坤卦，阳已尽乎？"曰："阴阳皆不尽。至此则微微一线路过，因而复发耳。"

（2）又问："不离温故之中而知新，其亦'下学上达'之理乎？"曰："亦是渐渐上达之意。"

（3）又问："孔门狂者如琴张、曾皙辈是也。如子路、子夏辈，亦可谓的狷者乎？"曰："孔门亦有狂不成狂，狷不成狷，如冉求之类是也。至于曾皙，诚狂者也，只争一撮地，便流为庄周之徒。"

（4）问："神仙之说有之乎？"

（5）问："甲热乎？"曰："热矣。""可著手乎？"则曰："热甚，不可著手矣。"

带"乎"的是非问句是纯粹传疑（王力，2001），通常不带发问人肯定/否定的倾向和意图，说话人使用这类问句的目的是希望获得答案，要求对方就命题的是与非作出回答。

（II）S + 与/欤

带语气词"欤"的是非问句比较少见，主要见于古籍引文中。

（6）人而不为《周南》、《召南》，其犹正墙面而立也与？

（7）问："'春作夏长，仁也'；'秋敛冬藏，义也'。此《易》所谓'人道天道'之位欤？"曰："此即《通书》所谓二气、五行之说。"

（8）问："必待行之皆是，而后验其知至欤？"曰："不必如此说。而今……"

（9）问：“然则彼正合小学之事欤？”曰：“然。”

（10）又问：“唯人才动便有差，故圣人主静以立人极欤？”曰：“然。”

（11）问：“……谓此心不存，则见于行事，虽不悖理，亦为不实。正为此欤？”

使用语气词“欤”，语气比较缓和。这类问句有时在提问中对答案已有明显的倾向，有时是推测估计的语气。①

（Ⅲ）S＋耶/邪

“邪/耶”用在是非问句中，其作用同“欤”一样，也是要求证实的，“这就是说，说话人猜想大约是这样一件事情了，但还不能深信不疑，所以要求对话人予以证实”②。

（12）又问：“‘十年乃了’，十年只是指数穷理极而言邪？”曰：“《易》中此等取象不可晓……”

（13）问：“‘外丙二年，仲壬四年’，先生两存赵氏程氏之说，则康节之说亦未可掳耶？”曰：“也怎生便信得他？”

（14）问：“先生说《诗》，率皆时韵，得非《诗》本乐章，播诸声诗，自然叶韵，方谐律吕，其音节本如是耶？”曰：“固是如此。然古人文章亦多是叶韵。”

（15）子瞻单勾把笔，钱穆父见之，曰：“尚未能把笔耶？”

（16）程先生谓“庄生形容道体之语，尽有好处……”然则庄老之学为可以为异端而不讲之耶？

“岂”一般用作反诘副词，但有时可作“其”用，表示一种希望兼疑问语气③，何乐士先生（1994）认为表揣度，可译为“是否能”、“是不是”等，可与语气词“乎”、“邪”、“耶”、“欤”配合使用，例如：

诸军岂有意乎？（《战国策·燕策》）

---

① 见孙锡信著《近代汉语语气词》，语文出版社，1999。
② 王力：《汉语史稿》（修订本），中华书局，2001，第447页。
③ 见杨伯峻《古汉语虚词》，中华书局，2000。

在《朱子》中有 24 例"岂"与"乎"、"耶（邪）"、"欤"搭配使用表示测度问的用例：

（17）曰："《知言》云：'天理人欲，同体而异用，同行而异情。'窃谓凡人之生，粹然天理之心，不与物为对，是岂与人欲同体乎？"曰："五峰'同体而异用'一句，说得不是，天理人欲如何同得？……"

（18）问："上久虽有鞶带之锡，而不免终朝之褫，首尾皆是不可讼之意。故《象》曰：'终凶，讼不可成。'此句岂本义即指卦体耶？"曰："然。"

（19）曰："仁体刚而用柔，义体柔而用刚。"铢曰："岂所谓'阳根阴，阴根阳'邪？"曰："然。"

有时用"岂非"、"岂不是"的形式来表示一种明显的推测。

（20）因论《鸱鸮》诗，问："周公使管叔监殷，岂非以爱兄之胜，故不敢疑之耶？"曰："若说不敢疑，则已是有可疑者矣。周公以管叔是吾之兄，事同一体，今既克商，使之监殷，又何疑焉？非是不敢疑，乃是即无可疑之事也……"

（21）问："子产之事，以《左传》考之，类非不知为政者。孟子之言，姑以其乘舆济人一事而议之耳。而夫子亦止以'惠人'目之，又谓其'犹众人之母'，知食而不知教，岂非子产所为终以惠胜？"曰："致堂于'惠人也'，论此一段甚详……"

（Ⅳ）S + 否

"S + 否"式在是非问句中所占的比例最大，约占 85%。在是非问句中，"否"不是否定词而是语气词。根据具体情况可把这类是非问分成四个小类。

A. 带有"恐"、"莫"、"盖"、"得非"等测度问标记。

（22）光祖问："格物、知至，则意无不诚，而又有慎独之说。莫是当诚意时，自当更用工夫否？"曰："这是先穷得理，先知得以了，更须于细微处用工夫……"

（23）尹叔问："'哲人知几，诚之于恩；志士励行，守之于为'，四句莫有优劣否？"

（24）问："'变而通之'，如礼乐刑政，皆天理之自然，圣人但因而为这品节防范，以为教于天下；'鼓之舞之'，盖有以作兴振起之，使之迁善而不自知否？"

（25）《中庸》一篇，学者求其门而入，固在于"慎独"。至下文言中之已发未发者，此正根本处。未发之时，难以加毫末之功。当发之际，于其中节，不知若何而用工？得非即其所谓"戒慎恐惧"，"莫见乎隐"之心而乃底于中节否？

（26）问："康节论六合之外，恐无外否？"曰："理无内外，六合之形须有内外。"

（27）问："为政更张之初，莫亦须稍严以整齐否？"曰："此事难断定说，在人如何处置。然亦何消要过于严？今所难者，是难得晓事底人。若晓事底人，历练多，事才至面前，他都晓得依那事分寸而施以应之，人自然畏服。"

B. 带有"便"、"须"、"只"、"果"、"能"、"当"、"必"、"最"等肯定性强调标记，句子明显带有肯定倾向。

（28）问："心体本正，发而为意之私，然后有不正。今欲正心，且须诚意否？未能诚意，且须操存否？"曰："岂容有意未诚之先，且放他喜怒忧惧不得其正，不要管它，直要意诚后心却自正，如此，则意终不诚矣。……"

（29）明道问："知井有仁者，当下而从之否？"曰："此说恐未当……"

（30）说："太王有翦商之志，果如此否？"曰："《诗》里分明说'实始翦商'。"

（31）方毅父问："'知者不惑'，明理便能无私否？"曰："世有人明理而不能去私欲者……"

（32）问："圣人真个'终日不食，终夜不寝，以思'否？"曰："圣人也曾恁地来。圣人说'发愤忘食'却是真个……"

（33）问："修辞立其诚，何故独说辞？得非只举一事而言否？"

曰："然。也是言处多，言是那发出来处……"

（34）问："出入息，毕竟出去时渐渐消，到得出尽时便死否？"曰："固是如此……"

（35）问："'三仁'，不知易地而施，皆能遂其本心否？"曰："却自各就他分上做……"

（36）曰："终久必消否？"曰："是。"

（37）林问："入德莫若以几，此最要否？"曰："然。"

（38）又问："此正所谓'诚者天之道，思诚者人之道'否？"曰："然。无妄是自然之诚，不欺是著力去做底。"

C. 带有否定词"不"、"不要"、"不是"、"无"、"不能"、"不须"、"不可"、"未"、"非"等否定标记。

（39）或问："而今看道理不出，只是心不虚静否？"曰："也是不曾去看。会看底，就看处自虚静，这个互相发。"

（40）安卿又问："《集注》谓'正魏先有罪而有功，不可以相拼'，只是论其罪则不须论其功，论其功则不须论其罪否？"曰："是。"

（41）问："'言天下之至赜而不可恶'，此是说天下之事物如此，不是说卦上否？"曰："卦亦如此，三百八十四爻多少杂乱！"

（42）问："立是心有定守，而物不能动摇否？"曰："是。"

（43）又问："尧、舜揖逊虽是盛德，亦是不得已否？"曰："然。"

（44）问："颜渊不幸短命。伯牛死，曰：'命矣夫！'孔子'得之不得曰有命'。如此之'命'，与'天命谓性'之命无分别否？"

（45）蔡云："莫只是无私否？"曰："固是无私。然所以不忧者，须看得透，方得。"

（46）又问："孔子监前代而损益之，及其终也，能无弊否？"曰："岂能无弊！"

（47）子升问："上三句皆有次序，至于艺，乃曰用常行，莫不可后否？"曰："艺是小学工夫。若说先后，则艺为先，而三者为后。"

（48）问："伊川云'非乐不足以语君子'，便是物未格，知未致，未得过关否？"曰："亦是如此。只就小处一事一物上理会得到，亦是知至。"

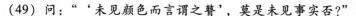

（49）问："'未见颜色而言谓之瞽'，莫是未见事实否？"

（50）问："禹以鲧为有罪，而欲盖其愆，非显父之恶否？"曰："且如而今人，其父打碎了个人一件家事，其子买来填还，此岂是显父之过！"

（51）问："伊川云'伊尹终有任底意思在'，谓他有担当作为底意思，只这些意思，便非天子气象否？"曰："然。"

D.（S₁、S₂）否？

即语气词"否"前面是一个由 S₁、S₂ 等小句构成的复句，其中复句关系是多种多样的，如并列关系、因果关系等。

（52）问："'毋自欺'是诚意，'自谦'是意诚否？'小人闲居'以下，自欺之情状，'心广体胖'是形容自谦之意否？"曰："然。后段各发明前说，但此处是个牢关。今能致知，知至而意诚矣。"

（52）问："浸润，肤受之说，想得子张是个过高底资质，于此等处有不察，故夫子语之否？"曰："然。"

（54）又问："此如今人占火珠林课底，若是凶神，动与世不相干，则不能为害。惟是克世应世，则能为害否？"曰："恐是这样意思。"

（55）问："坤为十月。阳气剥于上，必生于下，则此十月阳气已生，但微而未成本，至十一月阳之体方具否？"曰："然……"

E. 是（S₁＋S₂）否？

系词"是"带上由两个或多个分句构成的复句作宾语，构成"是……否"式问句，由于宾语的成分太长，从结构上来讲，后面的"否"与前面的"是"的联系就不太紧密，"否"已经成为一个语气词。而且有时"是"前还带有肯定性的强调标记，构成如"便是"、"只是"、"须是"等。例如：

（56）问："'因其已知之推理而致之，以求至乎其极'，是因定省之孝以至于色难养志，因事君之忠以至于陈善闭邪之类否？"曰："此只说得外面底，须是表里皆是如此……"

（57）问："'物之初生，气日至而滋息'，此息只是生息之

'息'，非止息之'息'否？"曰："然……"

（58）尽问："韶尽美尽善，武尽美未尽善，是乐之声容都尽美，而事之实有尽善、未尽善否？"曰："不可如此说……"

（59）问："'人能充无受尔汝之实'，《集注》云：'实，诚也，人不肯受尔汝之实者，羞恶之诚也。'须是自治其身无不谨，然后无尔汝之称否？"曰："这些子，注中解得不分晓……"

F. 从回答方式看："S 否"为是非问句：

（60）或问："月中黑影是地影否？"曰："前辈有此说，看来理或有之。然非地影，乃是地影倒去遮了他光耳。……"

（61）致知，是欲于事理无所不知；格物，是格其所以然之故。此意通否？曰："不须如此说，只是推极我所知，须要就那事物上理会……"

（60）、（61）例以命题 S 作为预设，而不是以"S 否"作预设。从答语看属是非问句。

以上 A、B、C、D、E、F 六组中的"否"不是否定词，而是语气词，相应的"S 否"均为是非问句。

（Ⅴ）S + 麽

带"麽"的是非问句在《朱子》中少见，既有不带倾向性的中性问，也可是带有肯定性倾向的求证性问句。例如：

（62）执笔视寿昌曰："会麽？会也不会？"寿昌对曰："总在里许。"

（63）先生良久微笑曰："公好说禅，这个亦略似禅，试将禅来说看。"寿昌对："不敢。"曰："莫是'云在青天水在瓶'麽？"寿昌又不敢对。

（64）曰："……公今莫问陆删定如何，只问取自己便了。陆删定还替得公麽？陆删定他也须读书来。只是公那时见他不读书……"

（65）缘上面自要许多用，而今县中若省解些月椿，看州府不来打骂麽？

4.2 疑问语气词"否"、"无"、"麽"、"吗"

　　"吗"是现代汉语最重要的疑问语气词之一,对它的来源和形音流变,吕叔湘(1985)、王力(1980、2001)、太田辰夫(1987、2003)、黄国营(1986)、江蓝生(1995)、孙锡信(1995、1999)、吴福祥(1997)、钟兆华(1997)、刘子瑜(1998)、冯春田(2000)等均有论及,有关该词的来源和发展过程大体上已经比较清楚。"吗"源于"无","无"本来是"VP+Neg"式反复问中处于 Neg 位置的否定词,唐代虚化为句尾语气词。成为语气词后,先后出现了"磨"、"摩"、"麽"、"嘛"、"末"、"吗"等多种书写形式,"磨"、"摩"见于敦煌文献,《祖堂集》中也有大量的"摩"字用例,宋代以后一般写作"麽",金元以后偶作"末"、"嘛",清代中期以后写作"吗",但直到现当代文献中仍能见到写作"麽(么)"的例子。

　　尽管如此,仍有一些问题需要进一步探讨,如"无"是如何由否定词变成语气词的?而"无"的发展过程只是对"否"的演变过程的重复,"否"是如何发展分化的?其原因何在?在这里以前人的研究为基础作一些分析。

4.2.1 语气词"否"

　　吴福祥(1997)、遇笑容、曹广顺(2002)及本书第三章都已证明约在汉魏六朝时期,"VP-Neg"式中的句尾否定词已经虚化并由此造成了"VP-Neg"式反复问的分化,"VP-Neg"中"Neg"(即"不/否")一部分已成为语气词,相应的"VP 否/不"也就成了非反复问句,另一部分仍然保留"否定"的语义和功能,"VP-不/否"仍是反复问,在相当长的一段时间内,两者同时存在。讨论的重点都在"VP-不/否"虚化的标志是什么,以及如何证明它虚化了。他们的观点都有很强的说服力,本书在判定"VP 不/否"是反复问还是是非问时也采用了他们的标准。但是他们对"不/否"虚化的原因都未作深入分析。吴福祥认为,"不/否"在"VP-Neg"式中的虚化可能与其位置的变化有关。汉语词汇语法化的大量事实证明,一个词汇单位如果因位置的变化而改变了原有的组合功能,则词义往往要发生抽象化。这种抽象化到达一定程度就会导致词义虚化：由词汇单位变成语法单位。"不"最初的位置是居于谓词之前，用作状语。当"VP-不"格式产生后，"不"便离开其正常的位置被置于句尾。这种句法位置及组合关系的变化使"不"与谓词间的关系变得不太密切，特别是在谓词的宾语结构异常复杂的句子里，"不"与谓词之间因宾语结构过长而相隔甚远，使二者之间的语义关系显得越发模糊，正反对举的语义也就不太明确。同时，还可能受"VP 乎/耶"形式类化的影响。此外，由于"不/否"久处于句末，易读轻声。这些因素交互作用的结果，导致"不/否"词义逐渐虚化，变成语气词。

我们认为吴先生关于"不/否"的虚化与位置变化有关的说法很有道理，但还是存在一定的问题。吴认为"不"最初的位置是居于谓语之前作状语，当"VP 不"格式产生后，"不"便离开其正常的位置被置于句尾。这里存在一个问题："VP 不"为什么会产生？即为什么"不"会从句中走到句末？而且"不"用于句末的形式很早就存在（见反复疑问句一章）。自古至今，"不"的用法都以否定副词的身份，在句中作状语为常，置于句末的"不"作为反复问的一个组成部分在中古及以后相当长的一段时间内也大量使用，如果"不"是从句中移至句尾并导致虚化，那么与"不"一直相提并论的"否"又怎样解释？因为我们都知道"否"并不能在句中作状语。

我们认为"VP 不"格式的产生是受"VP 否"句式影响的结果。尽管"不"和"否"的基本意义相同都表否定，但是它们的应用范围并不完全相同。"否"是称代性及应对用的否定词。"否"作为否定词而兼含动词或形容词于其内，所以是称代性（吕叔湘，1993：242）。"否"这个否定词，经常和肯定对举。因为肯定的正面意思上文已经说出，"否"下的谓语便承上省略。例如：

> 凡此饮酒，或醉或否。（《诗经·小雅·宾之初筵》）
> 赴以名，则亦书之；不然，则否。（《左传·僖公二十三年》）
> 晋人侵郑似观其可攻与否。（《左传·僖公三十年》）

如果对正反两方面的情况不清楚，要提问，就直接形成"VP 否"式反复问句，这不用举例。

"不"与"否"语音、语义都相同,因此,"不"也进入"VP 否"格式形成"VP 不"式反复问。这种形式很简洁,所以在很长的时间里都处于稳定状态,可以说在句中和句末表否定都是"不"最常见的功能。

典型的反复问句是把肯定和否定两方面都说出来,让听话者从中加以选择,其中不包含说话人的态度和倾向性,疑问程度是全疑,在语义上它和纯粹传疑的"VP 乎"很相近。当说话者虽对答案的肯定与否心存疑问,却表达了一种愿望,特别是 VP 前出现一些肯定性成分时,"VP"往往带有一定的倾向性;或者说话人心中对答案已有所知,只是不太确定,希望听话者加以证实时,这种疑问的程度已经减弱了很多,这一点又与测度问的"VP 耶"相一致。例如:

(1)"诚意正心"一章,一说能诚其意,而心自正;一说意诚矣,而心不可不正。问:"修身齐家亦然否?"

(2)心体本正,发而为意之私,然后有不正。今欲正心,且须诚意否?未能诚意,且须操存否?

(3)至如世间一种泛然之鬼神,果当敬否?

(4)僧云:"不顾占莫是和尚重处不?"(《祖堂集》卷十二)

(5)佛日便归堂,取柱杖拖下师前,师云:"莫从天台采得来不?"对曰:"非五岳之所生。"(同上,卷四)

北宋文史学家宋祁(998~1061)在《宋景文公笔记》中说道:"《春秋》'霸之济不,在此会也'。古人以'济不'作两字用,'济与不济也'。今人用'不',为'欤/耶'之比。"应该说这种观察是很精确的。根据王力先生(1980)的研究,文言语气词"乎"、"哉"、"欤"、"耶"的用法为:

纯粹传疑:乎

纯粹反诘:哉

要求证实:(欤)与、耶(邪)("耶(邪)"有时也可表反诘)

正因为"VP 不/否"在语义上与"VP 乎/耶"相近,而反复问中的"不/否"与是非问中的"乎/耶"在句型位置上完全相同,而且"不"表示否定的词义在"VP 乎/耶"的句型中同样包含,这些都使"不/否"向语气词"乎/耶"靠拢。遇笑容先生认为"不/否"虚化的原因主要是受

"耶/邪"类化的结果，这一点，我们与遇先生观点相同。"不/否"的虚化首先表现在与反复问不相容的形式上，如前面带有测度问标记、带有否定词等（参见第三章）。至于作为语气词的"不/否"为什么在使用一段时间后又趋于消亡，这一问题下文讨论。

4.2.2　"无"

据吴福祥（1997），"无"在南北朝时开始进入"VP – Neg"式，下面两例是张敏的用例。[①]

> 世间赢瘦，有剧我者无？（《贤愚经》卷一）
> 不知彼有法无？（《佛说义足经下》）

入唐以后，"VP无"普遍可见。例如：

> 幕下郎官安稳无？从来不奉一行书。（杜甫《投简梓州幕府兼韦十郎官》）
> 妆罢低声问夫婿，画眉深浅入时无？（朱庆余《近试上张水部》）

"VP无"的出现也是受"VP不/否"类化的影响。与"VP不/否"分化为反复问和是非问一样，"VP无"也分化为反复问和是非问，"VP无"的出现和分化完全是重复了"VP否/不"的过程。但就其本身来说，也经历了一个虚化的过程。[②]

正如太田辰夫先生（1987）所说，"无"原来是"有"的否定，所以较早的时候，用于疑问的场合是用在以"有"为述语的句子中。从前面所引张敏例子可以看出这一点。下面再举几例：

> 摩哂陀因树而问："大王，此是庵罗树耶？"王即答言："是庵罗树。""置此庵罗树，更有树无？"答言："更有。""复置此树，更有树无？"答言："更有。""复置此树，更有余树无？"即答言："有。"

---

① 见张敏《汉语方言反复部句的类型学研究共时分布及其历时蕴含》，北京大学博士学位论文，1990。

② 相关论述参见杨永龙《句尾语气词"吗"的语法化过程》，《语言科学》2003 年第 1 期。

（萧齐·伽跋陀罗译《善见律昆婆沙》卷二）

呵雕阿那问比丘言："佛称誉我时，边有白衣无？"比丘言："无有白衣。正使有白衣，有何等嫌疑那？……""佛称誉我时，边有白衣无？"我言："无白衣。正使有白衣，有何嫌疑？"（东晋·昙无兰译《佛说呵雕阿那经》）

"如人有物，如人有眷属。置物已，置眷属已，有余名无？"答曰："无余名。"（萧齐·伽跋陀罗译《善见律昆婆沙》卷四）①

对"有N无"的回答，肯定时可以用"有"，否定时可以用"无N"或"无有N"。如上引第二例中前面是"无有白衣"，后面转述时成了"无白衣"。可见两者在语义上是相同的，但从结构上来看，两个"无"词性不一样，否定辖域也不同："无N"中"无"中动词，是直接对N的存在进行否定；"无有N"中"无"是副词，否定对象是动宾短语"有N"，在后一种情况下，"无"的语义开始泛化。

如果根据答语来推测"有N无"中"无"的词性，那么用"无有N"回答者是副词，但用"无N"回答时可能是动词，也可能是副词。不过无论"有N无"中"无"是动词还是副词，这一时期的"无"都是与"有"相对的否定词，是对"有（N）"的否定。

入唐以后，"无"的使用范围逐渐扩大，动词从"有"扩展到"在"、"存"，并进而扩大到其他非存在义动词，例如：

庭中犊鼻者尝挂，怀里琅轩今在无？（李颀《别梁皇》）
学书弟子何人在，点检犹存谏草无？（綦毋潜《经陆补阙隐居》）
知尔素多山水兴，此回归去更来无？（李商隐《送刘蕡北归》）
归时自负花前醉，笑向潜鱼问乐无？（独孤及《垂花坞醉后戏题》）

"存在"义动词与"有"意义相去不远，但已有发展；而"来"、"乐"则与"有"义相去甚远，此时"V（O）无"已经很难还原为"无V（O）"，"无"的词义进一步泛化。"无"尽管仍然可以看做否定范围之

---

① 以上几例转引自杨永龙（2003）。

内，如"犹存谏草无"等于"犹存谏草无存谏草"，"无"的否定辖域是"存谏草"，不包括"犹"。

中唐以后，"无"的组合能力进一步提高，"无"的辖域扩展到"Aux + V（O）"（Aux 即 auxiliary，是与时、体、情态有关的助动词、副词等）。在白居易（772 ~ 846）的诗中，"VP 无"共 60 首，其中"Aux + V（O）+ 无"有 28 例；元稹（779 ~ 831）诗中"VP 无"共 9 例，其中"Aux + V（O）+ 无"5 例。例如：

> 晚来天欲雪，能饮一杯无？（白居易《问刘十九》）
> 前日狂风昨夜雨，残芳更合得存无？（白居易《惜小园花》）
> 彼此业缘多障碍，不知还得见儿无？（元稹《哭子十首》）
> 野人爱静仍耽寝，自问黄昏肯去无？（元稹《晨起送使病不行因过王十一馆居二》）
> 香浓酒熟能尝否，冷澹诗成肯和无？（白居易《闲夜咏怀因招周协律刘薛二秀才》）
> 老去还能痛饮无，春来曾作闲游否？（白居易《兼呈微之》）

"Aux + V（O）"因含有时、体、情态等，已经是可以独立的小句形式，"无"是加在这一小句形式之上的，最后两例"无"与"否"互文，"否"是兼含谓词性成分于其内的一个具有称代性的否定词，可以直接置于"VP + Neg"格式中 Neg 的位置，用于对各种意义和各种层次的谓词性成分进行否定，但从不用于修饰动词构成"否 + V"之类的结构，因此如果句中有 Aux，一定包括在它的辖域之内，处于"Aux + V（O）+ 无"格式中的"无"在这里与"否"相同，其辖域也是包括 Aux 在内的小句形式，如"能饮一杯无"是对是否"能饮一杯"进行提问。因此，从句法结构来看，"Aux + V（O）+ 无"的结构层次是：［Aux + V（O）］+ 无。

从上面的分析可以看出："无"的否定域从"有"的宾语到动词"有"，进而到存在义动词、其他动词，再到包括助动词/副词在内的整个小句，随着时间的推移，否定的层级逐渐提高。在句法上，"无"的组合功能逐渐增强，结构层次逐渐向句子层面提升，最终占据句尾语气词的位置。

这时"无"在语义上可以重新分析：一方面，仍可以分析为否定词，其否定域是"Aux + V（O）"，"能饮一杯无"可理解为"能饮一杯不能"；另一方面，句尾语气词通常加在一个命题之上，而"Aux + V（O）"能够独立表述一个命题，因此已经占据语气词位置的"无"也可以视为针对其前命题发问的语气词，不再具有否定意义，此时"能饮一杯无"可以理解为"能饮一杯吗?"

从上面的句法结构的变化可以看出："无"的定义减弱的过程也就是组合能力增强、句法功能扩展的过程：

第一，处于"有（N）+ 无"格式，专用于对"有"进行否定；

第二，处于"V（O）+ 无"格式，否定范围扩大到"有"以外的动词；

第三，处于"Aux + V（O）+ 无"格式，否定范围扩大到"助动词/副词 + V（O）"构成的小句形式。

从整个句子所传递的语义信息来看，不论是第一步的"有（N）+无"还是第三步的"Aux + V（O）+无"都是真性疑问，即疑问程度是全疑，不包含问话人的态度和倾向；但因为"Aux + V（O）+无"处于重新分析的节点上，我们又可以把它当成语气词，在此基础上，"无"不仅可以用于真性问，还可以用于测度问（受"莫 VP……否/不"影响）。

僧曰："莫便是传底人无?"（《祖堂集》，引吴福祥，1997）

项羽遂乃高声唱："帐前莫有当直使者无?"（《敦煌变文集》，引吴福祥，1997）

山僧未肯言根本，莫是银河漏泄无?（曹松《山寺引泉》）

与"不/否"一样，"无"的虚化，并未导致其否定意义的消失，"VP无"仍然有许多是反复问。除了前面所谈到的能明确判断"VP无"是属于反复问形式以外，有时还真难以判定，因为两者本来就有密切关系，有一些处于过渡阶段，但难以一刀两断明确定性。

在《朱子》中"无"共有 13 例，其中 9 例都是动词，只有 2 例是语气词。

（1）且如鬼神事，今是有是无?

（2）曰："谁人说无？"

（3）才有过差，便即是恶，岂得言无？

（4）德修曰："食岂可无？"

（5）问："且如淫祠，自有灵应，如何便会无？"

（6）问："既有前后，须有有无？"

（7）曰："渠是添一重说话，下自是一阳，如何说无？"

（8）喜怒哀乐，但发之不过其则耳，亦岂可无？

（9）若是饥而欲食，渴而欲饮，则此欲亦岂能无？

（10）曰："看圣贤教人，曾有此等语无？"

（11）曰："人则有孝悌忠信，犬牛还能事亲孝、事君忠也无？"

（12）每诵其疏一段竟，又问云："王安石是如此也无？"

（13）未说如秦黄之流，只如刘景文诗云："四海共知霜满鬓，重阳曾插菊花无？"

前面9例都是动词"无"，意义与"有"相对；（11）、（12）两例用"也无"表疑问语气；（10）例介于前两者之间；（13）例也表语气，但是引用别人的诗句。

《资料汇编》中有13例。如：

（14）有国书无？

（15）其被发人又问云："的实有文字照验无？"

（16）何不以溺自照面，看做得三路运使无？

以上几例中的"无"还是否定词而没有虚化。

4.2.3　"摩"、"麽"、"吗"

"麽"由语气词"无"演变而来，对此王力先生从音理上予以了论证。最初字形写作"麽"，最早的用例是敦煌写本《王梵志诗》里的两例（引自吴福祥，1997）：

损失酬高价，求嗔得也麽？（借物莫交索）
将他物己用，思是也得麽？（偷盗须无命）

135

但杨永龙（2003）根据项楚等先生的考证，认为此两例并不是可靠的唐初语料，而应该是晚唐五代的语料。下面 4 例中，前两例引自王力（2001），后两列引自太田辰夫（1987）。

> 众中遗却金钗子，拾得从他要赎麼？（王建《宫词》）
> 南斋宿雨后，仍许重来麼？（贾岛《王侍御南原庄》）
> 锦衣公子见，垂鞭立马，肠断知麼？（《云谣集》）
> 张眉努目喧破罗，牵翁及母怕你摩？（《悉昙章》）

"摩"字不见于作为同时资料的敦煌写本，在晚唐五代的《祖堂集》里，"麼"均写作"摩"，据吴福祥（1996），"摩"用例多达 202 例，可以用于多种疑问句形式，但在《敦煌变文集》只有 4 例，均作"摩"或"麼"。例如：

> 之者得罪麼？
> 善惠便道："逢着儿，儿布施……逢妻，妻布施；得罪麼？"
> 且把毡檀作个座，便为宣物得也摩？
> 若要求闻微妙法，随我山中得也摩？

所以太田辰夫先生（1987）推测，唐五代的"麼"全都是后代改写的，原字应作"磨"或"摩"，而真正开始用"麼"是在宋代。他举了两例：

> 番狗，你识爷麼？（《三朝北盟会编·金虏节要》）
> 先生笑问有酒麼？（杨万里《题清江胡民瞻忍堂》）

罗骥（2003）对北宋有代表性的三种语言材料（包括禅宗语录、儒家语录和北宋词）进行了全面统计，表疑问的"麼"字句共 945 例，且字形都写作"麼"，其中禅语 928 例，北宋词 17 例，在儒家语录中没有"麼"的用例。他认为这说明当时"麼"更多地在通俗口语中使用，还未覆盖于整个社会。从所有用例来看，"麼"可以用于各种是非问句中，如表存在的、表可能的、表测度的、表叙述的，下面分别各举两例：

> 还有如许多事麼？（《圆悟佛果禅师语录》）
> 还有得入者麼？（《景德传灯录》）

代云："化得麽?"（《法演禅师语录》）

汝只浴得这个，还浴得那个麽?（《黄龙慧南禅师语录》）

尔与我讲经得麽?（《景德传灯录》）

如今还唤得应麽?（《明觉禅师语录》）

诸公还曾有消息麽?（《圆悟佛果禅师语录》）

轻轻试问借人麽，伴伴不觑云鬖点。（《全宋词》）

莫是黄昏时节麽?（《圆悟佛果禅师语录》）

莫不契和尚意麽?（《景德传灯录》）

在《朱子》中"麽"的用例很少，共只检索到 4 例，都写作"麽"：

（1）曰："莫是'云在青天水在瓶'麽?"

（2）执笔视寿昌曰："会麽?"

（3）陆删定还替得公麽?

（4）那圣祖莫较近似宣祖些麽?

　　以上这些问句基本上是是非问句，从用法上看，它与现代汉语的疑问语气词"吗"已基本没有差别，只是读音与后来的"吗"还小有差异。至此"麽"的发展只剩下一个问题，它是什么时候开始被"吗"替代的呢? 钟兆华（1997）从北宋后期诗歌押韵的情况发现，有些疑问语气词"麽"已经开始读 ma，与现代汉语"吗"同音，所以他认为现代汉语的疑问语气词"吗"作为一个词，在北宋后期已经确立，至于用什么形式并不重要。① 一般认为，《红楼梦》已使用"吗"，王力先生认为"吗"作为疑问语气词是非常后起的。

　　至此，我们可以看出，大约在后汉，反复问"VP 不/否"式中的句尾否定词"不/否"开始虚化，致使"VP 不/否"分化成两类：反复问"VP 不$_1$/否$_1$"（不$_1$/否$_1$为否定词）和非反复问"VP 不$_2$/否$_2$"（不$_2$/否$_2$为语气词）并在六朝时分化进程加快。受其影响，"无"此时开始进入"VP－Neg"格式，并在唐代广泛运用并重复了"VP 不/否"的分化过程，形成VP 无$_1$（反复问）和 VP 无$_2$（非反复问），这四种形式在相当长一段时间

---

① 见钟兆华《论疑问语气词"吗"的形成与发展》，《语文研究》1997 第 1 期。

内处于并存状态。这不利于语言的发展，语言本身的内在调节机制使它们要有较明确的分工，在竞争和调节中，"VP 不/否"主要承担反复问的功能，由于其本身存在着形义矛盾（否字词和语气词形义相同），促使反复问新形式的产生，以后逐渐为"VP 不 VP"代替，而"VP 无₁"也为"VP 不曾/没/没有"所替代。表语气的不₂/否₂开始趋于消亡。相应的，"VP 无"在竞争中"无"主要承担表语气的功能，为了区别于表否定的无₁, 无₂演变为摩（磨、麼），完全成为语气词，在清代时又为"吗"所替代，形成现代汉语中的疑问语气词，其演变过程可以归纳如下：

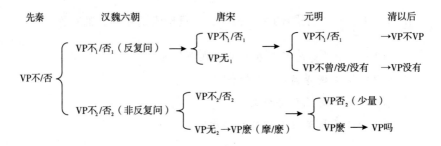

4.3 本章小结

这一章主要分析了《朱子》中是非问句的各种形式，指出"VP 否"是最主要的形式。在北宋的禅宗语录中有 928 例"麼"的用例，但在儒家语录中没有。《朱子》中也只出现 4 例，可以认为这时的"麼"的覆盖率还比较小。同时在前人研究的基础上讨论了"否"、"无"、"摩"、"麼"等之间发展演变过程中的联系。

第 5 章

特指问句

特指问句主要是靠疑问代词来提出疑问点，要求对方针对疑问点作具体的回答，所以疑问代词是问句的信息焦点。特指问句是《朱子语类》中用得最多的句式，表达疑问的主要手段是使用疑问代词（有时也借用句末语气词来帮助表达疑问语气）。不过，同一个疑问代词所表达的语义是多样的，而不同的疑问代词又可以表达相同的语义。《朱子》中的特指问句从表意来看，主要有询问含义、询问情状、询问方式方法、询问原因、询问事物、询问人物、询问处所、数量等，还有一种表商榷的询问等。一个疑问代词往往有多种功能，但是有主次之分，因此我们主要以疑问代词为根据来探讨特指问句，这样既可以有形式上的标记，又可分清语义上的主次。

5.1　"何"系特指问句

《朱子》中"何"系特指问句共有 3791 例。"何"系特指问句是指由疑问代词"何"及其复合形式构成的特指疑问句。这些复合形式有"如何"、"云何"、"若何"、"何物"、"何者"、"何等"、"何处"、"何所"、"何在"、"何人"、"何故"、"因何"、"何以"、"何时"、"何缘"、"何止"、"何尝"、"何为"等。"何"系特指问的疑问焦点是"何"或"何"的复合形式。下面分别讨论"何"系特指问的句法和语义功能。

5.1.1　"何"

"何"作为疑问代词，在上古汉语中就出现了。在《朱子》中，"何"

作为特指疑问标记共出现了 855 次。主要是作状语、定语、宾语，有小部分用作主语和谓语。

5.1.1.1 "何"作定语

共 219 例。"何"相当于"什么"、"什么样的"、"哪一个"，询问情状。例如：

(1) 或问："世有庙食之神，绵历数百年，又何理也?"

(2) 德元问："汤之盘铭，见于何书?"

(3) 问："近看论语精义，不知读之当有何法?"

(4) 问："'鲜矣仁'章，诸先生说都似迂曲，不知何说为正?"

(5) 伊川曰："寻常道颜子所乐者何事?"

(6) 如皇甫规见雁门太守曰："卿在雁门，食雁肉，作何味?"

(7) 问："'见大水，必观焉'，是何意?"

(8) 问："'以齐王，犹反手'，不知置周王于何地?"

(9) 曰："天下道理皆看得透，无一理之不知，无一事之不明，何器之有?"

(10) 问："'祭神如神在'，何神也?"

5.1.1.2 "何"作状语

共 193 例。在表义上有时相当于"为什么"、"怎么"，用于询问原因。例如：

(11) 道夫问："果尔，则有国有家者何贵乎修治?"

(12) 用之问："忠，只是实心，人伦日用皆当用之，何独只于事君上说'忠'字?"

(13) 只是黄鲁直书自谓人所莫及，自今观之，亦是有好处；但自家既是写得如此好，何不教他方正?

(14) 又问："上既言知止了，何更待虑而后能得?"

(15) 问："所补'致知'章何不效其文体?"

(16) 问："夫子欲见南子，而子路不说，何发于言辞之间如此之骤?"

(17) 问："圣人六经皆可为戒，何独《诗》也?"

（18）叔器问："集注何不全用程说?"

（19）或问："若作誓说，何师生之间不相信如此?"

（20）若说观其澜，又须观其本，则孟子何不曰"必观其本"?

"何"有时相当于"怎么"、"如何"，询问方式、方法。例如：

（21）问："或问'诚意'章末，旧引程子自慊之说，今何除之?"曰："此言说得亦过。"

（22）人与物与身又何间别?

（23）问："情与才何别?"

（24）二人曰："何可得自死?"

5.1.1.3 "何"作宾语

共83例。"何"既可以作介词的宾语，又可以作动词的宾语。其中以作介词的宾语为主，和介词一起构成介宾结构在句中作状语。例如：

（25）今人祭祀，从何而求之?

（26）血脉从何而出? 知觉从何而至?

（27）若未尝告之以恭敬忠之说，则所谓"先难"者，将从何下手?

（28）若不以心，于何求之?

（29）既无实得，乐自何而生?

（30）曰："然当时陈氏厚施于国，根株盘据如此。政使孔子为政，而欲正其君臣父子，当于何下手?"曰："此便是难。"

（31）是时文献不足，孔子何从知得?

（32）诗、乐既废，不知今何由兴成之?

上面（25）～（30）中"何"分别作介词"从"、"于"、"自"、"当"的宾语，属于现在常见的介宾结构，（31）、（32）属于仿古的形式，将宾语"何"放在介词"从"、"由"的前面。

（33）未有人时，此理何在?

（34）淳录云问："'其气发扬于上'，何谓也?"

141

（35）问："前后左右何指？"

（36）问："健顺在四端何属？"

（37）曰："信与节用，有何相关？"

（38）问："'致知'之'致'，'知至'之'至'，有何分别？"

（39）举业亦有何相妨？

（40）先生曰："人只了得每日与鬼做头底，是何如此无心得则鬼神服？"

上面（33）～（40）中"何"作动词的宾语，其中（33）～（36）是沿用古汉语的形式，即疑问代词作宾语，宾语前置，分别表示"在哪里"、"说的是什么"、"指的是什么"、"属于哪一类"等意思。（37）～（39）中"何"与"是、有"构成动宾结构作整个连动结构的前一成分。

5.1.1.4　"何"作主语

共 53 例。所用的格式比较单一，都是"何谓……"的形式，相当于"什么是"、"什么叫……"，用来询问一个词或一个术语的含义。例如：

（41）或问："何谓明德？"

（42）问："'信近义，恭近礼'，何谓近？"

（43）辛问："'五十知天命'，何谓天命？"

（44）问："何谓工夫？"

（45）复问："'简者不烦之谓'，何谓烦？"

（46）叔重问："何谓招摇？"

（47）杨问："'学要鞭辟近里'，何谓'鞭辟'？"

5.1.1.5　"何"作谓语

共 307 例。其中有 29 例是"X者何"、"X何""非X而何"的形式，"何"询问情状，相当于"怎么样"、"是什么"、"是什么原因"。例如：

（48）先生问众人曰："颜子季路所以未及圣人者何？"

（49）若谓伊尹有这些意思在，为非圣人之至，则孔孟皇皇汲汲，去齐去鲁，之梁之魏，非无意者，其所以异伊尹者何也？

（50）吴伯英问："泰伯知太王欲传位季历，故断发文身，逃之荆蛮，示不复用，固足以遂其所志，其如父子之情何？"

（51）又问："其如周何？"

（52）问："诚者何？敬者何？"

（53）既而曰："所谓'斯之未信'，斯者，非大意而何？"

（54）曰："使天下伥伥然，必至于大乱而后已，非'率兽食人'而何？"

（55）上之人分明以贼盗遇士，士亦分明以盗贼自处，动不动便鼓噪作闹，以相迫胁，非盗贼而何？

（56）义中自有利，使人而皆义，则不遗其亲，不后其君，自无不利，非和而何？

（57）且如起风做雨，震雷闪电，花生花结，非有神而何？

在《朱子》中，"何"作谓语更常见的形式是"何"用于分句后，用语气词"也"等助疑，可以看做一个独立的分句。作谓语，用于询问原因，相当于"为什么"，这样的形式共有 278 例，其中 263 例是用"何也"，另外有 15 例是用"耶"、"欤"、"哉"等语气词。例如：

（58）或问："自志学、而立，至从心所欲；自致知、诚意，至治国、平天下；二者次第等级各不同，何也？"

（59）或问："'学而不思'章引程子'博学、审问、慎思、明辨、力行，五者废一非学'，何也？"

（60）林闻一问："'林放问礼之本'，而孔子并以丧告之，何也？"

（61）问："正颜色既是功效到此，则宜自然而信，却言'近信'，何也？"

（62）但不知夫子既教之以正名，而不深切言其不可仕于卫，何欤？

（63）又问："夷惠皆言'风'，而不以言伊尹，何哉？"

（64）蜚卿问："忠恕即道也，而曰'违道不远'，何耶？"

（65）今集注乃载其说，何耶？

"X，何也"这一种询问格式也是上古汉语疑问形式的沿用，在《朱子》中大量出现，其主要原因与文本的内容有关，这种询问方式主要用来询问古人典籍中的内容。

5.1.2 "如何"

"如何"一直都是使用时间最长、使用频率最高的一个疑问词，现在仍然在用。在《朱子》中，"如何"也是出现频率最高的，共有 2908 例。除了部分用于反问句和附加疑问句外，共有 2169 例用于特指问句。

5.1.2.1 "如何"作主语

作主语，构成"如何是……"句型，这种句型的用例相当多，共有154 例。主要用于真性问。"如何 + 是 + 体词性宾语/谓词"可以直接询问事物、人、处所等，主要是询问含义。例如：

（1）或问："如何是着中底道理？"

（2）曾兴宗问："如何是明明德？"

（3）先生问："如何是末？"曰："孝弟忠信，居处有礼，此是末。"

（4）曹问："如何是第一义？"

（5）问："如何是不好的气？"

（6）或问："如何是反身穷理？"曰："反身是着实之谓，向自家体分上求。"

（7）问："如何是循物无违？"

（8）先生问坐间学者云："'吾道一以贯之'，如何是'曾子但未知体之一处'？"

（9）问："'五十而天命'，集论云：'天命，即天道也，事物所以当然之故也。'如何是'所以当然之故'？"

（10）或问："如何是近义，近礼？"

上面（1）～（5）是接体词性宾语；（6）～（10）是接谓词性宾语。"如何是 + NP"也可在问句中充当某一成分，例如：

（11）再问："所说'寻求义理，仍须虚心观之'，不知如何是虚心？"曰："须退一步思量。"

（12）不知如何是本然之权度？

（13）今且说如何是"志学"？

（14）试问如何是穷究？

（15）曰："未要去理会'居'字、'修'字，且须理会如何是德？"

（16）问："须是识别得如何是礼，如何是非礼？"

（17）曰："公且道如何是'行仁、假仁'？"

（18）此等处，紧要在"性"字上，今且合思量如何是性？

上面的用例前一个谓词性成分都是言说、感知类动词，如"不知"、"说"、"道"、"识别"、"思量"等，后面接"如何是……"作宾语。

"如何是 + NP"充当句子的子句，还可以不表疑问，而表虚指，这种用例相当多，也可作一个句子成分，例如：

（19）今要见"仁"字意思，须将仁义礼智四者共看，便见"仁"字分明。如何是仁，如何是礼，如何是智，如何是仁，便"仁"字自分明。

（20）尝欲作一说，教人只将《大学》一日去读一遍，看他如何是大人之学，如何是小学，如何是"明之德"，如何是"新民"，如何是"止于至善"。

（21）如何是敬，如何是孝，如何是慈，如何是信，件件都实理会得了，然后件件实做将去。

（22）这处须看他如何是异端，如何是正道。

（23）且如夫子告以非礼勿视听言动，颜子受之，不复使问如何是礼与非礼。

（24）虑，是虑个如何是慈，如何是孝。

据张美兰（2003），就目前所见到的资料看，"如何"作主语好像始于《祖堂集》。在此后的禅宗语录中"如何"大量地充当主语，《景德传灯录》北宋政和六年（1116）刊本《坛绘》、《五灯会元》、《古尊宿语录》等文献中处处可见用例。卢烈红（1998）指出，"如何"在《古尊宿语录》中使用频率度达 2197 次，其中作主语有 1116 次，用于判断句的主语达 1101 次，《五灯会元》中，"如何"共现 5228 次，在"如何是……"句中作主语达 3070 次。唐代禅宗语录主要是记录禅宗师徒的问答对话的活语言，"如何是……"问句被大量使用，应当是当时口语中一个句式。《朱子》也是以问答形式为主，其中此类句式用例也很多。

我们认为禅宗语录和讲学语录就内容而言毕竟与日常生活所涉及的情况不太相同，"如何是……"在前两种文体中用得多，与具体内容有关，在相关唐五代笔记小说中仅有个别用例，在宋代其他文献中的用例也大为减少。在元代作品中只偶尔见到。

功能语言学家韩礼德认为，在一般情况下，信息的组织是先说已知/旧信息，后说未知/新信息，而新信息在句中居主要地位。禅宗语录如《祖堂集》和讲学语录如《朱子》等文献特指问句疑问代词作主语的情况很普遍，将问句的疑问焦点放在句首，体现了这类文体的一个共性。

5.1.2.2　"如何"作谓语

从结构上看可以分成两种格式："S，（则）如何"、"主语 + 如何"。如果前面的部分比较长，则中间常用逗号隔开，"如何"前还可用连词"则"；如果前面主语部分比较简短则不用逗号。语义上总体来说都可以理解为"怎么样"，具体又可以分解为几个不同的内容。

a. 询问状态，相当于"怎么样"、"是什么样子"。例如：

（1）问："自开辟以来，至今未万年，不知已前如何?"曰："已前亦须如此一番明白来。"

（2）问："以目言之，目之轮，体也；睛之明，魄也。耳则如何?"曰："窍即体也，聪即魄也。"

（3）问："人与物以气禀之偏全而不同，不知草木如何?"曰："草木之气又别，他都无知了。"

（4）问："前夜说体、用无定所，是随处说如此。若合万事为一大体、用，则如何?"曰："体、用也定。"

（5）曰："一闻夫子警省之，便透彻了也。"又问："未唯之前如何?"曰："未唯之前，见一事上是一个理；及唯之后，千万个理只是一个理。"

（6）"他视之亦无足以动其心者。"或问："若非佛氏收拾去，能从吾儒之教，不知如何？"曰："他又也未是那'无文王犹兴'底，只是也须做个特立独行底人，所为必可观。"

（7）问："在圣人则'至诚无息'，而万物各得其所也。如此，则忠恕却有两用，不知如何？"曰："皆只是这一个。"

b. 询问典籍中词、句的含义，相当于"是什么意思"。例如：

（8）又问："意与情如何？"曰："欲为这事，是意；能为这事，是情。"

（9）近改注云："自欺者，心之所发若在于善，而实则未能，不善也。'若'字之义如何？"曰："'若'字只是外面做得来一似都善，其实中心有些不爱，此便是自欺。"

（10）又问："中溜之义如何？"曰："古人穴居，当土室中开一窍取明，故谓之中溜。"

（11）问："明道云：'不以其道得之富贵，如患得之。'文义如何？"曰："'如患得之'，是患不得之，将此'得'字解上'得'字。"

（12）道夫问："向闻先生语学者：'五行不是相生，合下有时都有。'如何？"曰："此难说，若会得底，便自然不相悖，唤做一齐有也得，唤做相生也得。"

（13）或问："横渠'内外宾主之辨'一段云：'仁在内而我为主，仁在外而我为客。'如何？"曰："此两句又是后人解横渠之语。"

c. 询问结果，主要是老师询问学生读书的情况，相当于"怎么样了"或者"有什么收获、体会"。例如：

（14）问："读通鉴与正史如何？"曰："好且看正史，盖正史每一事关涉处多，只如高祖鸿门一事，本纪与张良灌婴诸传互载，又却意思详尽，读之使人心地欢洽，便记得起。"

（15）问刘栋："看大学自欺之说如何？"曰："不知义理，却道我知义理，是自欺。"

（16）问："向来承教，谓小儿子读书，未须把近代解说底音训教之。却不知解与他时如何？”“若依古注，恐他不甚晓。”

（17）问贺孙：“读大学如何？”曰：“稍通，方要读《论语》。”

（18）问：“看致知说如何？”曰：“程子说得确实平易，读着意味愈长。”

d. 询问不同说法、概念之间的关系，有时是将不同的观点放在一起加以比较，相当于“怎么样”。例如：

（19）只看孟子说“性也，有命焉”处，便分晓。择之问：“‘不知命’与‘知天命’之‘命’如何？”曰：“不同。”

（20）所以横渠云：“志公而意私。”问：“情比意如何？”曰：“情又是意底骨子。”

（21）祖道因看涪陵记善录。问：“和靖说敬，就整齐严肃上做；上蔡却云‘是惺惺法’，二者如何？”厚之云：“先由和靖之说，方到上蔡地位。”

（22）仁甫问：“伊川说‘若一事穷不得，须别穷一事’，与延平之说如何？”曰：“这说自有一项难穷底事，如造化、礼乐、度数等事，是卒急难晓，只得且放住。”

（23）或问：“伊川此说，与诸家之说如何？”曰：“伊川之说最善。”

e. 询问对某人的观点的评价，相当于“怎么样”。例如：

（24）王问：“伊川谓：‘不止丧祭。’此说如何？”曰：“指事而言，恐曾子当初只是说丧祭。”

（25）问：“程先生说如何？”曰：“‘信近于义’，以‘言可复’，他意思要说‘也’字出，恐不必如此说。”

（26）徐问：“上蔡之说如何？”曰：“上蔡说未是，其说求为过高。”

（27）胡叔器问：“‘居敬则心中无物，而所行自简’，此说如何？”曰：“据某看，‘居敬而行简，以临其民’，它说‘而行简以临民’，则行简自是一项，这‘而’字是别唤起。”

f. 询问方式方法。相当于"怎么办"。例如：

（28）或问："一向把捉，待放下便觉恁衰飒，不知当如何？"曰："这个也不须只管恁地把捉。"

（29）叶诚之问："人不幸处继母异兄弟不相容，当如何？"曰："从古来自有这样子。"

（30）如其他小小记文之类，今取而读之，也不多一个字，也不少一个字。居父曰："'尽己之谓忠'，今有人不可以尽告，则又当如何？"曰："圣人到这里，又却有义。"

5.1.2.3　"如何"作宾语

共有 207 例。"如何"主要是作"是"的宾语，构成"……是如何"的形式，如果"是"前的主语比较长，可以用逗号隔开，即"S，是如何"的形式。在语义上主要是询问含义和原因。

询问含义，相当于"是什么意思"。例如：

（31）问："枯槁之物亦有性，是如何？"曰："是他合下有此理，故云天下无性外之物。"

（32）直卿退而发明曰："先生道理精熟，容易说出来，须至极。"贺孙问："'其体则谓之易'，体是如何？"曰："体不是'体用'之'体'，恰似说'体质'之'体'，犹云'其质则谓之易'。"

（33）曰："看古人意思，只以树为社主，使神依焉，如今人说神树之类。"问："不知周礼载'社主'是如何？"曰："古人多用主命，如出行大事，则用绢帛就庙社请神以往，如今魂帛之类。"

（34）又问："'无内外之间'，是如何？"曰："表里如一。"

（35）问："'朝闻道'，道是如何？"曰："道只是眼前分明底道理。"

询问原因，相当于"是什么原因"。例如：

（36）又举明道云："论性不论气，不备；论气不论性，不明，二之则不是。且如只说个仁义礼智是性，世间却有生出来便无状底，是如何？""只是气禀如此。"

（37）"又如临事时虽知其不义，不要做，又却不知不觉自去做了，是如何？又如好事，初心本自要做，又却终不肯做，是如何？""盖人心本善，方其见善欲为之时，此是真心发见之端。"

（38）"如今人要做好事，都自无力。其所以无力是如何？""只为他有个为恶底意思在里面牵系。"

（39）或问："孟子说'仁'字，义甚分明，孔子都不曾分晓说，是如何？"曰："孔子未尝不说，只是公自不会看耳。"

（40）问"察其所安"云："今人亦有做得不是底事，心却不安，又是如何？"曰："此是良心终是微，私欲终是盛，微底须被他盛底胜将去。"

据张美兰（2003），在《祖堂集》中没有"是如何"的用例。《敦煌变文新编》、《五灯会元》中也没有，只是《古尊宿语录》中有7例。我们也检索了《宋元话本》、《禅林僧宝》、《旧五代史》、《新五代史》等宋代文献，也都没有"是如何"的用例。相比之下《朱子》中用例增加了许多。这说明这种句式是较后起的。

5.1.2.4　"如何"作状语

a. 在句中作状语，这一类最为常见，主要是用来询问方式、方法，也用来询问原因。例如：

（1）味道问："仁包义礼智，恻隐包羞恶、辞逊、是非，元包亨利贞，春包夏秋冬。以五行言之，不知木如何包得火金水？"曰："木是生气。"

（2）看道是甚么物事？自家如何志之？

（3）曰："然。且就这一身看，自会笑语，有许多聪明知识，这是如何得恁地？虚空之中，忽然有风有雨，忽然有雷有电，这是如何得恁地？"

（4）"颜子'克己复礼'，便规模大，精粗本末，一齐该贯在这里。"又问："'克己复礼'，如何分精粗？"

（5）问："孔子如何不得命？"

（6）或引伊川言"晋宋清谈，因东汉节义一激而至此"者。曰："公且说，节义如何能激而为清谈？"或云："节义之祸，在下者不知其所以然，思欲反之，所以一激而其变至此。"

（1）～（4）例是在询问方式、方法，（5）、（6）两例是询问原因。

b. "如何" 在单句句首或复句中某一分句的句首作状语，其功能辖域是全句，或复句中的那个小句。主要是用来询问原因，也可以询问方式、方法。例如：

（7）"只是缘他高明，自见得个大底意思。" 曰："既见得这意思，如何却行有不掩？" 曰："缘他见得了，不去下工夫，所以如此。"

（8）问："'《尚书》难读，盖无许大心胸。'他书亦须大心胸，方读得。如何程子只说《尚书》？"

（9）心是他本领，情是他个意思。又问："如何见天地之情？" 曰："人正大，便也见得天地之情正大。"

（10）曰："如何知得是私后克将去？" 曰："随其所知者，渐渐克去。"

（11）问："注言'乐有五声十二律'云云，'以至于义精仁熟，而自和顺于道德'，不知声音节奏之末，如何便能使"义精仁熟，和顺于道德"？

（12）问："克尽人欲，便是天理。如何却说克己了，又须着复于礼？" 曰："固是克了己便是理。"

（13）今人须加训诂，方理代得，又失去歌咏之律。如何一去看着，便能兴起善意？

在结构上，（7）～（11）是在分句的句首作状语，（12）、（13）是在一个复句的句首作状语，辖后面的两个分句。在语义上，（7）、（8）、（12）、（13）是询问原因，（9）、（10）、（11）是询问方式、方法。

5.1.2.5　"如何" 作补语

"如何" 作补语，相当于 "怎么样"，共出现 22 次。例如：

（1）问："《论语》近读得如何？昨日所读底，今日再读，见得如何？" 干曰："尚看未熟。"

（2）或问："'君子之所以教者'，诸先生说得如何？" 曰："诸先生不曾说得分明。"

（3）游丈开问："中庸编集得如何？"曰："便是难说。"

（4）后来刘原父补成一篇。文蔚问："补得如何？"曰："他亦学礼记下言语，只是解他似礼。"

（5）曰："读告子。"曰："见得如何？"曰："固是要见，亦当于事上见之。"

5.1.3 "何故"

"何故"即"为什么"、"什么原因"，用于询问原因。可以用在句首，或复句中某一分句句首作状语，也可放在句末，与前面部分用逗号隔开。共有234例。例如：

（1）周问："何故天曰神，地曰祇，人曰鬼？"曰："此又别。"

（2）又问："一阴一阳，宜若停匀，则贤不肖宜均。何故君子常少，而小人常多？"曰："自是他那物事驳杂，如何得齐！"

（3）问："性之所以无不善，以其出于天也；才之所以有善不善，以其出于气也。要之，性出于天，气亦出于天，何故便至于此？"曰："性是形而上者，气是形而下者。"

（4）或又问："何故知止而定、静、安了，又复言虑？"曰："且如'可以予，可以无予；可以取，可以无取；可以死，可以无死'，这上面有几许商量在。"

（5）李从之问："'壹是皆以修身为本'，何故只言修身？"曰："修身是对天下国家说。"

（6）万物一原，自说万物皆出此也。若统论道理，固是一般，圣贤何故说许多名字？

（7）曰："夫子何故只以俭戚答礼之本？"曰："初头只是如此，未有后来许多文饰，文饰都是后来事。"

（8）叔器问："谢氏文章性、天道之说，先生何故不取？"曰："程先生不曾恁地说。"

（9）又问："平阳蒲阪，自尧舜后何故无人建都？"曰："其地硗瘠不生物，人民朴陋俭啬，故惟尧舜能都之。"

（10）裴卿问："孔子在陈，何故只思狂士，不说狷者？"曰："狷底已自不济事。"

（1）～（5）是在句首作状语，修饰后面的整个部分；（6）～（10）是在主语后作状语，修饰谓语，其中例（9）状语与前面的主语用逗号隔开，例（10）中状语"何故"前面的主语承前一分句省略。

"何故"的另一种用法是放在一个句子的后面，补充询问原因，构成"S，+何故？"的格式，这种形式在《朱子》中共有24例。例如：

（11）如孔子所谓"德之不修，学之不讲，闻义不能涉，不善不能改，是吾忧也"。此有甚紧要？圣人却忧者，何故？

（12）问："中庸言自明而诚，今先生教人以诚格物，何故？"曰："诚只是一个诚，只争个缓频。"

（13）问："既'失其本心'，则便解滥淫，而必以久言之，何故？"曰："也有时下未肯恁地做底，圣人说话稳。"

（14）问："'正颜色，斯近信矣。'此其形见于颜色者如此之正，则其中之不妄可知，亦可谓信实矣，而只曰近信，何故？"曰："圣贤说话也宽，也怕有未便恁地底。"

5.1.4 "何以"

介宾短语"何以"是古汉语的沿用形式，宾语"何"放在介词"以"的前面。在《朱子》中共有315例，均作状语，主要是询问方式、方法、凭借等，相当于"如何"、"怎样"、"凭什么"、"用什么"，或用来询问原因，相当于"为什么"，在形式上主要是放在主语的后面，修饰谓语，有少部分直接用在句子的开头，用来修饰全句。例如：

（1）问："'《关雎》乐而不淫，哀而不伤'，于《诗》何以见之？"曰："忧止于'辗转反侧'，若忧愁哭泣，则伤矣；乐止于钟鼓、琴瑟，若沉湎淫乐，则淫矣。"

（2）又曰："何以见得有此四者？"曰："因其恻隐，知其有仁；因其羞恶，知其有义。"

（3）问："历法何以推月之大小？"曰："只是以每月二十九日半，六百四十分日之二十九计之，观其合朔为如何。"

（4）问："性分、命分何以别？"曰："性分是以理言之，命分是兼气言之。"

（5）问："太极解何以先动而后静，先用而后体，先感而后寂？"曰："在阴阳言，则用在阳而体在阴，然动静无端，阴阳无始，不可分先后。"

（6）问："上蔡谓：'智者谓之有所见则可，有所得则未可。'如此，则是二者乃方用功底人，圣人何以为未之见？"曰："所谓未有得者，当已见得仁如此好了，贪心笃好，必求其至。"

（7）问："子路此个病何以终在？"曰："当时也须大段去做工夫来，只打叠不能得尽。"

（8）问："伊川何以谓'仁是性'？孟子何以谓'仁人心'？"曰："要就人身上说得亲切，莫如就'心'字说。"

（9）仁甫问："释氏之学，何以说为'高过于大学而无用'？"曰："吾儒更着读书，逐一就事物上理会道理。"

（10）私欲之害，岂特是仁，和义礼智都不见了。问："何以不曰'鲜矣义礼智'，而只曰'鲜矣仁'？"曰："程先生曰：'五常之仁，如四德之元。'"

（1）、（2）相当于介词结构"从哪里（哪些方面）"，（3）、（4）相当于"如何"，问方式方法。（5）～（10）是在询问原因，其中（5）～（9）例是在主语后面作状语修饰谓语，例（9）状语与前面的主语用逗号隔开，例（10）是直接放在句首修饰全句。

5.1.5　"何处"

"何处"是一个较为凝固的短语。叶建军（2010：29）指出，"何处"在三国时期已经出现了，在《祖堂集》中有28例用于询问。在《朱子》中，"何处"共有63例。主要用来询问处所，相当于"哪里"、"什么地方"。在句法上，"何处"可以作主语、宾语（包括介词的宾语）和状语。

5.1.5.1　"何处"作主语

"何处"作主语，共有15例。例如：

（1）唐虞三代事，浩大阔远，何处测度？

（2）淳录云：何处讨地来行仁政？

（3）若非本，何处有那流？

（4）若见得时，则何处不是全体？

（5）然而所谓道者，果何处真切至当处？

（6）又何处是收功处？

（7）曰：礼如此之严，分明是分毫不可犯，却何处有个和？

（1）～（3）是直接作主语，（4）～（7）的主语前面还有副词修饰，或用连词来显示与前面一个分句的联系。

5.1.5.2　"何处"作宾语

"何处"作宾语共有 13 例，主要是作动词"在"的宾语。例如：

（1）桑中之诗，礼义在何处？

（2）如说"克己复礼"，己在何处？

（3）但是我恁地说他个无形无状，去何处证验？

（4）自尧舜以下，若不生个孔子，后人去何处讨分晓？

（5）曰："'关关雎鸠'，出在何处？"

（6）问林恭甫："看《论语》至何处？"

（1）、（2）例是直接作宾语，（3）、（4）例是在连动结构中作第一个动词的宾语，（5）、（6）例是在连动结构中作第二个动词的宾语。

另外"何处"还用作介词"于"、"从"、"以"等的宾语，构成介词结构，在句中作状语，共有 18 例。例如：

（7）又问："三者固是效验处，然不知于何处用工？"

（8）徐曰："然则殷地，武王既以封武庚，而使三叔监之矣，又以何处封康叔？"

（9）盖是见得分明，方有个进处，若不曾见得，则从何处进？

（10）也须思量道如何而能弘，如何而能泰与坦荡荡，却只恁说，教人从何处下手？

（11）自家心里，只有这个为主，别无物事，外邪从何处入？

5.1.5.3 "何处"作状语

"何处"作状语时，前面可以有主语，也可以没有主语，有时"何处"前面还可有其他的状语。共有 9 例。例如：

（1）涣卦既散而不聚，本象不知何处有可立庙之义？

（2）汉武帝引《春秋》"九世复仇"之说，遂征胡狄，欲为高祖报仇，《春秋》何处如此说？

（3）后来忽又行下来云："助米人称进士，未委是何处几时请到文解？"

（4）道之浩浩，何处下手？

（5）它既杀元良，又何处去？

（6）问："当时合如何处置方善？"

（1）～（3）例在句中作状语，前面有主语，（4）～（6）例前面没有主语，或是承前省，或是没有必要说出来，其中（5）、（6）两例中前面还有其他的状语。

5.1.6 "何者"

"何者"是附加式复合疑问词，由疑问代词"何"加助词"者"构成，在上古汉语中就已经出现（王海棻，2001：227）。在《朱子》中"何者"表示询问的共有 33 例，都是作主语，最主要的格式是"何者为（是）……"，相当于"什么是……"。例如：

（1）人只是要求放心。何者为心？只是个敬。

（2）曰：何者是德性？何者是问学？

（3）文振问："物者，理之所在，人所必有而不能无者，何者为切？"曰："君臣父子兄弟夫妇朋友，皆人所不能无者。"

（4）今人却说他有相业，会处置事，不知何者为相业？何者善处置？

"何者"还用在"以（将）何者为……"的格式中，"何者"作介词"将"、"以"的宾语，构成介词结构作状语。例如：

（5）今只就起处言之，毕竟动前又是静，用前又是体，感前又是寂，阳前又是阴，而寂前又是感，静前又是动，将何者为先后？

（6）问："读书以何者为先？"曰："且将《论语》、《大学》共看。"

（7）问："'知来'，指何者而言？"曰："子贡于此然是用工夫了，圣人更进他上面一节，以见义理不止于此。"

（8）如今人不聪明，便将何者唤作德也？

我们还发现一例"何者"作动词的宾语，一起作为连动结构的第一个动词性成分：

（9）陈仲蔚问："'三皇'，所说甚多，当以何者为是？"曰："无理会，且依孔安国之说。"

5.1.6　"何所"

"何所"是一个偏正短语，主要是用来询问对象，相当于"什么"，在句法上作宾语，放在动词的前面，形成"何所 + V"的格式，这也是沿用古汉语的形式。在《朱子》中共有 36 例属于此种用法。例如：

（1）问："据知止，已是思虑了，何故静、安下复有个'虑'字？既静、安了，复何所虑？"

（2）问："集注以从政例为大夫，果何所据？然则子游为武城宰，仲弓为季氏宰之类，皆不可言政欤？"

（3）徐问："'苗而不秀，秀而不实'，何所喻？"曰："皆是勉人进学如此。"

（4）兼山谓圣人不分别阴阳老少，卜史取动爻之后卦，故分别老少。若如此，则卦遂无动，占者何所用观变而玩占？

（5）曰："尚书语孟。"曰："不知又何所思？"曰："只是于文义道理致思尔。"

"何所"还可以表处所，相当于"什么地方"、"哪里"，可作主语、宾语和状语。这种用法在上古汉语中也已经出现了。在《朱子》中共有 4 例。

(6) 曰："'附乎天。'天地何所依附？"曰："自相依附。"

(7) 八阵图，敌国若有一二万人，自家止有两三千人，虽有法，何所用之？

(8) 凡事皆然。且如涵养、致知，亦何所始？

(9) 又如学者应举觅官，从早起来，念念在此，终被他做得。但移此心向学，何所不至？

"何所"在例（6）中作宾语，放在动词"依附"的前面，相当于"依附在哪里"，在（7）、（8）两例中作状语，修饰后面的动词，相当于"从哪里"，在例（9）中作主语。

5.1.7　"何人"

偏正短语"何人"用来询问人，相当于"谁"、"什么人"，其用法在上古汉语中已经出现。在《朱子》中共有 15 例，主要用作主语、宾语和谓语。例如：

(1) 先生曰："甚荷远来，然而不是时节。公初从何人讲学？"曰："少时从刘衡州问学。"

(2) 道夫问："气质之说，始于何人？"曰："此起于张程。"

(3) 曰："此言作诗之人乐不淫、哀不伤也。"因问："此诗是何人作？"

(4) 范答书云："易得魏公序甚好。郑序春秋者，不知是何人，得非刘豫左相乎？"

(5) 问："着是刺何人？"曰："不知所刺，但觉是亲迎底诗。"

(6) 若日日恁地比较，也不得。虽则是曰："舜何人也？予何人也？"

(7) 一日弓手报："天使至，县尉当出迎。"曰："天使何人？"曰："北使。"

"何人"在例（1）、（2）中是作介词"从"、"于"的宾语，在例（3）、（4）、（5）中是作谓语动词的宾语，在例（6）、（7）中直接作谓语。

5.1.8 "以何"

介宾短语"以何"在《朱子》中共 14 例，都是作状语。例如：

（1）问："欲专看一书，以何为先？"曰："先读《大学》，可见古人为学首末次第。"

（2）曰："'乐'字内自括五音六律了。若无五音六律，以何为乐？"

（3）曰："某只着白绢凉衫、黪巾，不能做许多样服得。"问："黪巾以何为之？"曰："纱绢皆可。"

（4）公诗甚好，可见亦曾用工夫。然以何为要？有要则三十五章可以一贯。

5.1.9 其他"何"系特指询问词

除了上面主要的"何"系特指问外，还有零星的特指问词，如：何在（7 次）、若何（3 次）、何等（2 次）、何方（2 次）、何似（2 次），由于出现的次数比较少，下面分别列举一二。

（1）又问："有是理而后有是气。未有人时，此理何在？"曰："也只在这里。"

（2）曰："未发之前，须常恁地醒，不是瞑然不省。若瞑然不省，则道理何在？"

（3）某前日病中闲坐无可看，偶中堂挂几轴画，才开眼，便要看他，心下便走出来在那上。因思与其将心在他上，何似闭着眼坐得此心宁静？

（4）若守此虚名而无实，徒为胥吏辈赂贿之地。又况州郡每岁靠此米支遣，决不能如约束，何似罢之？

（5）又曰："罪己责躬不可无，然亦不当长留在心胸为悔。今有学者幸知自讼矣，心胸之悔，又若何而能不留耶？"曰："改了便无悔。"

（6）未发之时，难以加毫末之功。当发之际，欲其中节，不知若何而用工？

（7）吴伯英问："孔子闻韶，学之三月，不知肉味。圣人殆亦固滞不化，当食之时，又不免'心不在焉'之病，若何？"曰："'主一无适'，是学者之功。"

（8）问："'君子不器'，君子是何等人？"曰："此通上下而言。"

（9）问："或曰：'罕言利'，是何等利？"杨氏曰："'般'云云。"

5.1.10　小结

《朱子》在构成特指疑问句的"何"系疑问代词及其复合形式的用法如表5－1。

表5－1　《朱子》"何"系特指疑问句中疑问代词及其复合形式的使用情况

疑问形式	询问													合计（例）
	功　能						语　义							
	主语	谓语	宾语	定语	状语	补语	事物	处所	行为	情状	方法	原因	时间	人物	
何	+	+	+	+	+		+	+	+	+	+	+			855
如何	+	+	+	+	+	+	+		+	+	+	+			2169
何故				+								+			234
何以				+					+	+	+				315
何处	+		+		+			+							63
何者	+		+				+			+					33
何所	+		+		+		+								36
何人	+	+	+					+						+	15
以何				+				+		+	+				14
何在		+						+							7
若何		+			+					+					3
何等				+						+					2
何方			+	+				+							2
何似					+					+					2
因何					+							+			9
缘何					+							+			4
何为		+							+						5
何物	+			+				+							23

从表 5 - 1 及前文分析，可以看出：

《朱子》特指问句中"何"系疑问代词及其复合形式非常丰富，共有 18 个，都是在上古或中古时期就开始使用。但是各个词的使用频率有很大的差距，其中"如何"一词出现的次数最多，达 2169 次。其次是"何"，有 855 次。再次是"何以"、"何故"，分别为 315 次和 234 次，其余的相比起来就少得多。这其中主要的原因一方面是它们本身的语义丰富，功能也比较多，一直都是疑问句中最常用的代词；另一方面就是与文本内容密切相关，《朱子》主要是师生讨论学业的对话，这也从一个方面限制了其他词的使用范围。试以"如何"为例加以说明。

"如何"是古汉语中最常见的疑问代词，可以用来询问度量、情状、方法、原因，可表示商榷和感叹等多种语义。能充当各种句法成分，可做主语、谓语、状语、定语、补语和宾语。由于其语义和功能的多样性使它成为运用最为广泛的一个词语，但同时也因为过于集中，在没有特定的语言环境的限制下，其语义可以有多种理解，有时会引起一些误解。在语言自身的调节和发展过程中，到近代汉语时期出现了新的疑问代词"甚么"系和"怎（么）"系，在语义和功能上逐渐代替了"如何"一词。但我们在《朱子》中看到的情形是"如何"一词仍然居于主导地位，占有绝对的优势。我们认为一方面是因为新的疑问代词还处在一个逐步发展的阶段，另一方面也与《朱子》本身的语言使用的情况和具体的内容有关，它有较多的文人口语的成分。

5.2 "甚么"系特指问句

疑问代词"甚么"系是近代汉语新兴的疑问代词，并且在近代汉语里使用非常广泛，其用法也在发展和完善，在这里主要讨论这种疑问代词在以《朱子》为代表的宋代使用的情况，其形式有"甚么"、"什么"、"甚么样"、"甚物"、"甚物事"、"甚"、"做（作）甚"、"则甚"、"因甚"、"为甚"、"为甚么"、"甚底"等。

"甚么"产生于唐代，较早时期（9 世纪以前）的形式写作"是勿"、"是物"、"是没"或"甚没"；稍后除写作"甚么"外，又写作"什没"；到晚唐五代时期多写作"什摩"，也写作"甚摩"；宋代才基本写作"什麼"或"甚麼"。中唐以前，"甚么"尚处在兴起初期，不仅在字形上还保留语源的痕迹，直到晚唐五代，"甚么"的书写形式还很不稳定。据吴福祥统计，敦煌变文"甚（什）没"仅 3 例；五代时成书的《祖堂集》"什摩"多达 1072 例，另有"甚么"8 例。① 到宋代《景德传灯录》，"甚摩"全部改作"什麼"（占绝大多数）或"甚麼"（仅 13 例），在其他文献如《二程集》、《朱子语类》中也都写作"什（甚）麼"；大约到宋代以后才有偶尔写作"甚莫"的。关于"甚么"一词的来源及发展情况王力（1980、2001），吕叔湘（1985），太田辰夫（1987），志村良治（1995），刘坚、江蓝生等（1992），冯春田（2000），吴福祥（1996）等均有详细的论述。下面略举数例：

是勿是生灭法？（石井本《神会语录》）

未审马别驾疑是物？（同上）

是没是如来？（《大乘五方便》）

是甚没人？（《李陵变文》）

未审爱修甚么行？（《妙法莲花经讲经文》）

前生为什没不修行？进入还来恼乱我。（《佛说阿弥陀经讲经文》）

5.2.1　疑问代词"什（甚）么""什么样"

"什（甚）么"主要用在名词前作定语或者作宾语，一般不作主语。可以分为表疑问、非疑问和反问三类（关于反问的用法将在反问句一章论述）。

5.2.1.1　表示询问
例如：

（1）既是喜怒哀乐未发，那里有个甚么？只可谓之中。（《二程集》）

（2）好也，主管！你做甚么把两文撅与他？（《宋四公大闹禁魂张》）

---

① 见蒋冀骋、吴福祥《近代汉语纲要·语法》，湖南教育出版社，1997，第405页。

（3）甚莫时？（生）子时。（《张协状元》）

　　在《朱子》中，"什么"共只出现 7 例，其中用作特指问的有 4 例，其余 3 例用作反问。例如：

　　（1）所以秋训揪。揪，敛也，揪敛个什么？只是生气到这里都揪敛耳。

　　（2）尹云：不知此人诗有何好处？陛下看它作什么？

　　（3）某自五六岁，便烦恼道："天地四边之外，是什么物事？"见人说四方无边，某思量也须有个尽处。

　　其中在（1）、（2）中作宾语，在（3）中作定语。

　　在《朱子》中，用得更多的是"甚么"，共有 92 例，其中表示特指疑问的有 51 例。其功能也是作宾语和定语。例如：

　　（4）更是如此，则日日一般，却如何纪岁？把甚么时节做定限？

　　（5）语或人曰："公且道不去读书，专去读些时文，下梢是要做甚么人？赴试屡试不得，到老只恁地衰飒了，沉浮乡曲间。"

　　（6）器远问："致知者，推致事物之理。还当就甚么样事推致其理？"曰："眼前凡所应接底都是物。"

　　（7）曰："人之所以为人，只是这四件，须自认取意思是如何。所谓恻隐者，是甚么意思？"

　　（8）退而省其私，亦足以发，这些子便难看。且如颜子甚么处足以见"退而省其私亦足以发"？如今着一个人，甚么处足以发？

　　（9）曰："公只消理会：颜子因何见得到这里？是见个甚么物事？"众无应者。

　　（10）邓隐峰一事亦然。其人只管讨身，隐峰云："说底是甚么？"其人悟，谢之而去。

　　（11）若见得本来道理，亦不待说与人公共、不公共。见得本来道理只自家身己上，不是个甚么？是伐个甚么？

　　（12）"兴于诗"，兴此心也；"立于礼"，立此心也；"成于乐"，成此心也。今公读诗，是兴起得个甚么？

（13）问："'尽己之谓忠'，不知尽己之甚么？"曰："尽己之心。"

（14）"果然如此，何不鸣鼓集众，白昼发去？却夜间发去做甚么？"曰："如今贤者都信他向上底说，下愚人都信他祸福之说。"

（15）独夫子与颜子说时，它却恁地晓得。这处便当思量，它因甚么解恁地？且如这一件物事，我曾见来，它也曾见来。

（4）～（9）例是作定语，可以修饰人、事、物、时间、地点等，构成甚么时节、甚么人、甚么样事、甚么物事、甚么处等形式。（10）～（15）例是作宾语，其中（10）、（11）是作动词"是"的宾语，一个是肯定句，一个是否定句，（11）中"甚么"前面还有助词"个"；例（11）的后半段和例（12）一个由"是"构成的连动结构，"甚么"作后一个动词性成分的宾语；例（13）动词"尽"的宾语是一个偏正结构，"甚么"在中心语；例（15）是作介词"因"的宾语，构成一个介词结构在句中作状语。

5.2.1.2 "什么（甚么）"的非疑问用法

"甚么"又可以用于感叹和称代两种情况。

"甚么"用于感叹句往往是传达比较强的褒扬语气，这种用法大约始于宋代。在《朱子》中有较多的这样的例子，但是没有一例是用"什么"的。例如：

（1）只是晴明时节，青天白日，便无些子云翳，这是甚么气象！

（2）至"发于其政，害于其事"，则是小底节目都以次第而坏矣。因云："孟子是甚么底资质！甚么底力量！"

（3）唐明皇资禀英迈，只看他做诗出来，是甚么气魄！今唐百家诗首载明皇一篇《早渡蒲津关》，多少飘逸气概！

（4）观韩文与李翊书，老苏与欧阳公书，说他学做文章时，工夫甚么细密！

（5）如云"事之云乎，岂曰友之云乎"之类，这是甚么样刚毅！

（6）温公是甚气势！天下人心甚么样感动！温公直有旋乾转坤之功。

例（1）～（3）中"甚么"用在名词前作定语，相当于感叹的"何等"；（4）～（6）用在形容词和动词前作状语，相当于"多么"。

"甚（什）么"用于指称，是它疑问代词的转化用法。非疑问的"甚么"用于指称，到宋代以后才可以见到较多的例子。"甚么（什么）"所指称的往往是未知的或不能确定的，或者是不能或无须确指的。在《朱子》中，"甚么"用得较多，共有 32 例。例如：

（7）便是曾子传夫子一贯之道，也须可说，也须有个来历，因做甚么工夫，闻甚么说话，方能如此。

（8）只是才看过便了，只道自家已看得甚么文字了，都不思量，于身上济得甚事？

（9）如规可以令天下物事圆，矩可以令天下物事方。把这一个矩看，要甚么皆可以方，非大器而何！

（10）恕便是推己及物。恕若不是推己及物，别不是个什么。然这个强恕者，亦是他见得"万物皆备于我"了，只争着一个"反身而诚"，便须要强恕上做工夫。

（11）见人说四方无边，某思量也须有个尽处。如这壁相似，壁后也须有什么物事。其时思量得几乎成病。

（12）及贬潮州，寂寥，无人共吟诗，无人共饮酒，又无人共博戏，见一个僧说道理，便为之动。如云"所示广大深迥，非造次可喻"，不知大颠与他说个什么，得恁地倾心信向。

"甚么"有时还可表示任指。例如：

（13）看是甚么，都不能夺得他，又不恁地细细碎碎，这便是"志立乎事物之表"。

（14）人只见说曾点狂，看夫子特与之之意，须是大段高。缘他资质明敏，洞然自见得斯道之体，看天下甚么事能动得他！他大纲如庄子。

（15）须是五谷灼然曾吃得饱，方是信得及。今学者尚未曾见得，却信个甚么！

（16）且人一日间，此心是起多少私意，起多少计较，都不会略略回心转意去看，把圣贤思量，不知是在天地间做甚么也！

这里的任指是由它在"无论……都……"这样的语境下形成的。因此在另外的句子里，"甚么"可以认为是"连类"指代。例如下面一例：

（17）某意间非独将《序》下文去了，首句甚么也亦去了。

此例"甚么"用于名词之后，"首句甚么"指的是"首句之类"的意思。

5.2.2 "甚么样"

"甚么样"共有35例。其中用于询问的只有2例，并且都是作定语。例如：

（1）器远问："致知者，推致事物之理。还当就甚么样事推致其理？"曰："眼前凡所应接底都是物。"

（2）曰："且道尧舜是甚么样事？何不说尧舜之心，恰限说事业，盖'富有之谓大业'，至如'平章百姓'，明目达聪，纳大麓，皆是事也。"

"甚么样"更多的是用在非疑问用法中，主要用于表示指称和感叹。例如：

（3）因看莹田玉等说性，曰："论性，要须先识得性是个甚么样物事。必大录此下云：'性毕竟无形影，只是心中所有底道理是也。'"

（4）诸葛孔明所谓"此臣所以报先帝而忠陛下之职分也"。若知凡事皆其职分之所当为，只看做得甚么样大功业，亦自然无伐心矣。

（5）高宗登遐，寿皇麻衣不离身，而臣子晏然朝服如常，只于朝见时，略换皂带，以为服至尊之服。冠有数样，衣有数样，所以当来如此者，乃是甚么时，便着甚么样冠服。

（6）但是见得圣人事事透彻，事事做到那极致处。叔器问："看圣贤说话，也须先识圣人是甚么样人，贤人是甚么样人，方见得他说得浅深。"

（7）为学要刚毅果决，悠悠不济事。且如"发愤忘食，乐以忘忧"，是甚么样精神！甚么样骨力！

（8）莫说以前，只是宣和末年三舍法才罢，学舍中无限好人才，如胡邦衡之类，是甚么样有气魄！做出那文字是甚豪壮！

（9）先生令看大意，曰："此段最好看。看见诸圣贤遭时之变，各行其道，是这般时节；其所以正救之者，是这般样子，这见得圣贤是甚么样大力量！恰似天地有阙处，得圣贤出来补得教周全。"

（10）象山常要说此语，但他说便只是这个，又不用里面许多节拍，却只守得个空荡荡底。公更看横渠西铭，初看有许多节拍，却似狭；充其量，是甚么样大！

（11）惟是这刚毅等人，方始立得定。子思别无可考，只孟子所称，如"使者出诸大门之外，北面再拜稽首而不受"；如云"事之云乎，岂曰友之云乎"之类，这是甚么样刚毅！

（12）当时亲法之议也如此，是多少人说，都说不倒。东坡是甚么样会辩！也说得不甚切。

（13）五代时甚么样！周世宗一出便振。

例（3）～（6）是表指称，用于虚指，在句中都作定语；例（7）～（13）用于感叹，其中（7）～（9）是作定语，（10）～（12）作状语，另外还发现了一例作谓语，即例（13）。

5.2.3 "甚物""甚""甚底"

冯春田先生（2000）对"甚"、"甚底"、"甚生"的来源进行了分析。他认为："甚"是"是（甚，什）物（勿，没，么）"的省缩；但仅从形式上看，似乎是"甚么"的缩略。另外，"甚（什）么"来源于"是物"，又作"是没"、"甚没"、"什没"，"物"系字是这个疑问词的中心。当"是物"等融合为一个词以后，"是"系字也获得了疑问代词的意义，因此可以通过省缩保留"是"系字的"甚"字。而"甚"又可以与词尾组成新的复合形式，与其原先的完整形式"甚么"不同。他认为从"甚"的来历而言，如果认为它是"甚么"的省缩，那么在较早的时期应该是"甚（什）么"多而"甚"少。但就文献的分布情况而言，却有所不同：《敦煌变文集》"甚(什)么"仅3例,而"甚"却多达108例;《祖堂集》的情况则恰恰相反,书中的"什摩"1000余条,"甚摩"8例,而"甚"完全不见;宋代的《景德传灯录》"什么"近2000例,"甚么"13例,而"甚"22例。综合地看,由"是么"到"甚么"和"甚",先行一步的是"甚",也就是说由"是(什)物(没)"到"甚"最初可能不一定先经由"甚么"的阶段,而是由"是(什)没"直接衍生出"甚"和"甚么(没,摩,麽)"。"甚底"、"甚生"则是在"甚"的基础上加上词尾"底"和"生"构成的。"甚底"在宋代可以见到不少,此前少见。其语法分布和表示的意义上,较"甚"和"甚么"都不逊色,"甚底"大约到元明时期又写作"甚的"。"甚生"在敦煌变文里可以见到一些,但后来并不多见,

在《朱子》中,"甚物"共有15例,"甚"出现的次数很多,共有297例,比"甚么"(共92例)出现的频率高得多,这与冯春田先生的调查基本一致;"甚底"共有18例,没有发现用"甚生"的用例。从用法上看,"甚"、"甚底"也可以用于询问、反问、感叹和指称。

5.2.3.1 甚物

"甚物"在《朱子》中共有15例,应该看做前期的遗留形式。其中"甚物事"就有8例。"甚物"的功能都是作宾语,并且主要是作"是"的宾语。例如:

(1)若道无物来享时,自家祭甚底?肃然在上,令人奉承敬畏,是甚物?若道真有云车拥从而来,又妄诞。

(2)到程子始关聚说出一个"敬"来教人。然敬有甚物?只如"畏"字相似。

(3)曰:"固是言心。毕竟那仁义礼智是甚物?仁义礼智是性,端便是情。"

(4)今在眼前识得底,便可穷究。且如雎鸠,不知是个甚物?亦只得从他古说,道是"鸷而有别"之类。

(5)问:"存心多被物欲夺了。"曰:"不须如此说,且自体认自家心是甚物?"

"甚物事"应该是在"甚物"的后面加上一个后缀,因为我们没有发

现"甚物"作定语的其他用例，而且"甚物事"从语义和功能上看都是一个整体，与"甚物"一样都主要做"是"的宾语。例如：

（6）曾点漆雕开已见大意，只缘他大处看得分晓。今且道他那大底是甚物事？天下只有一个道理，学只要理会得这一个道理。

（7）不然，是行个甚么？忠是甚物事？信是甚物事？

（8）曰："某之意，不欲其只说复礼而不说'礼'字。盖说复礼，即说得着实；若说作理，则悬空，是个甚物事？"

（9）"小过，小者过而亨"，不知"小者"是指甚物事？

（10）曰："公也只是仁底壳子，尽他未得在。毕竟里面是个甚物事？"

5.2.3.2　甚

"甚"用于特指问中，主要功能是作宾语、定语。例如：

（1）如以象言，则公是甚？射是甚？隼是甚？高墉是甚？

（2）学是学个甚？

（3）夜气不足以存，是存个甚？

（4）秋时又把甚收？冬时又把甚藏？

（5）这处更有甚私意来？

（6）问："凡人所以矜伐者，其病根在甚处？"

（7）曰："非独是许行，如公孙龙'坚白同异'之说，是甚模样？"

（8）乾以易知，坤以简能，是甚意思？

例（1）～（4）是作宾语，其中例（4）是在连动结构中作第一个动词的宾语；例（5）～（8）是作定语，可以修饰各类名词。

另外"甚"还可以与其他成分一起构成一个相对稳定的结构，其中最多的是与"做（作）"构成"做（作）甚"，共有 32 例，其中用于特指问的有 17 例。例如：

（9）曰："所谓'曲意徇物，掠美市恩'，其用心要作甚？"

（10）颜子当时却不解做别事，只恁地"克己复礼"作甚？

（11）先生说："沈持要知衢州日，都下早间事，晚已得报。"闳祖云："要知得如此急做甚？"

（12）某只是说一个"涵泳"，一人硬来安排，一人硬来解说。此是随语生解，支离延蔓，闲说闲讲，少间展转只是添得多，说得远，却要做甚？

（13）曰："盖党是己私，仁是天理。识得过底是己私，便识得不过底是天理。"曰："如此，则却常留个过与己私在傍边做甚？"

有时"做（作）甚"也用作"则甚"。在《朱子》中，"则甚"共有11例。例如：

（14）伊川令学者看圣贤气象。曰："要看圣贤气象则甚？""且如看子路气象，见其轻财重义如此，则其胸中鄙吝消了几多。"

（15）向见吕伯恭甚忽之，问："须取他铭则甚？"曰："但见他说得好，故取之。"

（16）若果为义理作时，何不直述一件文字，如中庸大学之书，言义理以晓人，须得画八卦则甚？

（17）赵善誉说易云："乾主刚，坤主柔，刚柔便自偏了。"某云："若如此，则圣人作易，须得用那偏底在头上则甚？"

"甚"还与"因"构成"因甚"，用于询问原因，相当于"为什么"，共有30例。在句中作状语。例如：

（18）既时习，如何便能说？"有朋自远方来"，朋友因甚而来自远方？我又何自而乐？

（19）若不尽见，必定有窒碍处。若谓只"言忠信，行笃敬"便可，则自汉唐以来，岂是无此等人，因甚道统之传却不曾得？

（20）"且如今人被些子灯花落手，便说痛。到灼艾时，因甚不以为痛？""只缘知道自家病合当灼艾，出于情愿，自不以为痛也。"

（21）天命是这许多柄子，天命是源头来处。又曰："因甚恁地知得来处？"

（22）此言亦似子路模样。然子路因甚如此说？毕竟亦未见得。

"甚"还与"为"构成固定结构形式"为甚",用于询问原因,相当于"为什么",在句中作状语。共有 6 例。例如:

(23) 曰:"说文义,大概也只如此说,然更有意思在。世间千歧万路,圣人为甚不向别路去,只向这一路来?"

(24) 毋自欺有多少事,他却只就"小人闲居为不善,见君子而后厌然,其不善而着其善"处说。为甚先要去了这个?

(25) 曰:"且如《论语》说'孝弟为仁之本',因甚后便可以为仁之本?"

我们只发现了一例用"为甚么"的用例,是单独设问的。此例如下:

(26) 然又须思量,所以致得四方士人苦死都要来赴太学试,为甚么?这是个弊端,须从根本理会去。

5.2.3.3　甚底

"甚底"用于特指问,相当于"什么",共 17 例,主要是作宾语,有少量的作定语。例如:

(1) 漆雕开"吾斯之未能信",斯是甚底?他是见得此个道理了,只是信未及。

(2) 曰:"只是看得未熟耳。若熟看,待浃洽,则悦矣。"先生因说窝:"读书看义理,须是开豁胸次,令磊落明快,恁地忧愁作甚底?"

(3) 曰:"看得破时,真个是差异好笑。且如一阴一阳,便有对;至于太极,便对甚底?"曰:"太极有无极对。"

(4) 莹田玉谓:"好恶,情也。"曰:"只是好恶,却好恶个甚底?"

(5) 三者之中,"直"字尤切,今集注却似以直来养此气。曰:"不用直,却着甚底来养?"黎云:"集义工夫是养。"

(6) 人告颜子以"克己复礼",告仲弓以"出门如见大宾,使民如承大祭",告樊迟以"居处恭,执事敬,与人忠",告子张以"言忠信,行笃敬",这个是说甚底话?

（7）"盈虚如代"，如何不消长？既不往来，不消长，却是个甚底物事？

（8）将甚底物事去看他居上宽，为礼敬，临丧哀？

（9）《春秋》分明说"泰伯不从"，是不从甚底事？

例（1）~（5）是作宾语，其中例（5）是作连动结构的第一个动词的宾语。例（6）~（9）是作定语。

5.2.3.3 小结

《朱子》中构成询问的"甚（什）么"系疑问代词及其复合形式的用法见表5－2。

表5－2 "甚（什）么"系疑问代词及其复合形式的用法

疑问形式	询问														合计（例）
	功能						语义								
	主语	谓语	宾语	定语	状语	补语	事物	处所	行为	情状	方法	原因	时间	人物	
甚 么			+	+			+			+					51
什 么			+	+			+			+					4
甚么样				+						+					2
甚 物				+			+								7
甚物事	+		+	+			+								8
甚	+			+			+			+					185
作 甚		+										+			5
做 甚		+										+			12
则 甚		+										+			11
因 甚					+							+			30
为 甚					+							+			6
为甚么		+										+			1
甚 底			+	+			+					+			17

从表5－2及前文所述，可以看到：

《朱子》特指询问句中的"甚（什）么"系的形式比较丰富，共有13个，都是在近代汉语中产生的，它们广泛用于特指问句中。与前一个时期的《祖堂集》相对照可以发现，在《祖堂集》中"甚么"系疑问词都写作"什摩"（叶建军，2010），而在《朱子》中，绝大部分都写作"甚（么）"。

与"何"系疑问词不同，"甚么"系疑问词的语义和句法功能都相对集中，而且使用的频率也参差不齐，其中"甚"用得最多，共有 185 例，而由"甚"构成的复合形式如"甚么"、"甚么样"、"甚物"、"甚物事"、"作（做、则）甚"、"为甚"、"为甚么"等的出现次数都很有限，我们可以认为这些形式不是一个稳定性很强的固定格式，而是处于初步发展的阶段。另外所有的这些疑问词除了用于特指问以外，还有虚指、反诘、任指等多种用法。

5.3 "那"系特指问句

《朱子》中"那"系特指问句包含疑问代词"那"及其复合形式"那个"、"那里"、"那处"。共有 50 例。

5.3.1 那

"那"在《朱子》中共出现 129 次，其中用于特指问的只有 5 例，有 37 例用于反问句，另用作指示代词的有 87 例，在这里我们只讨论用作特指问的情况。

"那"用于特指问只有 5 例，其中一例是单独作主语，另外几例是作定语修饰一个名词性成分构成偏正结构，共同充当一个句法成分。例如：

（1）舍自云："我则能无惧而已。"问："那是孟施舍守约处？"曰："孟施舍本与北宫黝皆只是勇夫，比曾子不同。"

（2）今求此心，正为要立个基址，得此心光明，有个存主处，然后为学，便有归着不错。若心杂然昏乱，自无头当，却学从那头去？又何处是收功处？

（3）问："'疾，君视之，方东首。'常时首当在那边？""《礼记》自云寝常当东首矣。"

（4）又曰："看文字须是得个骨子。诸公且道这动箴那句是紧要？"道夫云：""顺理则裕'，莫是紧要否？"

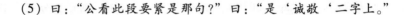

（5）曰："公看此段要紧是那句？"曰："是'诚敬'二字上。"

例（1）是"那"单独作主语，询问处所。例（2）、（3）分别与方所词"头"、"边"构成名词性结构"那头"、"那边"，分别作介词"从"、"在"的宾语，构成一个大的介宾结构，用于询问处所，在句中作状语。例（4）、（5）都是和"句"构成名词性结构，在例（4）中作兼语结构中的兼语成分，在例（5）中作动词"是"的宾语，相当于"哪一句"，用于询问对象。

5.3.2 那里

"那里"在《朱子》中共54例。其中用于指示代词的有8例，用于反问的有24例，只有21例用于特指问。在特指问句中，"那里"主要是询问处所，在句中充当宾语和状语。例如：

（1）曰："天之春生冬藏时，合有个心。公且道天未春生冬藏时，有个心在那里？这个是天之生物之心，无停无息，春生冬藏，其理未尝间断。"

（2）植举曾点言志，明道云："盖与圣人之志同。"先生诘云："曾点与圣人志同在那里？"

（3）未能如此，只管说种东种西，其实种得甚么物事！又曰："某尝说佛老也自有快活得人处，是那里？"

（4）每日靠甚么做本？从那里做去？公却会说得个头势如此大。

（5）曰："道理固是恁地。而今有此事到面前，这道理又却那里安顿？"

（6）未殡以前，如何得一一恁地子细？只如含饭一节，教人从那里转？那里安顿？

（7）只是他意思却是仁。火那里见得是礼？

（8）如矮子看戏相似，见人道好，他也道好。及至问着他那里是好处？元不曾识。举世皆然，只是不曾读，熟读后自然见得。

（9）大凡为学，最切要处在吾心身，其次便是做事，此是的实紧切处。又那里见得如此？须是圣人之言。

例（1）～（3）是作宾语，（4）～（6）例是作介词的宾语，构成介宾结构在句中作状语，（7）～（9）例是直接作状语。

5.3.3 那个

"那个"在《朱子》中共 34 例。其中用于指示代词的有 9 例，用于反问的有 10 例，有 15 例用于特指问。在特指问中，"那个"主要是用来询问对象，在句中充当主语和宾语。例如：

（1）问："不器，是那个君子？"曰："此是成德全才之君子，不可一偏看他。"

（2）问："如何是两件统八件？不知分别那个四件属'尊德性'？那个四件属'道问学'？"

（3）某尝谓《春秋》难看，平生所以不敢说着。如何知得上面那个是鲁史旧文，那个是夫子改底字？

（4）曰："有'观'字，有'过'字，有'知'字，不知那个是仁？"或谓："观，便是仁事在那里。"

（5）或问："克己之私有三：气禀，耳目鼻口之欲，及人我是也。不知那个是夫子所指者？"曰："三者皆在里。"

（6）有一兵逐根拔去，耘得甚不多，其它所耘处，一齐了毕。先生见耘未了者，问诸生曰："诸公看几个耘草，那个快？"诸生言诸兵皆快，独指此一人以为钝。

（7）曰："哀、惧是那个发？""看来也只是从恻隐发，盖惧亦是怵惕之甚者。"

例（1）、（2）是作定语，例（3）～（6）是作主语，例（7）作兼语句中的兼语成分。

5.3.4 那处

"那处"在《朱子》中共有 11 例。其中用于特指问的有 9 例，用于反问的有 2 例。在特指问句中，"那处"主要是询问处所，在句中主要充当宾语，偶尔作主语。例如：

（1）只是常教此心存，莫教他闲没勾当处。公且道如今不去学问时，此心顿放那处？

（2）城池在那处？宫殿在那处？亦何必说是雍州之地？

（3）"中"字亦有何形象？又去那处讨得个"中"？

（4）曰："理无极，气有极否？"曰："论其极，将那处做极？"

（5）问："俭就那处看？"曰："俭只是用处俭，为衣冠、服饰、用度之类。"

（6）及至文定，遂以"性善"为赞叹之辞；到得致堂五峰辈，遂分成两截，说善底不是性。若善底非本然之性，却那处得这善来？

（7）其意谓必有勇力担当得起，方敢不动其心，故孟子下历言所以不动心之故。公道那处是一章紧要处？赵举"持其志无暴其气"为对。

例（1）、（2）是直接作宾语，例（3）、（4）、（5）是在连动结构中作第一个动词的宾语，例（6）是作主语，例（7）是在兼语结构中作兼语成分。

5.3.5　小结

《朱子》中"那"系的使用情况见表5－3。

表5－3　《朱子》中"那"系特指疑问句的使用情况

疑问形式	询问													合计（例）
	功　能						语　义							
	主语	谓语	宾语	定语	状语	补语	事物	处所	行为	情状	方法	原因	时间	人物	
那	+		+				+	+							5
那里			+		+			+							21
那个	+		+				+								15
那处	+		+					+							9

从表5－3前面的分析可以看出：

《朱子》中"那"系用于特指问的形式和功能相对来说比较简单和集中，共只有4个疑问形式，总的出现频率也不高，主要是用来询问处所，少数询问事物，功能上以作定语为主，也有作主语和状语的，相比而言要少很多。"那"系用于反问句的频率要比用于特指问高不少（见反问句一章）。

5.4 "怎"系特指问句

"怎"及其复合形式是近代汉语新兴的疑问代词。关于"怎"及其复合形式的来源，诸家意见不一。张相（1979：383）认为："作么，即'作甚么'之省文，犹'怎么'也。"高名凯（1948）则指出：禅宗语录的"作么"多半有"作甚么"，即现代的"干吗"之义。吕叔湘（1985：309）则说："怎么的来源曾经有过种种附会，其实是平淡无奇的。禅宗语录里有多至不可胜数的'作么'和'作么生'，很明显的，'怎'只是'作'字受了'么'字的声母的影响而生的变音，而'怎生'是'怎么生'省缩的结果。"冯春田（2000：212～213）则认为"实际上'怎'及其复合形式的来源似并不简单"。他用大量的事例分析了"怎"及其复合形式的"作什么（摩）"、"作么（摩）"、"怎么"、"作么（摩）生"、"怎么生"，最后得出的结论是：宋代的疑问代词"怎生"来源于唐五代时的"作么生"，五代时期的"怎生"；通过"作么（勿，没）生"的音变省缩而形成，此期又偶尔有省缩而可能未发生音变的"作生"出现；"怎"从基本情况而言，是"怎生"的省缩，而不是相反的"怎"缀以词尾"生"形成"怎生"。至于"怎么"的来源，冯先生又说：疑问代词"怎么"目前可由用例证明是形成于宋代；如果从同类文献的角度看，由五代及宋代的禅宗文献，如《祖堂集》、《景德传灯录》比较的结果，是先有"怎么生"和"怎生"，而未见疑问代词"怎么"。因此，用于动词之前的"怎么"的直接来源很可能就是"怎么生"，而"怎么生"则来源于"作么（摩）生"。

5.4.1 "怎生"

"怎生"在前期主要用于询问，从宋代以后，又发展出反问和非疑问的用法。

"怎生"用于询问：

（1）吕相责云："先生不可如此，圣人当时不曾如此，今先生教朝廷怎生则是？"答曰："相公见圣人，不如此处怎生？……"（《二程集》）

（2）范尧夫曰："先生怎生记得许多？"（同上）

在《朱子》中"怎生"用于特指问的有 18 例。例如：

（3）至于颜子"三月不违仁"，又如何其余便不及此？又怎生恁地难？

（4）曰："这般事便是难说。献公在日，与他说不听，又怎生奈何得他？"

（5）明道曰："可知是学不成，有多少病在。莫是如伊川说：'若不知得，只是觑却尧学他行事。'无尧许多聪明睿智，怎生得似他动容周旋中礼？"

（6）问："'外丙二年，仲壬四年'，先生两存赵氏程氏之说，则康节之说亦未可据耶？"曰："也怎生便信得他？"

（7）所以谓之不愚，而其所以至此下愚者，是怎生？

"怎生"多作谓语修饰语，如上（3）～（6）。我们发现 1 例作宾语，如（7），从意义上看，"怎生"相当于"如何"、"怎样"，用于询问事情因由等。

"怎生"还可加上词尾"地"，构成"怎生地"，在《朱子》中共有 5例。例如：

（8）某地尝疑如石林之说固不足信，却不知上蔡地恁地说，是怎生地？

（9）因云："宰我见圣人之行，闻圣人之言，却尚有这般疑，是怎生地？"

（10）一夕，遣介召入卧内，诸生亦无所请。先生怒曰："诸公恁地闲坐时，是怎生地？恁地便归去强，不消得恁地远来！"

（11）须知得是引个甚么？是怎生地不发？又是甚么物事跃在面前？

（12）自"喜怒哀乐未发谓之中"至"天地位焉，万物育焉"，道怎生地？这个心才有这事，便有这个事影见；才有那事，便有那个事影见？

"怎生"用于反问，这在宋代有许多用例，在《朱子》中共有 5 例（详见反问句一章）。

"怎生"用于非疑问。主要用于指代，是指称不知、未知或需知而未知以及不必称说或者无法明确称说的事、情况等。例如：

（13）如七十子于仲尼，得他言语，便终身守之，然未必知道这个怎生是，怎生非也。（《二程集》）

（14）有托生者，是偶然聚得气不散，又怎生去凑着那生气便再生，然非其常也。

（15）事事要理会，便是人说一句话，也要思量他怎生如此说；做一篇没紧要文字，也须思量他怎生如此做。

（16）不知后来怎生不可晓。

（17）如雁门斩首四首，不知怎生杀了许多；长平之战，四十万人坑死，不知如何有许多人！

（18）见他不是，须子细推厚怎生不是，始得。

有时在一定的句子语境中表示赞叹或夸张：

（19）不知孟子怎生寻得这四个字恁地好！

表非疑问的"怎生"后面也可以用词尾"地"，多见于宋代，在《朱子》中有大量的用例：

（20）只要你实去体察，行之于身，须是真个明得这明德是怎生地明，是如何了得它虚灵不昧。

（21）大概伏生所传许多，皆聱牙难晓，分明地他又却不曾记得，不知怎生地。

（22）皋陶问他如何，他便说地要恁地孜孜，却不知后面一段是怎生地。

（23）伯恭教人，不知是怎生地至此。

5.4.2 "怎"

"怎"单用也见于宋代，但用例比"怎生"少得多。和"怎生"一样，"怎"也可以表询问、反诘和非疑问，后面也可以带上词尾，形成"怎地（的）"。

"怎"用于询问。例如：

（1）伊川云："尧夫怎知某便知？"（《二程集》）

（2）此三句怎如此说？

（3）怎见得山庄？巍巍侵碧汉，望入青天。（《张协状元》）

上例"怎"作状语，修饰谓语中心语，（1）、（2）两例是问事由，（3）例是一个设问句。

据冯春田（2000：219）观察，"怎地（的）"大约始于金代，其举例如：

（4）将军手下有许多兵，怎地停泊？（《董西厢》）

（5）皇甫殿直把简贴儿和休离的上件事，对行者说了一遍。行者曰："却是怎地？"（《简贴和尚》）

（6）丈夫回来，交我怎的见他分说？（《错认尸》）

（7）怎的是撤签背念书？怎的是免帖？（《老乞大》）

（8）你怎的不望他题一字儿？（《金瓶梅》）

由上述用例可以看见，"怎地（的）"在语法分布上比"怎"广，而且表义也更加丰富。我们认为主要是因为"怎"在宋代处于发展的初期。

"怎"在《朱子》中用于特指问句，共有6例，都在句中作状语。例如：

（9）方其有阳，怎知道有阴？方有乾卦，怎知更有坤卦在后？

（10）遂以夫人姜氏至自齐，恐是当时史官所书如此。盖为如今鲁史不存，无以知何者是旧文，何者是圣人笔削，怎见得圣人之意？

（11）不然，子思何故说个"天命之谓性，率性之谓道，修道之谓教"？此三句是怎如此说？

（12）只是因诸公问，不得不说。他是向一边去拗不转了，又不信人言语，又怎奈何他？

"怎"用于非疑问的情况很少见，在《朱子》中仅发现 1 例：

（13）看《易》，须是看他卦爻未画以前是怎模样，却就这上见得他许多卦爻象数，是自然如此，不是杜撰。

5.5　"谁"系特指问句

《朱子》中"谁"系特指问句主要就是用"谁"来询问，共 64 例。其中有 57 例用于特指问句，有 7 例用于反问句。用于特指问的时候主要是询问人，可以作主语、宾语、定语以及在兼语结构中作兼语成分。

"谁"做主语：

（1）求之古人，谁可当之？

（2）先生忽问王子合曰："吾之于人也，谁毁谁誉？"

（3）若其中险深不可测，则谁亲之？

（4）过与不及，皆不济事。但仁敬慈孝，谁能到得这里？

（5）问："诸家易除易传外，谁为最近？"

（6）问："王沂公云：'恩欲己出。'怨使谁当？"

"谁"放在"是"或"有"的后面，做兼语成分中的兼语。例如：

（7）只当商之季，七颠八倒，上下崩颓，忽于岐山下突出许多人，也是谁当得？

（8）若人人择利害后，到得临难死节底事，更有谁做？

（9）不知物上道理却是谁去穷得？

（10）子升问："仪礼传记是谁作？"

（11）蔡问："'皆原于道德之意'，是谁道德？"

（12）问："姚平仲劫寨事，是谁发？"

（13）未审此诗引经附传，是谁为之？

（14）且吾侪无望于复古，则风俗更教谁变？

（15）器之问："寿皇行三年之丧，是谁建议？"

（16）祀灶，则以谁为尸？

（17）顾文蔚曰："且如公有谁鞭辟？"

（18）问："以穷理为用心于外，是谁说？"

"谁"做宾语：

（19）问："集注所载范浚心铭，不知范曾从谁学？"

（20）问："前此从谁学？"

（21）恭父问："诗章起于谁？"

（22）曰："却是指谁？"

（23）曰："当时不使他，更使谁？"

（24）问："都不曾见谁？"

（25）先生问："湘乡旧有从南轩游者，为谁？"

（26）又问："岳侯以上者，当时有谁？"曰："次第无人。"

（27）如口会说话，说话底是谁？目能视，视底是谁？耳能听，听底是谁？

其中（19）～（21）例是做介词的宾语，构成介宾结构一起在句中作状语。例（21）是将介宾结构放在动词的后面，是一种仿古的形式。

"谁"做定语：

（28）易中"无咎"有两义，如"不节之嗟"无咎，王辅嗣云，是他自做得，又将谁咎？

（29）或问："易解，伊川之外谁说可取？"

（30）学道又杂佛学者，但歇一月工夫，看谁边有味？佛氏只歇一月，味便消了。

（31）蔡问："'皆原于道德之意'，是谁道德？"曰："这道德只自是他道德。"

（32）不知"小人同而不和"，却如谁之类？

我们另外发现了两例分别用"谁者"和"谁底"的用例，这种用法相当于现代汉语中的"的"字结构，都在句中作主语。例如：

（33）或问："书解谁者最好？"
（34）木之问："书解谁底好看？"

"谁人"尽管在上古汉语中就出现了，但它一直是一个使用频率不太高的词，在《祖堂集》中共出现过 7 次（叶建军，2001）。在《朱子》中共有 4 例，其中 3 例用于反问句中，只有 1 例用于特指问，而且这个特指问是用在设问句中，有自问自答的性质。如：

（35）及其"吉凶与民同患"，却"神以知来，知以藏往"。谁人会恁地？非古人"聪明睿知、神武而不杀者"不能如此。

5.6　"几"系特指问句

这里所说的"几"系特指问句是指包括疑问代词"几"、"几何"、"几多"、"几时"、"多少"、"大小"等构成的问句。"几"类疑问代词都是用来询问数量的，且使用频率不高，所以从宽泛的角度将它们都归并在"几"系之下。

5.6.1　"几"特指问句

"几"是一个使用时间特别长的词，自上古就已经开始使用，现代汉语中仍然常用。在《朱子》中，"几"用于特指问共只有 12 例，都是作定语，用于询问数量，"几"与名词（如"人、时"）、准量词（如"年"）或量词（如"道"、"代"、"遍"、"卷"）构成名词性结构，共同在句中主语、宾语、定语和谓语。例如：

（1）他人自不能入耳，非高远也。七十子之徒，几人入得？
（2）李守约问："祭殇，几代而止？"曰："礼经无所见。"

（3）曰："自去检点。且一日间试看此几个时在内？几个时在外？

（4）叔器问："天有几道？"曰："据历家说有五道。"

（5）叔器问："士庶当祭几代？"曰："古时一代即有一庙，其礼甚多。"

（6）公今赴科举是几年？公文字想不为不精。

（7）问学者："诵诗，每篇诵得几遍？"曰："也不曾记，只觉得熟便止。"

（8）世昌曰："陆先生既有书院，却不曾藏得书，某此来为欲求书。"曰："紧要书能消得几卷？某向来亦爱如此。"

（9）如今又去赴官，官所事尤多，益难得余力。人生能得几个三五年？须是自强。

（10）先生问广："到此几日矣？"广云："八十五日。"

（11）问："公留意此道几年？何故向此？"

例（1）～（3）分别是"几＋名、几＋量、几＋量＋名"，构成的名词性结构都作主语；例（4）～（9）都是构成名词性结构作宾语，其中（4）～（8）都是由"几＋量"构成的，（9）是"几＋量＋名"形式，（7）、（8）中的"诵得"、"消得"是一个动词性成分，（9）中的"得"是动词；例（10）、（11）是作谓语，其中（10）是动词性成分作主语，"几日"作其谓语；（11）是一个主谓结构作主语，"几年"作谓语。

5.6.2　"几时"特指问句

"几时"我们把它当做一个较为固定的结合形式来看待，因为两个成分经常结合在一起使用，所以在这里单独列出来。"几时"用来询问时间，在《朱子》中出现 11 例，除了有 2 例用于反问句外，有 9 例是用于特指问，在句中都作状语。例如：

（1）如·"以怨报怨"，则日日相捶斗打，几时是了？

（2）一日十二时中有几时在躯壳内？与其四散闲走，无所归着，何不收拾令在腔子中。

（3）张戒见高宗。高宗问："几时得见中原？"戒对曰："古人居安思危，陛下居危思安。"

（4）曰："学者固当以圣人为师，然亦何须得先立标准？才立标准，心里便计较思量几时得到圣人？"

（5）曰："人一个心，终日放在那里去，得几时在这里？孟子所以只管教人'求放心'。"

5.6.3 "几何""几多"特指询问句

疑问代词"几何"也是在上古汉语中就已经出现了，在《朱子》中共有6例，除1例用于反问外，另5例都用作特指询问，主要是问数量，相当于"有多少"或"多少"，在句中作谓语和宾语。例如：

（1）泉府掌以市之征布，敛货之不售者，或买，或赊，或贷。贷者以国服为息，此能几何？

（2）《楞严经》只是强立一两个意义，只管叠将去，数节之后，全无意味。若《圆觉经》本初亦能几何？只鄙俚甚处便是，其余增益附会者尔。

（3）魏才仲请见。问："吾友年几何？"对云："三十七。"

（4）不知名园丽圃，其费几何？日费几何？

例（1）、（2）、（3）作谓语，分别询问钱的数量、意义的多少、年纪的大小。例（4）是作宾语，问花费"多少钱"。

"几多"在《朱子》中只出现3次，其中1例用于反问，2例用于特指问，询问数量，相当于"多少"，都作定语，例如：

（5）孟子说"知言"处，只有荒、淫、邪、遁四者。知言是几多工夫？

（6）且如公一日间，曾有几多时节去体察理会来？若不曾如此下工夫，只据册上写底把来口头说，虽说得是，何益！

5.6.4 "多少"特指询问句

"多少"一词"来源于表示多和少的并列短语'多少'，到唐代成了一个完整的词"（太田辰夫，2003）。在《朱子》中"多少"询问句共6

例，1 例用于反问，5 例用于特指问，用于询问程度和数量，在句中作状语、宾语和定语。例如：

（1）若一个紫衫凉衫，便可怀袖间去见人，又费轻。如帽带皂衫，是多少费？穷秀才如何得许多钱？

（2）问叔器："《论语》读多少？"曰："两日只杂看。"

（3）心无限量，如何尽得？物有多少，亦如何穷得尽？但到那贯通处，则才拈来便晓得，是为尽也。

（4）四方上下曰"宇"，古往今来曰"宙"，无一个物似宇样大：四方去无极，上下去无极，是多少大？无一个物似宙样长远：亘古亘今，往来不穷！

（5）或问太极。曰："看如今人与太极多少远近？"

例（1）、（2）、（3）询问数量，其中（1）作定语，（2）、（3）作宾语，（4）、（5）是询问程度，作状语，相当于询问有"多大"、"多远"。

5.7　疑问语气词"呢"的来源再分析

5.7.1　关于语气词"呢"

"呢"的来源是一个比较复杂的问题。王力在他的不同时期的研究中，就修改过自己的观点。[①]吕叔湘（1984）、太田辰夫（1987）也曾就"呢"的来源问题谈过自己的观点。另外还有胡竹安（1958）、江蓝生（1986）、曹广顺（1986、1995）、朱庆之（1991）、蒋绍愚（1994）、孙锡信（1999）、冯春田（2000）等都发表过自己的见解。在《朱子》中没有出现疑问语气词"呢"及其相关形式，但作为汉语中一个十分重要的疑问语气词，在讨论问句系统时有必要论及，在这里谈一谈自己的一点想法。

现代汉语语气词"呢"有两类：表疑问语气（称为呢$_1$）和不表疑问语气（称为呢$_2$）。呢$_1$和呢$_2$现在都用"呢"字，古代同用一个"尔"字

---

① 王力：《汉语史稿》（科学出版社，1958）中，认为"呢"的来源颇难确定。到了《汉语语法史》（商务印书馆，1989）中，则认为"呢"的最初的来源一个是"那"，另一个是"哩"。

（据杨树达《词诠》）。但到了近代汉语里，呢₁在早期白话资料里很少见，而呢₂有了新的来源。吕叔湘先生在《释景德传灯录中在著二助词》一文中认为"呢"（即呢₂）是"哩"的变形，而"哩"源于"在裏"，简言"在裏"或"裏"字俗书又写作"里"、"俚"、"哩"等。吕先生引用大量唐宋文献以及现代方言（苏州话）加以论证，其结论很可信。

关于呢₁的来源，王力先生在《汉语史稿》中认为："从语音上说，从'尔'变成'呢'是说得通的，但是，从上古到近代，中间有将近一千年的空白点，历史的联系无从建立起来。"江蓝生先生（1986、1992）不仅列举了一些魏晋南北朝时期"尔"字用作呢₁的例子，填补了一些从《公羊传》到《祖堂集》之间的空白，更重要的是对呢₁进行了全面的历史调查，详细论证了呢₁的发展演变过程，建立了从"尔"变为"呢"的历史联系，即：（五代）聻、你、尼→（北宋）你、那→（金元）那、哩、呢→（元明）哩、呢→（清）呢。① 最后江先生把分析结果形成表格。因为下文要经常参见它，现转录如下（见表 5-4）。

表 5-4　江蓝生对"呢"的强度的分析结果

文献＼句式用字	疑问（呢₁）							非疑问（呢₂）
	(A) 特指问	(B) N+呢	(C) 选择问			(D) 反问	(E) 假设问	
			句末	句中	句中并句末			
唐宋笔记								在裏、在、裏、里
《祖堂集》	聻、你	聻、你、尼						那
《景德传灯录》		你、那						在
宋元话本								哩
《董西厢》	那			那				
元杂剧	那、哩、呢	呢、哩	那	那	那	那、呢	呢	哩、那

① 江蓝生先生这篇文章发表在《语文研究》1986 年第 2 期，后收录在《近代汉语虚词研究》、《近代汉语探源》中，三处略有不同，本书主要参用《近代汉语虚词研究》（刘坚、江蓝生等）一书中虚词专论"语气助词呢（哩）"部分，语文出版社，1992，第 166~182 页。

续表

用字　　句式　　文献	疑问（呢₁）							非疑问（呢₂）
	(A) 特指问	(B) N＋呢	(C) 选择问			(D) 反问	(E) 假设问	
			句末	句中	句中并句末			
《朴通事》、《老乞大》	那、裏			那	那			裏（裡）
《水浒传》								哩
《西游记》	哩	呢、哩	哩				哩	哩、呢
《金瓶梅》	哩	哩						哩
《儒林外史》	哩、呢	呢		呢	呢			哩
《歧路灯》	哩、呢	呢、哩			哩	呢		哩、呢
《红楼梦》	呢	呢	呢	呢	呢	呢	呢	呢
《儿女英雄传》	呢	呢	呢		呢	呢	呢	呢、哩

说明：少见或偶见者用字下加圆点表示，仅见者一般不列入表内。

江先生认为，呢₁和呢₂在唐代开始分用，并且沿着各自的道路发展演变，由于它们同出一源，因此在用字方面有混同的情况。江先生这篇文章材料丰富翔实，其中有很多论述令人信服，其结论可以说已经成为定论。现在一般都认为"呢₁"来源于"聻"、"那"。但是反复阅读这篇文章就会发现，根据江先生的调查材料来看，我们也可以得出另外一个结论：唐以后的呢₁和呢₂并不是沿着两条线各自发展的，二者的混用也不仅仅是用字的问题。我们认为：呢₁和呢₂的发展始终是紧密联系在一起的，呢₁是从呢₂发展而来的。下面根据江先生提供的材料重新分析呢的来源。[①]

5.7.2　呢₁各时期的发展情况

5.7.2.1　五代与北宋

唐代，口语成分已经较多地出现在书面语中，然而即使在敦煌俗文学作品那样十分接近于当时口语的资料中，也未能找到语音和用法两方面都与呢₁相当的语助词。只在五代时《祖堂集》里保存着呢₁的可贵线索，此时写作"聻"，有时也写作"你"。可以用于特指问和"N＋呢"型问，现各举一例。

[①]　这里所用语言材料均来自江先生的文章，除在正文中提到的以外其余不一一注明。

（1）夹山问："这里无残饭，不用展炊巾。"对曰："非但无有，亦无者处。"夹山曰："只今聻?"对云："非今。"

（2）师问黄檗："笠子太小生。"黄檗云："虽然小，三千大千世界总在里许。"师云："王老师你?"黄无对。（另有一处写作"尼"）

（3）师问："云岩作什摩?"对曰："担水。"师曰："那个尼?"对曰："在。"

江先生认为：同一部书中呢₁的用字有"聻"、"你"、"尼"三种，说明此时尚无一个统一的汉字来标写它。"尼"字与后来的"呢"形体、声音更为接近，它的出现是一个很重要的现象。我们认为呢₁在沉寂了近300年（整个唐代都不见）以后再次出现，使用范围很小，仅限于禅宗语录里，又有不同形式，这说明呢₁的地位还很不稳固。至于仅出现一次的"尼"，我们认为是孤证，可信度值得怀疑，而且从表5－4中可以看出，此前此后"尼"一次都未出现。

汉语中虚词是一种重要的语法手段，特别是疑问语气词，不仅有助疑的作用，有的还可以传疑，句子依靠它来表达疑问，如"N＋呢"型中的"呢"。在"尔"退出历史舞台之后，经过一段时间的酝酿，五代时产生的"聻（你）"填补了这一空位。我们可以从音、义两方面都能看出"尔"与"聻（你）"的联系。但是"聻（你）"不仅使用范围狭窄，而且存在的时间也很短暂，此后"聻"一次也未出现，"你"只在《景德传灯录》中出现过两次。如果说"聻（你）"是"呢₁"的源头，作为一个重要的语助词，其生命为什么会如此短暂？所以我们认为"呢₁"来自"聻（你）"理由不充分。可以认为"聻（你）"只是一个临时性的与"尔"语音上相近的代用品。而且在宋代近320年的时间里呢₁的例子在禅宗语录中不多，在其他资料如史传、笔记、诗词、话本等中更是寥寥无几。

再看呢₂，情形与呢₁形成鲜明对比，它在唐代就有了新的来源"在"、"在裏"，并普遍使用，在宋代呢₂作"哩"、"里"也已常见（详见吕叔湘，1985）。由此我们可以推测：呢₁、呢₂本同为"尔"，在这种强弱对比之下，呢₂从宋代开始逐渐承担呢₁的职务。为区别起见呢₁写作与"聻"音近的"那"。如果假设成立，我们就可以合理地解释呢₁、呢₂用字混同的现象。稍后于《祖堂集》的《景德传灯录》由北宋僧人道原编辑，其内容多采自前者，其中呢₁很少见，作"你"作"那"的各有两例。如：

（4）师问南泉近离什么处来。云："江西。"师云："将得马师真来否？"泉云："只遮是。"师云："背后底你？"无对。（《景德传灯录》卷八）

（5）曰："此人意作么生？"师曰："此人不落意。"曰："不落意此人那？"师曰："高山顶上无可与道者哈啄。"（卷十七）

当然有时候在用字上也会出现混同，表呢₂的"哩"、"里"直接用于呢₁，这更能体现呢₂具有呢₁的功能。在南宋的资料里发现两例：

（6）看如今怎奈何刘麟去哩？（绍兴甲寅通和录，《三朝北盟会编》卷一六二）

（7）上了灯儿，知是睡哩？坐哩？（惜香府，国学基本丛书影印汲古阁《宋六十家名词》）

5.7.2.2　金元

金代诸宫调《董西厢》里呢₁作"那"，其功能有限，主要用于选择问句，用于特指问句末的少见。例如：

（8）百媚莺莺正惊讶，道这妮子慌忙则甚那？（卷一）
（9）比及相逢奈何时下窖，你寻思闷那不闷？（卷一）

这和《祖堂集》中的"聻（你）"不同，后者主要用于一般特殊问句及"N＋呢"句型中。

到元代，杂剧中呢₁大量出现，字形仍多作"那"，功能逐步扩大，除用作选择问句外，还用于特指问句、反问句中，而且在选择问句中的位置要比《董西厢》多样。例如：

（10）你过门七日，谁与你递茶送饭那？（元曲《举案齐眉》一折白）

（11）你看我怎生问他讨那？（又，《看钱奴》一折白）

（12）自古及今，那个人生下来便做大官享富贵那？（元刊《拜月亭》三折白）

（13）题起那骊姬怕那不怕？（元刊《介子推》三折〔幺篇〕曲）

（14）可是由我那不那？（又四折白）

（15）且看姐夫是你绝户，还是我绝户那？（元曲《儿女团圆》二折白）

例（10）是特殊问；例（11）、（12）是反问；（13）～（15）是选择问，（13）中"那"用于句中，（14）中"那"兼在句中句末，（15）中"那"在句尾。

可以说至此"呢"的分工基本是明确的，呢$_1$用"那"，呢$_2$用"哩"，但也有不少混用的情况。"那"表示呢$_2$，而"哩"又表示呢$_1$。下面各举一例。

（16）等他过去了，才好杀人那。（元曲《谢金吾》三折白）

（17）你怎么量米哩？（元曲《陈州粜米》一折白）

用作呢$_1$的"呢"字终于在元人杂剧中出现，但比较少见，而且很少用于特指问句，多半直接用在名词后面询问处所，或在连续发问的场合，用于承前问，询问怎么样。例如：

（18）放了手，扯我怎么呢？（外编《刘弘嫁婢》一折白）

（19）〔正末指张郎云〕婆婆，我问你，这个是谁的？〔卜儿云〕是俺的。〔正末云〕这个呢？〔卜儿云〕这个是你的。（又《老生儿》二折白）

另外也有用于假设的。例如：

（20）那厮见你手段高强，被他藏了躲了呢？（元曲《昊天塔》二折白）

5.7.2.3　元明清代

对于元明清时期呢$_1$、呢$_2$的材料分析，我们遵从江先生的看法，江先生分为元明和清代两个时期，这里合为一个阶段。现大致概述如下（例略）。

早期供朝鲜人学汉语的两部会话书《朴通事》和《老乞大》约成书于元末，后几经修改，有后加成分，两部传写的当为元、明之际的汉语口语。书中呢$_1$作"那"，呢$_2$作"裹"，基本分用不混。

《水浒传》成书于元末明初，只见用如呢$_2$的"哩"字，不见用如呢$_1$的"那"、"呢"等字。这是由于《水浒传》是以南方官话为基础写成的，跟元杂剧一样的北方话不同。

《西游记》写在16世纪70年代，约明代中叶，语言以江淮方言为基础，书中呢$_1$、呢$_2$一般均用"哩"字，只有一部分"N＋呢"型用"呢"字。

《金瓶梅词话》成书于明代晚期，书中多用山东及江淮方言，只见"哩"字不见"呢"字。"哩"绝大多数用为呢$_2$，只有极少数用于疑问句。

清代前半期长篇白话小说《儒林外史》、《歧路灯》、《红楼梦》成书年代十分接近，但呢$_1$、呢$_2$的用字各不相同。《儒林外史》用下江官话写成，全书"哩"字多见，"呢"字少见，"哩"多用为呢$_2$，极少数用为呢$_1$，跟《西游记》大体一致。《歧路灯》略晚于《儒林外史》而稍早于《红楼梦》，多用河南方言。书中"哩"字兼呢$_1$、呢$_2$之职，而"呢"则基本只用为呢$_1$。《红楼梦》和清代后半期的白话小说《儿女英雄传》用北京口语写成，这两本书中呢$_1$和呢$_2$用字已无区别，几乎统统用"呢"字。可以说，到了《红楼梦》才在书面上完成了呢$_1$和呢$_2$用字统一（以上内容可参见表5-4）。

5.7.3 从以上的材料分析可以得出三点看法

第一，呢$_1$的来源

从上古《公羊传》到魏晋南北朝时期，语助词"尔"既表"决定之意，又表疑问"，即相当于现今的呢$_2$和呢$_1$，这一点江先生已经论证。唐代起"尔"不再出现，呢$_2$有了新的来源"裹、在"并在唐宋普遍使用。而呢$_1$则在五代时禅宗语录里才出现了"聻（你）"，由于"聻（你）"使用范围很小，没有得到充分发展，在短期内便趋于末路。而曾与之同源且生命力极强的呢$_2$便担负起呢$_1$之职，为区别起见，用与"聻"音近的"那"来表示呢$_1$，并且分工渐趋明确，呢$_1$用"那"，呢$_2$用"哩"。

第二，关于用字的地域性问题

江先生认为，呢₁在《董西厢》，元杂剧《朴通事》、《老乞大》等书中作"那"，而在《水浒传》中不出现，在《西游记》、《金瓶梅词语》、《儒林外史》等书中多作"哩"；又，当《儒林外史》主要用"哩"，"呢"字尚不多见时，与之几乎同时，《红楼梦》里"呢"字却取得了独占的地位。这种用字上的区别，反映了语言的地域特点。我们认为，地域特点固然是一个因素，但从金代的《董西厢》直到清《儒林外史》这么长的时间里那么多的作品中呢₁基本上用"那"、"哩"来写，绝不仅仅是地域性能解释的，而且它们所使用的语言都属于广义的官话，更重要的原因就在于表呢₁的"那"本身就是从呢₂分化出来的，因此在用字上难免有混同的情况。

至于《红楼梦》和《儿女英雄传》中全部用"呢"字，这却正好体现了地域特色。这两部作品是用北京话写的，太田辰夫（1991）在论及《红楼梦》的语言时说："曹雪芹创作《红楼梦》时使用北京话，并充分发挥这一特征这件事，在中国汉语史上值得大书特书。"他列举了北京话与广义的官话相区别的文法特征：

（1）第一人称带名词有包括式（inclusive）"咱们"和排除式（exclusive）"我们"的区别；

（2）有介词"给"；

（3）有助词"来着"、"呢"；

（4）有副词"别"（禁止）。

《红楼梦》正具有这些特征。反过来，北方话经常使用的助词"哩"和代词"俺"等，原则上不用。

第三，呢₁与呢₂用字的分合

至于最后又同归于"呢"字，江先生认为：（a）"呢"字由"尔"字变化而来，属于正宗，而"哩"是新兴的语气助词，产生之初只具有不表疑问的一种功能，因而在竞争中让"呢"字占了优势。（b）北京是元、明、清三个朝代的国都，由金元系的白话发展而来的北京话对其他地方的语言的影响自然要大得多。而我们认为，"哩"自唐产生至清前半期（具体形式有多种）一直延续不断，是一个发展成熟的语气词，不存在竞争中让"呢"字占了优势的情况。江先生分析的第二个原因很有道理，另外要补充一点：《红楼梦》作为思想内容和艺术效果高度融合的杰作，其影响是深远的，也正如太田辰夫先生所说的"在中国汉语史上值得大书特书"。由于后面的两个原因，使得"呢"最终代替了"哩"成为统一的书写形式。

5.8　本章小结

"特指问句"是《朱子语类》中用得最多的句式，表达疑问的主要手段是使用疑问代词，本章按所使用的疑问代词的不同，分别对它们的句法和语义类型进行了分析。

《朱子》特指问句系统可以分成六个小类。各类的使用频率有很大的差异，"何"系特指问最高，其次是"甚么"系，其他类就相对少多了，最少的"怎"系只有29例。具体的使用情况见表5－5。

表5－5　《朱子语类》特指问句使用情况

特指问句	"何"系	"甚么"系	"那"系	"怎"系	"谁"系	"几"系
次数	3791	339	50	29	57	33
比例（％）	88.2	7.9	1.2	0.7	1.3	0.7
合　计	4299					

特指问句的主要标记是疑问代词及其复合形式，《朱子》中的这些特指问代词在语义方面有的比较单一，有的则丰富多样，不过往往有一两种语义是最主要的。在句法功能上也体现出单一性和多样性的差异。

《朱子》特指问句中的特指疑问代词来源有不同的时代层次，有的是上古汉语就在使用，有的则来自中古汉语或近代汉语，它们的功能主要是用来询问，但是也有不少用在反问句中。

"何"系疑问代词及其复合形式在特指问句中出现的次数最多，占总数的88.2%。有"何"、"如何"、"以何"、"若何"、"何物"、"何者"、"何等"、"何处"、"何所"、"何在"、"何人"、"何故"、"因何"、"何以"、"何方"、"缘何"、"何似"、"何为"等，多达18个，都是在上古或中古就已产生的，其中"如何"是使用频率最高的，共有2169次，占

"何"系特指问总数的 57.2%，在语义上可以表示事物、情状、方法、原因等，句法上可以作主语、谓语、宾语、定语、状语和补语。"如何"不仅用于特指问句，也常用于反问句。

疑问代词"甚（什）么"系是近代汉语新兴的疑问代词，并且在近代汉语里使用都非常广泛，其用法也在发展和完善。其形式有"甚么"、"什么"、"甚么样"、"甚物"、"甚物事"、"甚"、"做（作）甚"、"则甚"、"因甚"、"为甚"、"为甚么"、"甚底"等。其中"甚"用得最多，另外"甚"还经常用于反问句中。

"那"系代词及其复合形式有"那"、"那里"、"那个"、"那处"，它们是近代汉语中新兴的代词，用于特指问句的共有 50 例，但在反问句中这四个代词使用的频率都很高。

"怎"系代词及其复合形式只有"怎"、"怎生"两个，也是近代汉语新兴的疑问代词，其使用频率是最低的，在特指问句中共只出现 29 次，另外还有一些零星的用于反问句和非疑问句中。

"谁"系只有"谁"、"谁人"两个，共出现 57 次。尽管在上古时期就已经出现了，但是其语义和功能都比较简单，语义上都是询问人，功能上主要作主语和宾语。

"几"系的疑问形式有"几"、"几何"、"几多"、"几时"、"多少"、"大小"等六个，它们的使用频率也都不高。

另外本章对语气词"呢"的来源提出了自己的看法，从上古《公羊传》到魏晋南北朝时期，语助词"尔"既表决定之意，又表疑问，即相当于现今的呢₂和呢₁。唐代起"尔"不再出现，呢₂有了新的来源"裹"、"在"并在唐宋普遍使用。而呢₁则在五代时禅宗语录里才出现了"聻（你）"，由于"聻（你）"使用范围很小，没有得到充分发展，在短期内便趋于末路。而曾与之同源且生命力极强的呢₂便担负起呢₁之职，为区别起见，用与"聻"音近的"那"来表示呢₁并且分工渐趋明确，呢₁用"那"、呢₂用"哩"。但两者的用字经常出现混同的情况，并最终走向统一，都用"呢"来表示。

第6章

反问句

6.1　反问句研究概述

反问句是一种很有特色的疑问句，实质是利用疑问的形式来表达非疑问的内容，以达到特殊的表达效果。

古人很早就注意到了这类语言现象，并在对前人作品的注疏中体现出来。早在汉代，注释家在注释中径直表现相反义。例如：

（1）既见君子，云何其忧？［传：言无忧也。］（《诗经·唐风·扬之水》）

（2）势位爵禄，何足以概志也？［言不足以概至人之志。］（《淮南子·精神训》）

（3）莫肯念乱，谁无父母？［笺：……女谁无父母乎？言皆有父母也。］（《诗经·小雅·沔水》）

（4）文武尽胜，何敌之不服？［能尽服之］（《吕氏春秋·不广》）

（1）、（2）例中原文是肯定形式，释文说明是表现否定内容。（3）、（4）例原文是否定形式，释文说明表现肯定内容。

或者在注释中加入反诘的副词"岂"、"宁"，例如：

（5）且予纵不得大葬，予死于道路乎？［马曰：就使我不得以君臣礼葬，有二三子在，我宁当忧弃于道路乎？］（《论语·子罕》）

（6）齐国虽褊小，吾何爱一牛？［吾国虽小岂爱惜一牛财费哉！］（《孟子·梁惠王上》）

以上是汉代注书中的例子。

魏晋时期，杜预《集解》中有大量例证：

　　（7）《商书》曰："恶之易也，如火之燎于原，不可乡迩，其犹可扑灭？"［言不可扑灭］（《左传·隐公六年》）

　　（8）谁敢不让、敢不敬应？［上惟贤是用，则下皆敬应上命而让善。］（《尚书·益稷》）

唐孔颖达（574~648）《五论正义》中的例子：

　　（9）召穆公思周德之不类，故纠合宗族于成周而作诗，［集解：常棣诗，属小雅。］曰："常棣之华，鄂不韡韡？"［集解：不韡韡，言韡韡］凡今之人，莫如兄弟。［正义：不韡韡乎，言其实韡韡也；古之人语有声而倒者，诗文多此类。］（《左传·僖公二十四年》）

其中"声而倒"是指声音与意思相倒，也就是文字形式与意义内容相反。这可以说是对反诘问句特点的最早说明。

元代卢以纬的《助语辞》是我国目前所能见到的最早的讲述古汉语虚词的专书，其中有专门对表反问的词的解释，如对"岂"的解释："反说以见意，有如俗语那（上）里是之意；或有如（莫）字之意。韵书云：安也。"这里清楚地说明"岂"字所表语义是"反说以见意"。稍后袁仁林《虚字说》一书对表反问的虚词作了进一步的分析。如："岂""讵"二字，乃扭转之辞，扭反成正扭正成反。亦带疑之辞，其句尾常与"乎"、"哉"、"耶"、"欤"四字头脚相应。量度其非然，"岂其然乎？"此带疑扭转。猜度其或然，"岂见及此欤？"此扭转而不带疑。其他如"岂非"、"岂不"、"岂犹"、"岂是"、"岂得"之类均属扭转。"讵"字，犹"岂"也。"讵"即大也，反问之辞，正见其不能大也。如"奚讵"二字，谓忠孝固宜奉令，然一概从命，或陷不义，何得遽为大忠大孝？意在反问。

不仅指出"岂"有反问用法，也有非反问用法，并明确提出"反问"一说，指明其形意之间的矛盾关系。之后刘淇的《助字辨略》和王引之的《经传释词》也都涉及某些虚词的反意用法，此阶段对反问的认识主要还是停留在对虚词语义的解释上。真正从语法的角度来研究反问句的是汉语语法诞生之后。马建忠《马氏文通》指出传疑助词其功能之一就是"无疑而用以拟议者","无拟议之问。本无可疑之端,而行文亦无句句僵说之法,往往信者疑之,而后信者愈信矣。惟一切较量计度之神情,有仅恃'乎'学传之者,亦有兼用疑难不定之状字者,而问意与状字往往有反比例焉"。如《论语·子罕》,子曰:"法语之言能无从乎? 改之为贵。巽与之言,能无说乎? 绎之为贵。"状字"能无"、"得无"、"无乃"、"无以"的作用是"皆以呼起句中正意也"。而"尚"、"固"、"岂"、"曾"等状字,皆以托出句意之不然也,如《孟子·滕文公下》"是尚为能充其类也乎?"当然也有不用疑难不定之状字者,如《孟子·滕文公上》"管仲、曾西之所不为也,而子为我愿之乎?""这时候不用状字的句意上仍是反说也,而助以'乎'字,无疑矣"①。

马建忠对反问句的分析是立足于句法分析上的,反问句可以用相应的虚词用作状语来表达反问,也可单用语助词表反问,这都说明汉语句法的灵活性。

黎锦熙(1992:146~147、241~247)在分析副词和助词时涉及反问句,指出疑问副词"难道"(难道……不成)、"哪"(哪有、哪里、岂有、岂)、"莫不"(莫不是、无乃、怕不等)表示反诘或反推。从句类角度看,是非问、选择问、特指问都可用来表示反问,他说:"只要求答者对于所问的话决定是非然否,有时然否已决,故作反诘。""不但决定然否,还须要求答者选择其一,或寻出答案,有时也不求答复,故为反诘。"

由于反问句有特定的表达效果,不同于一般的问句,因此陈望道先生在《修辞学发凡》中(1979:140~143)从修辞学的角度来观察反问句,他称反问为激问。"属于设问的一种。胸中早有定见,话中故意设问,名叫设问。这种设问,共分两类:(一)是为提醒下文而问的,这种设问必定有答案在它的下文;(二)是为激活本意而问的,我们称为激问,这种设问必定有答案在它的反面。""这类的设问,常以否定的形式表示肯定的意思,肯定的形式表示否定的意思。在所有的辞格中也是一种奇特的辞格,除了在知切情急的特殊情况下,总是不用它的。"其实我们可以把陈

---

① 吕叔湘、王海棻编《马氏文通读本》,上海教育出版社,2001,第 592~596 页。

先生所说的这种特殊的辞格作为一种具有特定语用效果的问句形式。

吕叔湘《中国文法要略》（1982：290～294）在问句一章中专辟一节讨论反诘问。反诘是"不疑而故问的句子"，"反诘和询问只是作用的不同，在句子的基本形式上并无分别"。"反诘实在是一种否定的形式：反诘句里没有否定词，这句话的用意就在否定；反诘句里有否定词，这句话的用意就在肯定。特指问和是非问都可用作反诘句，而以是非问的作用最为明显。"抉择问和反复式是非问句，因为都是两歧的形式，反诘的语气不显，但事实上也可以不是真性的询问，说话的人在两方面还是有所可否。白话里，抉择式问句多半肯定后句，反复式问句多半肯定正面。"文言里，反复式问句很少用作反诘的。抉择式问句有时意在肯定后句，有时又肯定前句。"吕先生从意义和形式两方面对反问句进行全面、深入的理论分析，在用例上把各类形式的白话、文言分别对比列举，使我们看到古今各类的反问句的不同表达方式，又可以感知它们内在的语义联系，从而把反问句的研究推到了前所未有的高度，也为以后的进一步分析奠定了坚实的基础。

6.2　古汉语（文言）中反诘问形式

主要疑问语气词"乎"、"哉"、"耶"、"欤"等与表反诘的语气副词如"宁"、"岂"、"得无"、"无乃"等配合使用，语气词用得最多的是"乎"、"哉"。

（1）子常宣言代工相秦，岂有此乎？（《秦策》）

（2）有基无坏，无亦是务乎？（《周语》）

"岂"常与"哉"等配合使用。

（3）予岂若是小大夫然哉？（《孟子·公孙丑下》）

（4）今将军内不能直谏，外为亡国将，孤特独立而欲常存，岂不哀哉！（《史记·项羽本纪》）

（5）得无当得蒋，岂为治中邪？（《魏志·温恢传》）

（6）然则治天下，独可耕且为与？（《孟子·梁惠王上》）

也可不用反诘副词，单用语气词"乎"。例如：

（7）圣人之忧民如此，而暇耕乎？《孟子·滕文公上》

（8）又尚论古之人，颂其诗，读其书，不知其人，可乎？《孟子·公孙丑上》（以上8例均引自《〈马氏文通〉读本》）

在文言中，表反诘的副词很多，据王海棻（1987）《古汉语疑问词语》，表反诘询问的词语在所有疑问词语中所占的数量最多，共有97个，如：安、安能、何必、曷尝、那可、岂、恶、焉、庸何、奚、曷、胡、恶、焉等，可见反诘问表达形式的丰富多样性。

也有利用是非问、特指问、选择问表反诘的，但数量比前者少得多。

在近代汉语中，表示反诘询问的形式大大减少，除了少量沿用前期文言形式外，更多的是新出现的形式，特别是利用特殊疑问词如"甚"、"甚麽"、"如何"等构成的反问句大大增加。同时也产生了一些新的专职表疑问的词，如"不成"、"难道"等。

6.3　《朱子语类》中的反问句

《朱子》中的反问句形式非常多，从总体看大致可以分成两类，一类是采用是非问形式进行反问，一类是采用特指问的形式进行反问。两大类内部又有很多小的分类，下面按大类逐一分析。

6.3.1　是非型反问句

是非型反问句就是采用是非问句的形式来表达反问的语义。是非型反问句经常使用反诘副词来帮助表达反问，可以说反诘副词是是非反问句的一个重要的标记，《朱子》中出现的反诘副词有"岂"、"宁"、"可"、"还"等，暂还未发现不用反诘副词的是非型反问句

6.3.1.1　"岂"类反问句

"岂"是文言中常用于表反问的副词，相当于"难道"，用作状语，也常与助动词"可"、"能"、"得"等构成偏正短语"岂可"、"岂能"、"岂得"，在句中作状语，相当于"怎么能"、"难道能"、"怎么敢"、"难道可以"等；还可以采用否定形式，构成"岂非"、

"岂不"、"岂不是"等。

在《朱子》中"岂"类反问句占有相当大的比重，共有 202 例，是所用反问类型中用例最多的。下面分别举例说明。

"岂"：

单用"岂"来表反问的有 77 例，构成"岂 VP"格式。反问句可以没有主语，这是一种常见的格式，如果有主语的话可以放在"岂"的前面，也可以放在"岂"的后面。例如：

（1）或问："集注有两存者，何者为长？"曰："使某见得长底时，岂复存其短底？只为是二说皆通，故并存之。"

（2）天下归仁之义，亦类此。既能"克己复礼"，岂更有人以不仁见称之理？

（3）博学亦岂是一旦硬要都学得了？亦是渐渐学去。

（4）此说乱道！居官岂无闲暇时可读书？且如轿中亦可看册子，但不可以读书而废居官之事耳。

（5）且如国家中心，张、韩、刘、岳突然而生，岂平时诸公所尝识者？不过事期到此，厮挨出来耳。

（6）况下文以为"斯人有斯疾"，则以为不当有此疾也。岂有上文称其尽道而死，下文复叹其不当疾而疾？文势亦不相联属。

例（1）、（2）没有主语，例（3）、（4）、（5）都带有主语，其中（3）是名词性主语，（4）是动词性主语，两者都放在"岂"的前面，（5）主语"诸公"放在"岂"的后面。前面的 5 例"岂"反问句所包含的都是一个单句，例（6）则包蕴的是一个复句。

有时候句末还带有语气词，最常用的就是"哉"，以加强反诘的语气。例如：

（8）此亦只是为下等人言。若是上等人，他岂以荣辱之故而后行仁哉？

（9）又说：孟子既又答他正意，亦岂容有一字之错？若曰错了一字，不惟启公都子之诘难，传之后世，岂不惑乱学者哉？

"岂可"、"岂得"、"岂能"

"岂"可以与助词"可"、"能"、"得"构成"岂可"、"岂能"、"岂得"等复合形式来用于反问，其中"岂可"有 72 例，"岂能"有 17 例，"岂得"有 14 例。它们作为反诘标记，其作用和表现和"岂"反问句基本一样。句中可以有主语，也可以没有主语，它们所管辖的范围可以是一个单句，也可以是一个复句，句末也可以带语气词。下面分别举例。

"岂可"：

（10）凡欲为事，岂可信世俗之言为去就？彼流俗何知？所以王介甫一切屏之。

（11）为弟能恭其兄，兄乃不友其弟；为弟者岂可亦学兄之不友，而遂忘其恭？为弟者但当知其尽恭而已。

（12）既是天子之子与武臣，岂可任师保之责耶？讹谬承袭，不复厘正。

（13）若如后世所谓祥瑞，固多伪妄。然岂可因后世之伪妄，而并真实者皆以为无乎？"凤鸟不至，河不出图"，不成亦以为非！

（14）他一传中首尾皆是怨辞，尽说坏了伯夷！子由古史皆删去之，尽用孔子之语作传，岂可以子由为非，马迁为是？可惜子约死了，此论至死不曾明！

"岂得"：

（15）……恁地都是大处，非圣人不能为，岂得消亡小德？

（16）遗书第一卷言韩愈近世豪杰，扬子云岂得如愈？第六卷则曰扬子之学实，韩子之学华，华则涉道浅。

（17）至于《绵》诗"肆不殄厥愠"之语，注谓说文王。以诗考之，上文正说太王，下文岂得便言文王如此？意其间须有阙文。

（18）既不曾实讲得书，玩味得圣贤言意，则今日所说者是这个话，明日又只是这个话，岂得有新见邪？切宜戒之！

"岂能"：

（19）趋向不正底人，虽有善，亦只是黑地上出白花，却成差异事。如孔门弟子，亦岂能纯善乎？然终是白地多，可爱也。

（20）须于日用间下工，只恁说归虚空，不济事。温清定省，这四事亦须实行方得；只指摘一二事，亦岂能尽？若一言可尽，则圣人言语岂止一事？

（21）大处有大辟阖、大消息，小处有小辟阖、小消息，此理更万古而不息。如目岂能不瞬时？亦岂能常瞬？

"岂特"：

"特"是一个表示专独的范围副词，意为"只"、"仅"，与"岂"结合构成的"岂特"相当于"难道只（仅）"的意思，用于反问，表示"不限于……"，在句末常有"而已"与之相呼应。在《朱子》中共有 6 例。例如：

（1）曰："'操则存，舍则亡。'盖人心能操则常存，岂特夜半平旦？"

（2）又云："孟子曰：'仁之实，事亲是也；义之实，从兄是也；智之实，知斯二者弗去是也；礼之实，节文斯二者是也；乐之实，乐斯二者是也。'以此观之，岂特孝弟为仁之本？四端皆本于孝弟而后见也。"

（3）实精粗本末，只是一理。圣人言"致知、格物"，亦岂特一二而已？如此则便是德孤。

（4）贯穿百氏及经史，乃所以辨验是非，明此义理，岂特欲使文词不陋而已？义理既明，又能力行不倦，则其存诸中者，必也光明四达，何施不可！

"岂不"、"岂不是"、"岂非"：

"岂"与否定词"不"、"不是"、"非"结合构成相对稳定的复合形式，形成否定式的反问句，相当于"难道不是……?"用于反问的形式来表达肯定的意思，共有 93 例，其中"岂不" 68 例，"岂不是" 19 例，"岂非" 6 例。"岂不"在句中作状语，可以修饰各类动词性成分，"岂不是"中的"是"就是一个动词，只不过它经常和"岂不"连用，后面再带上名词作宾语，就形成了一个相对固定的格式"岂不是 NP"，所以在这里单独列出来。

从总体上来看，"岂不"和"岂不是"与"岂非"在功能上大致形成互补的状态："岂不"和"岂不是"主要用于反问句，只是偶尔用于询问句，而"岂非"则主要用于一般是非问句，只有少数用于反问句。如"岂不"在《朱子》中共75例，有68例用于反问句，"岂不是"共24例，有19例用于反问句，而"岂非"共有27例，只有6例用于反问句，21例用于一般询问句。下面是一些具体的用例。

"岂不"：

"岂不"后面所带的都是VP，构成"岂不VP"的形式，句意是肯定、强调VP。例如：

（1）格物，须真见得决定是如此。为子岂不知是要孝？为臣岂不知是要忠？

（2）曰："圣人行事，只问义之合与不合，不问其能与不能也。若使每事只管计较其能与不能，则岂不惑于常情利害之私乎？此在学者尤宜用力，而况圣人乎！"

（3）又说："孟子既又答他正意，亦岂容有一字之错？若曰错了一字，不惟启公都子之诘难，传之后世，岂不惑乱学者哉？此又'才'之一字，未有至当之论也。"

（4）曰："也干他学甚事？他在圣门，亦岂不晓得为学之要？只是他资质是个务外底人，所以终身只是这意思。"

另外还有两个相对固定的反诘问格式"岂不闻X"、"岂不见X"。但是用例比较少见，共只有三例。

（5）友仁问："今日服色何谓？"曰："公岂不闻'君子有终身之丧'？"

（6）曰："此是江西之学。岂不见上面分明有个'舜'字？惟舜便由仁义行，他人须穷理，知其为仁为义，从而行之。"

（7）且如汤誓，汤曰："予畏上帝，不敢不正。"熟读岂不见汤之心？大抵《尚书》有不必解者，有须着意解者。

据叶建军（2010：223），反诘问格式"岂不闻X"、"岂不见X"可能来源于汉译佛经，因为在中古的本土文献中还未发现这样的格式，而在南北朝的汉译佛经中有少量的用例，到隋唐时代的汉译佛经中就比较多见了。例如：

> 难陀复问："汝岂不闻如来往日许报其人？若为五百天乐女行于梵行，后得生于三十三天。"诸狱卒言："如是如是，我等已知。但我等辈，复闻其人于彼三十三天之上，堕落已后来生此处。"（隋·都那崛多译《佛本行集经》卷五十七）
>
> 母曰："汝岂不闻婆罗门典：'父母言教，不可辄违背。'汝今即应供我归舍。"（唐·义净译《根本说一切有部毗奈耶》卷九）

但是在禅宗文献如《敦煌变文集》、《景德传灯录》、《古尊宿语录》以及《祖堂集》中这类反问格式都不多见（叶建军，2010：225）。我们检索了宋代文献《新五代史》和明代的《二刻拍案惊奇》都没有发现这种格式的用例，只有在明代的《封神演义》中发现了两例"岂不闻"的格式，因此我们可以推测直到宋代，这两种反问格式仍处在发展的初期阶段。

"岂不是"：

"岂不是"用于反问的共 19 例，其中有 8 例后面是接名词性成分，有 11 例后面接谓词性成分。例如：

（8）权是碍着经行不得处，方使用得，然却依前是常理，只是不可数数用。如"舜不告而娶"，岂不是怪差事？以孟子观之，那时合如此处。

（9）徐震问："'口之于味'，以至'四肢之于安'，是性否？"曰："岂不是性？然以此求性不可，故曰：'君子不谓性也。'"

（10）曾光祖云："也是初入其门，未知次第，骤将与他看未得。"先生曰："岂不是如此？"

（11）问："老子似不与杨朱同。"曰："老子窥见天下之事，却讨便宜置身于安闲之地，云'清静自治'，岂不是与朱同？"

（12）不合拜，固是取辱。若合拜而不拜，被他责我不拜，岂不是取辱？

（13）若只"好信不好学"，固守"不妄语"之说，直说那人有赃，其人因此得罪，岂不是伤害于物？

（8） ～（10）例是接名词性成分，其中（10）是代词；（11） ～（13）例是接谓词性成分，其中（11）是形容词，（12）、（13）是动词性短语。

"岂非"：

（14）"乾道变化，各正性命。"只乾便是气之统体，物之所资始，物之所正性命，岂非无所不包？但自其气之动而言，则为阳；自其气之静而言，则为阴。

（15）问："周公使管叔监殷，岂非以爱兄之心胜，故不敢疑之耶？"曰："若说不敢疑，则已是有可疑者矣。"

（16）又问："孔子有取乎五霸，岂非时措从宜？"曰："是。"

（17）人既死了，又更要这物事做甚！或曰："先生语此，岂非有为而言？"曰："也是既死去了，待他说是说非，有甚干涉！"

例（14）、（15）是"岂非"用于一般询问句的用例。

6.3.1.2 　"宁"类是非反问句

疑问语气副词"宁"在上古时就开始使用，用于反诘，相当于"难道"。清代王引之《经传释词》卷六："宁，犹岂也。"《诗经》："青青子佩，悠悠我思。纵我不往，子宁不来？"宋代范成大《次韵汉卿舅即事》："风卷南枝宁肯为人留？"

在《朱子》中，用"宁"来表达反问的句子并不多见，共只有 5 例，而且都是用在否定句中，形成"宁不"、"宁无"的格式，其中一例带有句末语气词"乎"。见下面用例：

（1）不然，则周公太公亦自无安顿处。若割取诸国之地，则宁不谋反如汉晁错之时乎？

（2）若是见州郡所行事有不可人意，或百姓遭酷虐，自家宁不恻然动心？若是朝夕忧虑，以天下国家为念，又那里教你恁地来？

（3）伊川说话，如今看来，中间宁无小小不同？只是大纲统体说得极善。

（4）要之，既行，也安得尽无弊？只是得大纲好，其间宁无少弊处？只如秦丞相绍兴间行，也安得尽无弊？

（5）方子录云："孔明执刘璋，盖缘事求可，功求成，故如此。"

曰："然则宁事之不成？"曰："然。"

6.3.1.3 "可"类是非反问句

"可"作为表示反问的语气副词意为"难道"。张相《诗词曲语辞汇释》卷一："可，犹岂也。""可"作为反问的用法并不是很常见，在《祖堂集》中有9例，其中6例用于否定句，3句用于肯定句（叶建军，2010：227）。例如：

> 峰又时云："争得与摩尊贵，得与摩绵密？"师对云："某甲自到山门，今经数夏，可闻和尚与末示徒？"峰云："我向前虽无，如今已有，莫所防摩？"对云："不敢。此是和尚不已而已。"（镜清和尚）
>
> 遂礼谢起，峰云："更问我一传，可不好？"对云："就和尚请一传问头。"（镜清和尚）

在《朱子》中，用于反问的"可"字句我们共检索到6例，其中3例用于肯定句，3例用于否定句，且都带有句末语气词"乎"或"耶"，句末有时用问号，有时用感叹号。例如：

> （1）若真个知得，更何用牢笼！且天下之大，人才之众，可人人牢笼之耶？
> （2）问："大学释'修身齐家'章，不言修身，何也？"曰："好而不知其恶，恶而不知其美，是以好为恶，以曲为直，可谓之修身乎？"
> （3）"尧舜性之"，此理元无失；"汤武反之"，已有些子失，但复其旧底，学只是复其旧底而已。盖向也交割得来，今却失了，可不汲汲自修而反之乎！
> （4）故先生教人，专以主敬、穷理为主；欲使学者自去穷究，见得道理如此，便自能立，不待辨说而明。此引而不发之意，其为学者之心盖甚切，学者可不深味此意乎！

6.3.1.4 "还"类是非反问句

"还"用作反问句共有10例。我们确定是用于反问，主要是根据所在的句子和上下文义。这类反问句往往在上文提供了背景信息，然后利用反问句来强化否定的意味，在大多数情况下还有下文继续对相关内容进行阐述。例如：

（1）曰："……公今莫问陆删定如何，只认问取自己便了。陆删定还替得公麼？陆删定他也须读书来。只是公那时见他不读书。……"

（2）前辈云，本朝税轻于什一，也只是向时可恁地说，今何啻数倍！缘上面自要许多用，而今县中若省解些月桩，看州府还不来打骂么？某在漳州解发银子，折了星两；运司来取，被某不能管得，判一个"可付一笑"字，听他们自去理会。

（3）又曰："学道做工夫，须是奋厉警发，怅然如有所失，不寻得则不休。如自家有一大光明宝藏，被人偷将去，此心还肯放舍否？定是去追捕寻捉得了，方休。"

（4）汉武帝引《春秋》"九世复仇"之说，遂征胡狄，欲为高祖报仇，《春秋》何处如此说？诸公读此还信否？他自好大喜功，欲攘伐夷狄，姑托此以自诡耳！

有时候反问句的后续句也是一个反问句，这样其反问的语气就更加强烈，例如：

（5）曰："如何便是？公看经书中还有此样语否？若云便是，夫子当初引带三千弟子，日日说来说去则甚？"

（6）人而不为《周南》《召南》，其犹正墙面而立也与！今公读二《南》了，还能不正墙面而立否？意思都不曾相粘，济得甚事！

下面一例是"还"用在特指反问句中，因为我们只检索到这一例，所以一并放在这里：

（7）何故不说道，才见得，便教他归去自理会便了？子静如今也有许多人来从学，亦自长久相聚，还理会个甚么？何故不教他自归去理会？

6.3.2 特指型反问句

特指型反问句是指利用特指疑问句的形式来表示反问，也就是含有特指疑问代词的反问句，这些疑问代词用于反问句中，其意义一般已经虚化，不再是真正询问人、事、物、时间、地点等。

在《朱子》中，利用特指疑问代词来表示反问是最常见的形式，在所有反问句形式中占有相当的比重。而且自身的形式也很丰富，包括"何"系、"甚么"系、"怎"系、"那"系、"谁"系、"几系"、"安"系等特指型反问句。

6.3.2.1　"何"系反问句

"何"系反问句是指由疑问代词"何"及其复合形式"何必"、"何尝"、"何曾"、"何况"、"何消"、"何用"等构成的反问句，它们在《朱子》中很常见，它们在句中都充当状语，这些用法在现代汉语中一直沿用。

6.3.2.1.1　"何"反问句

疑问代词"何"用于反诘询问，相当于"谁"、"什么"、"哪里"、"为什么"等，在文言中大量使用。在《朱子》中，"何"除了沿用文言中一些固定反问句句式如"何……之有"等外，更多的是利用特殊疑问句形式构成反问，在形式上与一般特殊疑问句没有区别，"何"可以用于多种句法成分。

特定反问句式："何……之有"，例如：

（1）问："谢氏范氏说如何？"曰："天下道理皆看得透，无一理之不知，无一事之不明，何器之有？如范氏说，也说得去，然不消如此。"

（2）盖活人方有利不利，若是卦画，何利之有？

固定组合式："非 O 何以 V"式，均作状语。例如：

（3）须是就事上理会道理，非事何以识理？

（4）大知固生知，非生知何以能安而行？至仁固力行，非学知何以能利需用行？

（5）公但看"为仁由己，而由人乎哉"，非心而何？

"何"单独用于反问句相当于"哪里"、"什么"，共 69 例。

"何"与"哪里"相当时，常作状语，如：

（6）只是不合不说破个气质之性，却只是做性说时，便不可。如三品之说，便分将来，何止三品？虽千百可也。

（7）若学时不切己，自家一个浑身自无处著，此虽三魂七魄，亦不知下落，何待用时方差？

（8）叔器问："'德之不修'，可以包下三句否？"曰："若恁地，夫子但说一句便了，何用更说四句？徙义改过，略似修德里面事，然也别是个头项。"

"何"与"什么"相当时可作定语、宾语。例如：

（9）又如卜筮，自伏羲尧舜以来皆用之，是有此理矣。今人若于事有疑，敬以卜筮决之，有何不可？如义理合当做底事，却又疑惑，只管去问于卜筮，亦不能远也。

（10）若放此心于天地间公平处置，则何事不可为？

（11）盖人为万物之灵，自是与物异。若迷其灵而昏之，则与禽兽何别？

"何"还常作介词宾语，且多以倒装形式出现。构成"何由"、"何以"等形式。例如：

（12）曰："'乐'字内自括五音六律了。若无五音六律，以何为乐？"

（13）曰："十目所视，十手所指，不是怕人见。盖人虽不知，而我已自知，自是甚可皇恐了，其与十目十手所视所指，何以异哉？'富润屋'以下，却是说意诚之验如此。"

（14）且以一国之君看之：此心才不专静，则奸事佞辞杂进而不察，何以为聪？乱色谀说之容交蔽而莫辨，何以为明？睿知皆出于心。心既无主，则应事接物之间，其何以思虑而得其宜？所以此心常要肃然虚明，然后物不能蔽。

（15）若一向是阳，则万物何由得成？他自是恁地。

"何"还经常与"不"连用构成"何不"反问，在句中一起作状语，询问原因或事理，相当于"为什么不VP"，意即"应该VP"。例如：

（16）如六祖衣钵，说移不动底，这只是胡说。果然如此，何不鸣鼓集众，白昼发去？却夜间发去做甚么？

（17）是近处难得空地，偶有此处空隙，故取以封二公。不然，何不只留封近地，以夹辅王室？

（18）此皆说得未是。若荆公之学是，使人人同己，俱入于是，何不可之有？今却说"未尝不善，而不合要人同"，成何说话！

（19）若云便是，夫子当初引带三千弟子，日日说来说去则甚？何不云你都是了，各自去休？也须是做工夫，始得。

"何不"是一个比较口语化的反问形式，据叶建军的统计（2010），在《祖堂集》中用量已经比较多了，在《朱子》中也不乏其例，这一形式也是现代汉语中常见的反问形式。

6.3.2.1.2　"如何"反问句

"如何"一词用于反问句在《朱子》中所占的比例最大，共有114例，相当于"哪里"、"为什么"、"怎么"式反诘问。例如：

（1）今人有在这里不安了，在那里也不会安。心下无理会，如何会去思量？

（2）仁本切己事，大小都用得。他问得空浪广不切己了，却成疏阔。似此看"仁"字，如何下得？如何下得工夫？

（3）兴只是起兴，谓下句直说不起，故将上句带起来说，如何去上讨义理？

（4）此是圣贤紧要警策人处，如何不理会？不理会学问，与蚩蚩横目之氓何异？

（5）若不是著龟，如何通之、定之、断之？

（6）他腹里有这个学，能包括宇宙，终始古今，如何不做得大，放得下？

"如何"一词在古汉语中有多种意义，可用于询问时间，询问情状、方式、方法、原因，也可用于商榷询问等（王海棻，1987）。这些真性询问在近代汉语中继续沿用。"如何"用于反问在古汉语中还未发现，我们认为这是在真性询问的基础上的一种引申用法。

6.3.2.1.3 "何必"反问句

"何必"一词在《朱子》中共出现 64 例，都用于疑问句。其中 23 例是用于真性问，相当于"为什么一定要"的意思，用来询问原因。例如：

（1）曰："大抵人心、道心只是交界，不是两个物，观下文'惟精惟一'可见。"德粹问："既曰'精一'，何必云'执中'?"曰："'允'字有道理。"

（2）曰："若作蚕事说，虽与葛覃同类而恐实非也。葛覃是女功，采蘩是妇职，以为同类，亦无不可，何必以蚕事而后同耶?"曰："此说亦姑存之而已。"

（3）曰："古人三月而后见。"曰："何必待三月?"曰："未知得妇人性行如何。"

（4）又问"他若欲灭晋，遣一良将提数万之兵以临之，有何不可? 何必扫境而来?"曰："他是急要做正统，恐后世以其非正统，故急欲亡晋。"

以上这些用例都是学生向老师提出自己的疑惑，希望能得到答案，之所以用"何必"是为了加强疑问的程度。如例（3）老师说"古人三月而后见"，学生就不明白其中的道理，于是问"为什么一定要等三个月呢?"接着老师进行了解释。

"何必"在更多的情况下是用在反问句中，意思是"不必"，共有 41 例。从形式上看"何必"用在一个分句的开头，前面没有主语，在句中都作状语，修饰后面的谓词性成分。从语义上看，这些反问句大多是老师在回答学生的提问时用到的，用于否定某种事理、态度或方法等，一般情况下前面都有背景信息，后面还有进一步的阐述。例如：

（5）圣人未尝不教人思，只是不可憧憧，这便是私了。感应自有个自然底道理，何必思他? 若是义理，却不可不思。

（6）曰："这是于'民无得而称焉'处见，人都不去看这一句。如此，则夫子只说'至德'一句便了，何必更下此六个字? 公更仔细去看这一句，然有意思。"

（7）赵既相，遂复举刘光世为将，都弄成私意。魏公已自罢得刘光世好了，虽吕安老败事，然复举能者而任之，亦足矣，何必须光世哉？此皆赵之私意。

有时候"何必"前还有副词"又"、"亦"等，用来进一步加强语气，例如：

（8）不成说你便不是圣人，如何做得这个！只看他功效处，又何必较量道圣人之效是如此，善人之效是如彼？圣人比善人自是不同。

（9）唐初，隋大乱如此，高祖太宗因群盗之起，直截如此做去，只是诛独夫。为他心中打不过，又立恭帝，假援回护委曲如此，亦何必尔？所以不及汉之创业也。

（10）那处是有不为东周底意？这与"二十年之后，吴其为沼乎"辞语一般，亦何必要如此翻转？文字须宽看，仔细玩味，方见得圣人语言。

6.3.2.1.4　"何尝"反问句
"何尝"是典型的反诘副词，用在句中作状语，共有 36 例。

（1）然所用者尽是小人，聚天下轻薄无赖小人作一处，以至遗祸至今。他初间也何尝有启狄乱华，率兽食人之意？只是本原不正，义理不明，其终必至于是耳。

（2）用之云："圣人作易，只是明个阴阳刚柔、吉凶消长之理而已。"曰："虽是如此，然伏羲作易，只画八卦如此，也何尝明说阴阳刚柔吉凶之理？然其中则具此道理。"

（3）当时史书掌于史官，想人不得见，及孔子取而笔削之，而其义大明。孔子亦何尝有意说用某字，使人知劝；用某字，使人知惧；用某字，有甚微词奥义，使人晓不得，足以褒贬荣辱人来？不过如今之史书直书其事，善者恶者了然在目，观之者知所惩劝，故乱臣贼子有所畏惧而不犯耳。

另外还有 3 例，似乎不是反问句而是一般的询问句，因为从下文看对所提出的问题进行了解答，而真正的反问句是无疑而问的，也就是说是不需要回答的。看下面的例子：

（4）曰："人则有孝悌忠信，犬牛还能事亲孝、事君忠也无？"问："濂溪作太极图，自太极以至万物化生，只是一个圈子，何尝有异？"曰："人、物本同，气禀有异，故不同。"

（5）沉卿说《春秋》，云："不当以褒贬看。圣人只备录是非，使人自见。如'克段'之书，而兄弟之义自见；如蔑之书，而私盟之罪自见；来见仲子，便自见得以天王之尊下诸侯之妾。圣人以公平正大之心，何尝规规于褒贬？"曰："只是中间不可以一例说，自有晓不得处。"

（6）陆子寿自抚来信，访先生于铅山观音寺。子寿每谈事，必以《论语》为证。如曰"圣人教人'居处恭，执事敬'"。又曰"子所雅言、诗、书、执礼，皆雅言也"。"弟子入则孝，出则弟，谨而信，泛爱众，而亲仁。"此等皆教人就实处行，何尝高也？先生曰："某旧间持论亦好高，近来渐渐移近下，渐渐觉实也。如孟子，却是将他到底已教人。如言'存心养性，知性知天'，有其说矣，是他自知得。余人未到他田地，如何知得他滋味？卒欲行之，亦未有入头处。若《论语》，却是圣人教人存心养性、知性知天实涵养处，便见得，便行得也。"

6.3.2.1.5 "何曾"反问句

"何曾"用于反诘问共 15 例。

（1）问"'饥食渴饮，冬裘夏葛'，何以谓之'天职'？"曰："这是天教我如此。饥便食，渴便饮，只得顺他。穷口腹之欲，便不是。盖天只教我饥则食，渴则饮，何曾教我穷口腹之欲？"

（2）天子自有天子"利见大人"处，大臣自有大臣"利见大人"处，群臣自有群臣"利见大人"处，士庶人自有士庶人"利见大人"处。当时又那曾有某爻与某爻相应？那自是说这道理如此，又何曾有甚麼人对甚麼人说？有甚张三李四？中间都是正吉，不曾有不正而吉。

（3）曰："不要说总会。如'博我以文，约我以礼'，博文便是要一一去用工，何曾说总会处？又如'深造之以道，欲其自得之也'，深造以道，便是要一一用工；到自得，方是总会处。"

（4）问："老子之道，曹参文帝用之皆有效，何故以王谢之力量，反做不成？"曰："王导谢安又何曾得老子妙处？"

6.3.2.1.6 "何况"反问句

"何况"用于反诘问表示更进一层的意思。共 4 例，后面可以接名词性成分，如下面（1），也可接谓词性成分，如下面（2）、（3）。

（1）然天子之国亦小，其员数亦有限，不知如何用得许多人？今以天下之大，三年一番进士，犹无安顿处，何况当时？

（2）又曰："而今假令亲见圣人说话，尽传得圣人之言不差一字，若不得圣人之心，依旧差了，何况犹不得其言？若能得圣人之心，则虽言语各别，不害其为同。

（3）子思之意，盖为或人问"礼为旧君有服"，礼欤？子思因云，人君退人无礼如此，他不为戎首来杀你，已自好了，何况更望其为你服？此乃自人君而言，盖甚之之辞；非言人臣不见礼于其君，便可以如此也。

在《朱子》中单独用"况"表反问的情况更常见一些，意义相当于"况且"、"何况"，共有 19 例。最常见的格式是与语气词"乎"构成"况……乎"的形式，后既可接名词性成分，又可接谓词性成分。例如：

（4）兼是为学须是己分上做工夫，有本领，方不作言语说。若无存养，尽说得明，自成两片，亦不济事，况未必说得明乎？要须发愤忘食，痛切去做身分上功夫，莫荏苒，岁月可惜也！

（5）只如孔子答颜子："克己复礼为仁。"据他说时，只这一句已多了，又况有下头一落索？只是颜子才问仁，便与打出方是！

（6）此是且分解其说。你且不拔一毫，况其他乎？大抵吾儒一句言语，佛家只管说不休。

（7）又问："土地山川之神，人家在所不当祭否？"曰："山川之神，季氏祭之尚以为僭，况士庶乎？如土地之神，人家却可祭之。"

（8）如《春秋》所书，多有不可晓。如里克等事，只当时人已自不知孰是孰非，况后世乎？如蔡人杀陈佗，都不曾有陈佗弑君踪迹。

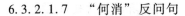

6.3.2.1.7 "何消"反问句

"何消"用于反诘问句相当于"哪里用得着"的意思。共 7 例。根据用例来看，都是用在后续句中，即常用在一个分句中，前面可以有主语，也可以没有，修饰后面的谓词性成分。

(1) 至如君举胸中有一部周礼，都撑肠拄肚，顿着不得。如游古山诗又何消说着他？只是他稍理会得，便自要说，又说得不着。

(2) 且如杨子直前日才见某人文字，便来劝止，且攒着眉做许多模样。某对他云："公何消得恁地？如今都是这一串说话，若一向绝了，又都无好人去。"

(3) 曰："正意是如何？"曰："正意只是说玉人自会琢玉，何消教他？贤者自有所学，何用教他舍其所学？"

(4) 公今只是道听途说，只要说得。待若圣贤之道，只是说得赢，何消做工夫？只半日便说尽了。

6.3.2.1.8 "何用"反问句

"何用"用于反问句共 41 例，根据所处的句法成分的位置的不同，意义也不一样。"何用"作状语时相当于"哪里用得着"。例如：

(1) 若此个道理，人人具有，才要做底便是，初无彼此之别。放去收回，只在这些子，何用别处讨？故《中庸》一书初间便说"天命之谓性，率性之谓道"。

(2) 或云："太祖取天下，何与僖祖事？"某应之曰："诸公身自取富贵，致位通显，然则何用封赠父祖邪？"

更多的时候"何用"与"更"等副词连用，"更"可以在前面也可以在后面，在语义上有程度加深的作用。例如：

(3) 若白绝私意则四者皆无，则曰"子绝一"便得，何用更言"绝四"？

(4) 若便以日用之间举止动作便是道，则无所？而非迫，无时而非道，然则君子何用恐惧戒慎？何用更学为迫？为其不可离，所以须是依道而行。

（5）或问"求放心"。曰："知得心放，此心便在这里，更何用求？适见道人题壁云：'苦海无边，回头是岸。'"

（6）曰："不须如此理会。礼说有奠处便是合有奠，无奠处便合无奠，更何用疑？其他可疑处却多。"

"何用"在反问句中作谓语时相当于"有什么用"，意即"没有用"。例如：

（7）若只块然守自家个躯壳，直到有事方思，闲时都莫思量，这却甚易，只守此一句足矣。圣贤千千万万，在这里何用？如公所说，则六经语孟之书，皆一齐不消存得。

（8）有此家主，然后能洒扫门户，整顿事务。若是无主，则此屋不过一荒屋尔，实何用焉？且如《中庸》言学、问、思、辨四者甚切，然而放心不收，则以何者而学、问、思、辨哉！

（9）所谓虚静者，须是将那黑底打开成个白底，教他里面东西南北玲珑透彻，虚明显敞，如此，方唤做虚静。若只确守得个黑底虚静，何用也？

（10）它只要理会个寂灭，不知须强要寂灭它做甚？既寂灭后，却作何用？何况号为尊宿禅和者，亦何曾寂灭得！

（8）、（9）两例句末带有语气词，而（10）则是两个反问句连用，反问的语气就更加强烈了。

6.3.2.1.9　"何处"反问句

"何处"用在反问句中共有18例，相当于现代汉语表反问的"哪里"，但其语义还是比较实在，用"什么地方"来表反问，其实就是"没有地方"之意。从上下文来看，用"何处"反问的句子有两种表现形式，一种是前面有一个相对肯定的表述，然后又用反问来加强语气，后面接着进一步阐述。例如：

（1）问"礼之用，和为贵"。曰："礼如此之严，分明是分毫不可犯，却何处有个和？须知道吾心安处便是和。"

（2）"义礼知莫非善，这个却是善之长。"又曰："义礼知无仁，则死矣，何处更讨义礼知来？"又曰："如一间屋分为四段，仁是中间紧要一段。"

（3）且如所谓"人能弘道"、"君子泰而不骄"、"君子坦荡荡"三者，那人举得本自不伦，他又却从而赞美之。也须思量道如何而能弘，如何而能泰与坦荡荡，却只恁说，教人从何处下手？况"人能弘道"，本非此意。

另一种形式是用在假设复句中，前一分句提出一种假设的情况，后一分句用反问的形式来否定在假设的情况下不会出现某种情况。这种形式较前一种形式更多见，共出现 14 例。假设的前提常直接用假设连词"若"表示。例如：

（4）若心杂然昏乱，自无头当，却学从那头去？又何处是收功处？故程先生须令就"敬"字上做工夫，正为此也。

（5）此道更前后圣贤，其说始备。自尧舜以下，若不生个孔子，后人去何处讨分晓？孔子后若无个孟子，也未有分晓。

（6）圣人告人，如"居处恭，执事敬，与人忠"之类，无非言仁。若见得时，则何处不是全体？何尝见有半体底仁！

（7）然而"忠信"便是见得"修辞立诚"底许多道理，"修辞立诚"便是居那"忠信"底许多道理。盖是见得分明，方有个进处，若不曾见得，则从何处进？分明黑淬淬地，进个甚么？

（4）的反问句后面还紧接着用肯定句"故……"从正面阐述；（5）则通过举例的形式来进一步说明道理；（6）、（7）则后面还跟进一个反问句，其否定的语气更加强烈。

有时假设复句的前一分句采用否定句或零形式，但语义上仍是表示假设，后一分句用反问的形式。例如：

（8）易只是阴阳卦画，没这几个卦画，凭个甚写出那阴阳造化？何处更得易来？这只是反复说"易不可见，则乾坤或几乎息"。

（9）问"合而言之，道也"。曰："只说仁不说人，则此道理安顿何处？只说人不说仁，则人者特一块血肉耳。"

（10）"以齐王，犹反手也"，便是也要那国大底方做得，小底也奈何不得。而今且说道将百里地与你，教你行王政，看你做从何处起？便是某道，古时圣贤易做，后世圣贤难做。

6.3.2.1.10 "何须"反问句

"何须"用作反问句共有12例，相当于"哪里用得着"，后面带谓词性成分，可以比较简单，也可以是比较复杂的短语形式。例如：

（1）渠分明不识道理。如天下之物，有黑有白，此是黑，彼是白，又何须辨？荀扬不惟说性不是，从头到底皆不识。

（2）至如说"自牖开说"，亦是为蔽固而言。若吾侪言语，是是非非，亦何须如此？而五峰专言之，则偏也。

（3）欧公以为此不难，已任者勿改，而自今除者始，可也。以今观之，亦何须如此劳攘？将见任者皆与改定又何妨？

（4）《诗序》亦有一二有凭据，如《清人》《硕人》《载驰》诸诗是也。《昊天有成命》中说"成王不敢康"，成王只是成王，何须牵合作成王业之王？自序者恁地附会，便谓周公作此以告成功。

6.3.2.1.11 "何暇"反问句

"何暇"用在反问句中共4例，相当于"哪里有空/有时间"，都在句中作状语。例如：

（1）圣人本意只是惜其死，叹之曰命也，若曰无可奈何而安之命尔。方将问人之疾，情意凄怆，何暇问其尽道与否也？况下文以为"斯人有斯疾"，则以为不当有此疾也。

（2）若自己曾实做工夫，则如忍痛然。我自痛，且忍不暇，何暇管他人事？自己若把得重，则彼事自轻。

6.3.2.1.12 小结

《朱子》中"何"系特指反问句数量较多，共有403例，其中"如何"反问句最多，有114例。反问句中"何"系疑问代词及其复合形式很丰富，有的在上古时期就开始使用，有的则是在中古或近代才开始用在反问句中，因此内部的使用频率上有较大的差异。还有的如"奈何"、"何故"、"缘何"、"何时"等"何"系复合词在《朱子》中只用在特指疑问句中而不见用于反问句。总体的使用情况见表 6 - 1。

表 6 - 1　《朱子》"何"系反问句中疑问代词及其复合形式的使用情况

疑问形式	询问											合计（例）
	功　能						语　义					
	主语	谓语	宾语	定语	状语	补语	事理	行为	情状	原因	人物	
何			+	+	+		+		+	+		69
如何					+					+		114
何必					+		+					64
何用					+		+				+	41
何尝					+		+					36
（何）况					+		+		+			23
何处					+			+				18
何曾					+				+			15
何须		+			+		+		+			12
何消					+				+			7
何暇					+				+			4

（合计 403）

6.3.2.2　"那"系反问句

疑问副词"那"询问事理，即现在的"哪"，与助动词"可"、"得"构成偏正短语用于反问，相当于"怎么能"、"哪里能"、"怎么会"，用于主要谓语动词前作状语。

据吕叔湘（1985：261），"那"在《世说新语》和南北朝民歌中已经普遍使用，所以可以假定它的起源在汉魏之际或更早，例如：

我衣恶，那得见少衣。（《搜神记》）

那能闺中绣，独无怀春情？（《子夜春情》，《乐府》）

桓玄时，仲文入，桓于庭中望见之，谓同坐曰："我家中那得及此也！"（《世说新语·品藻》）

以上用例相当于"怎么"或"岂"。中唐以前"那"以反问为主（吴福祥，1996：65），而这种用法又一直沿用到后来。例如：

佛身之外，那得更有无情而得受记耶？（《祖堂集》）

舜诛四凶，尧岂不察？那诛得他？（《二程集》）

弹丝品竹，那堪咏月与嘲风！（《张协状元》）

在《朱子》中以"那"及其复合形式构成的反问句也比较常见，共有72 例。下面分类描写分析。

6.3.2.2.1　"那"反问句

"那"单独用于反问句的有12 例，可作定语和状语。作定语时修饰名词性成分，例如：

（1）曰："便是。天下事那件无对来？阴与阳对，动与静对，一物便与一理对。"

（2）大凡看书，须只就他本文看教直截，切忌如此支离蔓衍，拖脚拖尾，不济得事。圣贤说话，那一句不直截？如利刃削成相似。

（3）又曰："论来那样事不着理会？若本领是了，少间如两汉之所以盛是如何，所以衰是如何，三国分并是如何，唐初间如何兴起，后来如何衰，以至于本朝大纲，自可理会。"

作状语时后面都是接单个的动词，其中主要是修饰动词"有"构成"那有"这一相对稳定的反问形式，意即"没有"，另外还有"知"、"似"、"问"等动词。例如：

（4）所以本朝如李文靖王文正杨文公刘元城吕申公都是恁么地人，也都去学他。若知得"鸢飞鱼跃"，便了此一语。又如"必有事焉"，程子谓有事于敬，此处那有敬意？亦是借来做自己说。

（5）不知天地如何恰生这般山，依得这般样子，更莫管他也。依他说，为臣子也须尽心寻求，那知不有如此样？蓦忽更有，也未可知，如何便住得！

（6）凡人谓以多事废读书，或曰气质不如人者，皆是不责志而已！若有志时，那问他事多？那问他气质不美？

相比较来看，"那"在近代汉语里表示反问的例子，与唐代以前又不完全相同：唐代以前表示反问的"那"一般都可以用"岂"替换，但近代汉语中，特别是宋代以后，有的可以替换为"岂"，有的却更接近于表示反问的"哪里"（如上面3例）。因此，可以说同样是表示反问的"那"，一部分是近代汉语之前用于反诘的"那"的延续，一部分是近代汉语里表示询问的"那"（即有选择作用）用于反问。此外，"那"用于反问的形式表示否定，这是一般的情况；如果在语气上更倾向于否定，有时则形成表示否定的叙述句，而不一定看做反诘问句。例如：

（7）周宰才质甚敏，只有些粗疏，不肯去细密处求，说此便可见。载之简牍，纵说得甚分明，那似当面议论，一言半句，便有通达处？所谓"共君一夜话，胜读十年书"。

（8）在路平地尚可，那堪顿着一座高山，名做五砚山。（《张协状元》）

"那似"即"不似"，"那堪"即"不堪"，这两例都有否定的意思。

6.3.2.2.2 "那里"反问句

"那里"反问句共有27例，有两种句法功能。"那里"的一个功能是作宾语，在连动句中作第一个动词的宾语，在语料中检索到的第一个动词都是趋向动词"去"，共仅4例，如下面的（1）、（2），还发现一例是用作有趋向意味的介词"向"的宾语，构成介宾结构在句中作状语，如下面的（3）。不论是作哪种层次的宾语，"那里"表示处所的意思是比较实在的，在否定句中相当于"没有地方"。

（1）问他如何是雅颂之音？今只有雅颂之辞在，更没理会，又去那里讨雅颂之音？便都只是瞒人！

（2）易不过只是一个阴阳奇耦，千变万变，则易之体立。若奇耦不交变，奇纯是奇，耦纯是耦，去那里见易？易不可见，则阴阳奇耦之用，亦何自而辨？

（3）时举因言平日学问次第云云。先生曰："此心自不用大段拘束他，他既在这里，又要向那里讨他？要知只是争个醒与睡着耳。"

在句中作状语是"那里"更常见的句法功能，共有23例，这时"那里"没有表处所的意义了，已经发展成为反问句的一种标记，语气很强烈。例如：

（4）如《周礼》一部书，载周公许多经国制度，那里便有国家当自家做？只是古圣贤许多规模，大体也要识。

（5）不知时文之弊已极，虽乡举又何尝有好文字脍炙人口？若是要取人才，那里将这几句冒头见得？只是胡说！

（6）曰："望先生指一路脉，去归自寻。"曰："见行底便是路，那里有别底路来？道理星散在事物上，却无总在一处底。"

值得注意的是，用于表事理的"那"与询问处所的"那里"只是形式相同，在语义上没有内在联系，询问事理的"那"的出现远远早于询问处所的"那里"，只是在询问处所的"那里"的形式确定以后，这个问事理的"那"的形式被它同化了（吕叔湘，1985）。

6.3.2.2.3　"那个"反问句

"那个"用于反问句可以指人，也可以指事理，共有 11 例，其特殊之处在于所有的这些反问句都采用否定的形式，在语义上表达肯定的意思。

指人时只作主语，例如：

（1）要立作向上。那个不说道先着驭吏？少间无有不拱手听命于吏者，这只是自家不见得道理，事来都区处不下。

（2）又云："如围棋一般：两人初着，那个不要胜？谁肯去就死地自做活计？"

表示事理时可作主语和定语，不过作定语的共只有 2 例，都是修饰"事"，构成"什么事"这样一个相对稳定的结构。例如：

（3）都是理，都是气。那个不是理？那个不是气？

（4）铜钱过彼极有利，六七百文可得好绢一匹。若更不禁，那个不要带去？又闻入川中用，若放入川蜀，其透漏之路更多。

（5）自古无不晓事情底圣贤，亦无不通变底圣贤，亦无关门独坐底圣贤，圣贤无所不通，无所不能，那个事理会不得？如《中庸》"天下国家有九经"便要理会许多物事。

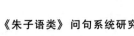

（6）"明明德"乃是为己工夫。那个事不是分内事？明德在人，
非是从外面请入来底。

6.3.2.2.4 "那得"反问句

"那得"作反问句共有11例。但在不同的句子中"那得"的语法化的
程度是不一样的，在句法表现上也有差异，可分为三种类型。

其一，"那"与"得"结合得不十分紧密，"得"可以当动词来理解，
相当于"有"，"那得"意思就是"哪里有"，后面带宾语，构成连动结构
的前一部分。结构形式可以码化为：（S）+ VP$_1$ + N$_1$ + VP$_2$ + N$_2$。前面的
主语 S 可以没有。例如：

（1）曰："只是要莫走作。若看见外面风吹草动，去看觑他，那
得许多心去应他？便也不是收敛。"

（2）若是汲汲用功底人，自别。他那得工夫说闲话？精专恳切，
无一时一息不在里许。

上面（1）、（2）例中的"那得许多心去应他"、"那得工夫说闲话"
都是连动结构。

其二，由于"得"的语义逐渐抽象，于是"那得"的语义得到进一步
的引申，相当于"怎么会"、"怎么"，当前面没有主语 S 时，上面的同一
个序列可以重新分析为：VP$_1$ +（N$_1$ + VP$_2$ + N$_2$），也就是说（N$_1$ + VP$_2$ +
N$_2$）部分成为一个主谓结构，前面的"那得"（即 VP$_1$）用作状语，修饰
后面的整个主谓结构。例如：

（3）若逢治世，他择利而行，知为君子之为美，亦必知所趋向。
治世之才，亦那得个个是好人？但是好人多，自是相夹持在里面，不
敢为非耳。

例（3）的相应部分意思是"治世之才，怎么会个个都是好人呢？"
如果前面没有 S，则后面的（N$_1$ + VP$_2$ + N$_2$）可以独立成为一个主谓
句，"那得"（即 VP$_1$）用作状语修饰整个句子。例如：

（4）《孔丛子》撰许多说话，极是陋。只看他撰造说陈涉，那得

许多说话正史都无之？他却说道自好，陈涉不能从之。

例（4）相应部分意思是"为什么许多话正史里都没有？"这时"那得"已经结合得很紧密了，其反问作用已经比较明显了。

其三，"那得"进一步的发展就获得副词的功能，在句中作状语，能修饰动词性成分。例如：

（5）舜禹相授受，只说"人心惟危，道心惟微"。论来只有一个心，那得有两样？只就他所主而言，那个便唤做"人心"，那个便唤做"道心"。

（6）自家极其诚敬，肃然如在其上，是甚物？那得不是神？此便是神之着也。

6.3.2.2.5　"那曾"反问句

"那曾"是一个专门用于反问的副词，相当于"哪里"，表示事理，只用在肯定性的反问句中作状语，共 5 例。例如：

（1）君举所以说礼多错者，缘其多本左氏也。贺孙云："如陈针子送女，先配后祖一段，更是没分晓，古者那曾有这般礼数？"

（2）天子自有天子"利见大人"处，大臣自有大臣"利见大人"处，群臣自有群臣"利见大人"处，士庶人自有士庶人"利见大人"处。当时又那曾有某爻与某爻相应？那自是说这道理如此，又何曾有甚么人对甚么人说？

（3）或又以离远师席，不见解注为说。曰："且如某之读书，那曾得师友专守在里？初又曷尝有许多文字？"

6.3.2.2.6　"那处"反问句

"那处"用于反问句中表示处所，意义比较实，可以充当主语和宾语，共有 6 例，其中作主语的有 4 例，例如：

（1）是有用我者，我便也要做些小事，如释氏言"竿木随身，逢场作戏"相似。那处是有不为东周底意？这与"二十年之后，吴其为沼乎"辞语一般，亦何必要如此翻转？

（2）寓临漳告归，禀云："先生所以指教，待归子细讲求。"曰："那处不可用功？何待归去用功？"

作宾语的共只 2 例，其中 1 例作介词的宾语，1 例作动词的宾语。例如：

（3）大抵圣贤之言，多是略发个萌芽，更在后人推究，演而伸，触而长，然亦须得圣贤本意。不得其意，则从那处推得出来？

（4）只是常教此心存，莫教他闲没勾当处。公且道如今不去学问时，此心顿放那处？

表 6 - 2 　《朱子》"那"系特指反问句中疑问代词的使用情况

疑问形式	询　问										合计（例）
	功　能						语　义				
	主语	谓语	宾语	定语	状语	补语	事理	处所	情状	原因	人物	
那			+	+	+		+		+	+		12
那里			+		+		+	+		+		27
那个	+		+				+				+	11
那得		+			+		+					11
那曾					+		+					5
那处	+		+					+				6

合计 72

6.3.2.3　"甚么"系反问句

"甚么"在最初常常只用一个"甚"字，始见于唐末，通行于宋元两代。"甚"和"甚么"同是这个词的单纯形式，所差只是第二个音节的存与否。但自从"甚"字通行之后，不久就有"甚底"的复合形式，这大概是受了近代汉语的语词复音化趋势的影响（吕叔湘，1985：125）。

"甚"、"甚么"、"甚底"用在反问句中共有 124 例，其中"甚"51 例，"甚么"56 例，"甚底"7 例。它们的句法功能也基本相同，都可以做宾语和定语，都可以形成一些特定的反问格式，所以放在一起讨论。

6.3.2.3.1　作宾语

能直接作动词的宾语的只有"甚么"、"甚底"，"甚"因为是单音节，受音节节律的影响一般不出现在句末作宾语，要作宾语都是以"V 个甚"

的形式出现，这属于后面要讨论的特殊句式。例如：

　　（1）若未到这个田地，更忧甚底？

　　（2）人若不中信，如木之无本，水之无源，更有甚底？

　　（3）硬要遵父之命，如此则两败，父子相夷矣，何以学为！读书是读甚底？举业亦有何相妨？

　　（4）如今说古人兵法战阵，坐作进退，斩射击刺，鼓行金止，如何晓得他底？莫说古人底晓不得，只今之阵法也晓不得，更说甚么？

　　（5）论至切至实处，不过是一个心，不过一个身；若不自会做主，更理会甚么？

除了作动词的宾语外，它们还可以作介词的宾语，构成介宾结构一起在句子中作状语。例如：

　　（6）心自是个识底，却又把甚底去识此心！

　　（7）才无那宽、敬、哀三者，便无可观了，把甚么去观他？

　　（8）譬如四时，若不是春生之气，夏来长个甚么？秋时又把甚收？冬时又把甚藏？

　　（9）"乾坤毁则无以见易。"易只是阴阳卦画，没这几个卦画，凭个甚写出那阴阳造化？何处更得易来？

6.3.2.3.2　作定语

能作定语的只有"甚"、"甚么"，在语料中没有发现"甚底"作定语的用例。例如：

　　（1）如人错吃乌喙，才觉了，自不复吃。若专守虚静，此乃释老之谬学，将来和怒也无了，此成甚道理？圣贤当怒自怒，但不迁耳。

　　（2）静坐而不能遣思虑，便是静坐时不曾敬。敬只是敬，更寻甚敬之体？似此支离，病痛愈多，更不曾做得工夫，只了得安排杜撰也。

　　（3）若瞑然不省，则道理何在？成甚么"大本"！

　　（4）如续诗、续书、玄经之作，尽要学个孔子，重做一个三代，如何做得！如续书要载汉以来诏令，他那诏令便载得，发明得甚么义

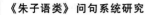

理？发明得甚么政事？

"甚"、"甚么"还经常与"事"连用，构成一个相对稳定的偏正结构，一起在句中充当主语和宾语。例如：

（5）若宣王能充这心，看甚事不可做？

（6）以他才气，甚么事做不得？

（7）若是在自家面前诈与不信，却都不觉时，自家却在这里做甚么，理会甚事？便是昏昧呆底相似。

我们在用例中还发现两例比较特殊的情况，就是将"甚么"插入一个结构或一个词的中间，达到反问的作用。例子见下：

（8）若只是外面富贵利禄，此何足道！若更这处打不个透，说甚么学？正当学者里面工夫多有节病。

（9）义刚曰："他也是相承那江浙间一种史学，故恁地。"曰："史甚么学？只是见得浅。"

（8）中的"说甚么学"其实是在动宾结构"说学"中间插入了"甚么"用来表示反问，（9）中更是在一个词的内部插入"甚么"表示反问。这种用法在现代汉语中特别是口语中比较常用。例如：

（9）施小宝　小孩的事认什么真！（转引自邵敬敏《"什么"非疑问用法研究》）

（10）他是劳模，劳什么模！（同上）

（11）陈奶奶　姑老爷，他刚才陪着袁先生在这里品茶呢。

　　　　曾皓　　嗤，这两个人懂得什么品茶！这是什么！（转引殷树林，2009：226）

（12）"叫你过来呢，你害什么怕？"小伙子问我，"你哪儿的？"（同上）

6.3.2.3.3　特殊句式"V 个甚/甚么/甚底"格式

"V 个甚/甚么/甚底"是一个特殊的反问格式，可以表示"不必、不值得 V"等否定的意思，形式上前面的 V 都是单音节动词，一般都以独立的分句形式出现。例如：

（1）曰："本无事，自觉得如此。"曰："若是无事，便是无事，又惧个甚？只是见理不彻后如此。"

（2）"十五志学"一章，全在志于学上，当思自家是志于学与否？学是学个甚？如此存心念念不放，自然有所得也。

（3）若不是多学，却贯个甚底！且如钱贯谓之贯，须是有钱方贯得；若无钱，却贯个甚？

（4）曰："不消如此说。且说不是乐道，是乐个甚底？说他不是，又未可为十分不是。"

（5）东坡与荆公固是争新法。东坡与伊川是争个甚么？只看这处，曲直自显然可见，何用别商量？

（6）不是高山景行，又仰个甚么！又行个甚么？高山景行，便是那仁。

6.3.2.3.4　特殊句式"有甚/甚么……"格式

"有甚/甚么……"作为特定的反问句格式是直接对所说的内容加以否定，"甚底"不能进入这一格式。后面可接名词性成分和谓词性成分。接名词性成分时意思就是"没有 N"。例如：

（1）闻番中却如此，文移极少。且如驾过景灵宫，差从官一人过盖子，有甚难事？只消宰相点下便了。

（2）樊迟问仁，孔子答以"爱人"；问知，答以"知人"。有甚难晓处？樊迟因甚未达？

（3）曰："公不求之于六经语孟之中，而用功于《左传》。且《左传》有甚么道理？纵有，能几何？"

（4）曰："只是一般，此亦不难解，有甚么玄妙？只将自家身看，便见。"

"有甚/甚么"后接谓词性成分可以是形容词性的，也可以是动词性的，用来否定某种性状或行为，因为受节律的影响，其中以用"有甚……"格式较为常见。例如：

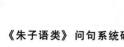

（5）今更引来，要如何引证得是？但与此文义不差耳，有甚深长？今自家理会这处，便要将来得使。

（6）到得后世儒者方说得如此阔大，没收杀。如《周礼》，梦亦有官掌之，此有甚紧要？然圣人亦将做一件事。

（7）曰："若只管如此，又恐执持太过；若不如此，又恐都忘了"。曰："也有甚么矜持？只不要昏了他，便是戒惧。"

（8）若长是易时，更有甚么险？他便不知险矣。若长是简时，更有甚么阻？他便不知阻矣。

（9）不知后来如何忽又住了，却对宰相说："也似咤异。"不知寿皇既已行了，又有甚咤异？只是亦无人助成此事。

（10）如《五子之歌·胤征》，有甚难记？却不记得？

（11）诗有言语可读，礼有节文可守。乐是他人作，与我有甚相关？如人唱曲好底，凡有闻者，人人皆道好。

其中（5）、（6）、（7）例是接形容词性成分，（9）、（10）、（11）是接谓词性成分，（8）的前半部分是接形容词性成分，后半部分接谓词性成分。

6.3.2.3.5　特殊句式"VP + 作（做）甚/甚么/甚底"

从上下文看，"VP + 作（做）甚/甚么/甚底"作为反问句都是充当后续句，形式上，前面的 VP 作谓词性主语，后面的"作（做）甚/甚么/甚底"作谓语，相当于"为什么要 VP"，反问之意即"不必、不值得 VP"。例如：

（1）事不师古，以克永世，匪说攸闻。古训何消读他做甚？盖圣贤说出，道理都在里，必学乎此，而后可以有得。

（2）不做持敬，只说持敬作甚？不做致知，只说致知作甚？譬如他人做得饭熟，盛在碗里，自是好吃，不解毒人，是定。

（3）若熟看，待浃洽，则悦矣。先生因说寓："读书看义理，须是开豁胸次，令磊落明快，恁地忧愁作甚底？亦不可先责效。"

（4）必须以道，方可"潜心积虑，优游厌饫"。若不以道，则"潜心积虑，忧游厌饫"做甚底？

（5）又问："如何得会敬？"曰："只管恁地滚做甚么？才说到敬，

便是更无可说。"

（6）如"克、伐、怨、欲"，却不是要去就"克、伐、怨、欲"上面要知得到，只是自就道理这边看得透，则那许多不待除而自去。若实是看得大底道理，要去求胜做甚么？要去矜夸他人做甚么？若无事物时，不成须去求个事物来理会。且无事物之时，要你做甚么？

6.3.2.3.6 特殊句式"济（得）甚事"

"济（得）甚事"是一个典型的反问格式，共出现6例，相当于现代汉语的反问形式"有什么用"，意即"没有用"。只是"济（得）甚事"可以作为一个后续句独立出现，而"有什么用"不能独立，只能充当一个主谓句的谓语部分。例如：

（1）今公读诗，只是将己意去包笼他，如做时文相似。中间委曲周旋之意，尽不曾理会得，济得甚事？若如此看，只一日便可看尽，何用逐日只捱得数章，而又不曾透彻耶？

（2）如吃物事相似，事事道好，若问那般较好，其好是如何，却又不知。如此，济得甚事？

（3）某常说与学者，此个道理，须是用工夫自去体究。讲论固不可阙，若只管讲，不去体究，济得甚事？盖此义理尽广大无穷尽，今日恁他说，亦未必是。

6.3.2.3.7 特殊句式"干……甚事"

"干……甚事"也属于典型的反问格式，相当于现代汉语的"关……什么事"，意思即"与……没有关系"，中间的成分往往是名词性成分，而且这个成分是在上文已经提到的。共有3例，见下面：

（1）问："孔门学者，如子张全然务外，不知如何他学却如此？"曰："也干他学甚事？他在圣门，亦岂不晓得为学之要？"

（2）学者做得事不是，须是悔；悔了，便不要做始得。若悔了，第二番又做，是自不能立志，又干别人甚事？

（3）问："在天地上如何？"曰："关天地甚么事？此是说易不外奇耦两物而已。"

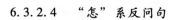

6.3.2.4 "怎"系反问句

"怎"、"怎生"用于反问句在《朱子》中共只有12例，其中"怎"3例，"怎生"9例，在形式上都是采用"怎/怎生＋VP"的格式，"怎"、"怎生"在句中作状语，有时候前面还可以带上其他的副词，形成一个相对独立的无主句。没有主语的原因有两个，一是因为作为后续句，主语承前省略了或不必说出来；二是用在问答的对话中，回答者直接用无主反问形式否定问话人的观点，语气很强烈。例如：

(1) "为人臣，止于敬；为人子，止于孝；为人父，止于慈。"这个道理合如此。今人不解恁地说，便不索性。两边说，怎生说得通？

(2) 但几是动之微，是欲动未动之间，便有善恶，便须就这处理会。若至于发着之甚，则亦不济事矣，更怎生理会？所以圣贤说"戒慎乎其所不睹，恐惧乎其所不闻"。

(3) "遂以夫人姜氏至自齐"，恐是当时史官所书如此。盖为如今鲁史不存，无以知何者是旧文，何者是圣人笔削，怎见得圣人之意？

(4) 如今学者元不曾识那高坚前后底甚物事，更怎望他卓尔底！

(5) 问："圣人恐无怒容否？"曰："怎生无怒容？合当怒时，必亦形于色。"

(6) 问："'外丙二年，仲壬四年'，先生两存赵氏程氏之说，则康节之说亦未可据耶？"曰："也怎生便信得他？"

下面两例是一个类似于熟语的形式，意思相同，相当于现代汉语中的"又能拿他怎么办呢"，一例用"怎"，一例用"怎生"：

(7) 曰："这般事便是难说。献公在日，与他说不听，又怎生奈何得他？后来亦用理会，只是不合杀了他。"

(8) 只是因诸公问，不得不说。他是向一边去拗不转了，又不信人言语，又怎奈何他？自家只是理会自家是合当做。

6.3.2.5 "谁"系反问句

"谁"系反问句包括"谁"、"谁人"、"人谁"、"谁个"等构成的反问句，共有20例。其中"谁人"、"人谁"各3例，"谁个"仅1例，它们的句法功能比较单一，都只作主语，表示没有任何人例外。例如：

（1）又曰："大须要见古人好处。凡事物须要说得有滋味，方见有功。而今随文解义，谁人不解？"

（2）如昔人赋梅云："疏影横斜水清浅，暗香浮动月黄昏。"这十四个字，谁人不晓得？

（3）曰："'致'字有推出之意，前辈用'致'字多如此。人谁无知？为子知孝，为父知慈。"

（4）盖入学者既有舍法之利，又有科举之利，不入学者止有科举一涂，这里便是不均。利之所在，人谁不趋？看来只均太学解额于诸路，便无事。

（5）唤着不应，抉着不痛，这个是死人，固是不仁。唤得应，抉着痛，只这便是仁，则谁个不会如此？须是分作三截看：那不关痛痒底，是不仁；只觉得痛痒，不觉得理底，虽会于那一等，也不便是仁；须是觉这理，方是。

"谁"用在反问句中共有 13 例，尽管用例不多，但它的句法功能却表现得比较丰富。可作主语，如下面（6）、（7）；可作宾语，如下面（8）。

（6）伊川说已尽，后来诸公多变其说，云朋友讲习。我若未有所得，谁肯自远方来？要之，此道天下公共，既已得于己，必须及于人。

（7）又云："如围棋一般：两人初着，那个不要胜？谁肯去就死地自做活计？这只是见不高，无奈何。"

（8）问："围城时，李伯纪如何？"曰："当时不使他，更使谁？士气至此，消索无余，它人皆不肯向前。"

"谁"还可以用在兼语结构中，例如：

（9）盖杨氏见世间人营营于名利，埋没其身而不自知，故独洁其身以自高，如荷蒉接舆之徒是也。然使人皆如此洁身而自为，则天下事教谁理会？此便是无君也。

（10）一部《左传》无此一句。若人人择利害后，到得临难死节底事，更有谁做？

（11）一日之间，事变无穷，小而一身有许多事，一家又有许多事，大而一国，又大而天下，事业怎地多，都要人与他做。不是人做，却教谁做？不成我只管得自家！

另外我们还发现 1 例是沿用古汉语中的反问形式："非……而谁"，意思是"不是……会是谁呢"，见下面：

（12）桓温入三秦，王猛来见。眼中不识人，却谓三秦豪杰未有至，何也？三秦豪杰，非猛而谁？可笑！

6.3.2.6 "几"系反问句

"几"系用于反问句的有"几时"、"几多"、"几个"、"几人"、"几何"、"几曾"、"多少"等，但用例都不多，共计 18 例。其中"几时"6 例、"几曾"4 例，它们都只作状语，例如：

（1）一向只用微火，何由得熟？欲复自家元来之性，乃怎地悠悠，几时会做得？大要须先立头绪。

（2）"以德报怨"，自家能饶人，则免得人只管求怨自家，故曰"宽身之仁也"。如"以怨报怨"，则日日相捶斗打，几时是了？故曰"刑戮之民也"。

（3）操存只是教你收敛，教你心莫胡思乱量，几曾捉定有个物事在那里？

（4）人多说人己物我，都是不曾理会。圣人又几曾须以己度人！自然厚薄轻重，无不适当。

"几个"共 2 例：

（5）而今不欲穷理则已，若欲穷理，如何不在读书讲论？今学者有几个理会得章句？也只是浑沦吞枣，终不成又学他，于章句外别撰一个物事，与他斗。

（6）如今又去赴官，官所事尤多，益难得余力。人生能得几个三五年？须是自强。

在上面（5）中作"有"的宾语，构成动宾结构在整个句子中充当小主语。在（6）中作定语修饰"三五年"，一起组成偏正结构充当谓语动词"得"的宾语。

"几人"仅 1 例，作主语；"几多"也只 1 例，用作定语。

（7）他人自不能入耳，非高远也。七十子之徒，几人入得？譬如与两人说话，一人理会得，一人理会不得；会得者便是入得，会不得者便是入不得。

（8）但不去做工夫，徒说得，不济事。且如公一日间，曾有几多时节去体察理会来？若不曾如此下工夫，只据册上写底把来口头说，虽说得是，何益！

"几何" 2 例，都在句中充当谓语，与能愿动词"能"一起构成"能几何"，表反问，相当于"又能有多少呢"。见下：

（9）且《左传》有甚么道理？纵有，能几何？所谓"弃却甜桃树，缘山摘醋梨"！

（10）泉府掌以市之征布，敛货之不售者，或买，或赊，或贷。贷者以国服为息，此能几何？

"多少"共 2 例，1 例作宾语，1 例作定语。见下：

（11）大抵读书须求其要处，如人食肉，毕竟肉中有滋味。有人却要于骨头上咀嚼，纵得些肉，亦能得多少？古人所谓"味道之腴"，最有理。

（12）问："有能一日用其力于仁矣乎？"曰："此心散漫放肆，打一年动时，便在这里，能使得多少力！虽云用力，却不大故用力。"

6.3.2.7　"安"系反问句

"安"、"焉"、"奚"是疑问代词。用于反诘询问，相当于"怎么"，这是文言中常用的反诘疑问词。且经常和助动词如"得"、"能"、"敢"、"可"、"肯"等构成偏正短语，用于表反问，相当于"怎么能"、"哪里能"、"怎么敢"、"怎么肯"、"怎么可以"等。在《朱子》中"安"类反问形式也很常见，共有47例，其中"安"字单用4例，"安能"9例，"安得"32例，"安可"2例，在所有用例中，只有5例带有语气词。"焉"与"得"、"能"构成"焉得"、"焉能"用于反问，共6例。下面分别举例。

"安"：

（1）且如致知，格物而后诚意，不成说自家物未格，知未至，且未要诚意，须待格了，知了，却去诚意。安有此理？

（2）若博学而不约之以礼，安知不畔于道？

（3）不曾参得此无碍禅。天下事，安可必同？安何必异？且如为子须考，为臣须忠，我又如何异于人？若是不好事，又安可必同？只是有理在。

（4）若轩然自表于众人之上，安可为将？

"安能"：

（5）如一个凶人在五湖四海之外，安能害自家？

（6）视人与己若无干涉，诲之安能不倦？

（7）苟不近实，安能表里如一乎？

"安得"：

（8）有昼必有夜，设使长长为昼而不夜，则何以息？夜而不昼，安得有此光明？

（9）要之，既行也，安得尽无弊？只是得大纲好，其间宁无少弊处？只如秦丞相绍兴间行，也安得尽无弊？只是十分弊，也须革去得九分半，所余者一分半分而已。

（10）又况达之与舍，只是一事，安得有分别耶？

"焉得"：

（11）广因言今日淫祠之非礼，与释氏之所以能服鬼神之类。曰："人心苟正，表里洞达无纤毫私意，可以对越上帝，则鬼神焉得不服？"

（12）但孟子此说，其意亦只主在讽齐宣王尔。若文王之囿果然纵一切人往，则虽七十里之大，不过几时，亦为赤地矣，又焉得有林木鸟兽之长茂乎？

"焉能"：

（13）故知所以生，则知所以死。苟于事人之道未能尽，焉能事鬼哉?

（14）或问："'仁，人心也。'若假借为之，焉能有诸己哉?"

6.3.3 "不成"作为反诘副词的语法化过程

"不成"用于反问句是近代汉语中一个新兴的口语词，作为反诘副词主要用于句首作状语，修饰动词短语和小句，语义相当于"难道"。例如：

（1）问："横渠说内外宾主之辨。若以颜子为内为主，不成其他门人之所学便都只在外?"

（2）圣人说仁处固然紧要，不成不说仁处皆无用?

（3）如做器具，固是教人要做得好，不成要做得不好?

（4）且如说当死于水火，不成便自赴水火而死?

（5）亦不可如此说，且如有颜子资质的，不成叫他做子路也?

（6）如未有君臣已先有君臣之理，未有父子便先有父子之理。不成原无此理，直待有君臣父子，却旋将道理入在这里?

（7）至穆王一例令出金以赎，便不是。不成杀人者亦止令出金而免?

其中（3）、（4）"不成"后为一般助词短语，（5）为兼语式，（1）、（2）、（7）为小句，（6）为句群。不论哪种结构放在"不成"后面，都处于它的辖域之内，对其表示否定。

有时候为了加强反诘的语气，还在"不成"前面加"终"，构成"终不成"结构，这在《朱子》中有不少用例。例如：

（8）圣人只为他"其言不让"，故发此语。如今看来，终不成才会得让底道理，便与曾点气象相似！似未会如此。

（9）然孟子与他说时，也只说"犹可以为善国"而已，终不成以所告齐梁之君者告之? 兼又不多时，便为宋所灭。

（10）试坐仁宗于此，亦坐濮王于此，使英宗过焉，终不成都唤两人为父！

6.3.3.1 反诘副词"不成"的来源

"不成"在唐以前是一个偏正词组,表示否定的意思。例如:

(11) 齐燕姬生子,不成而死。(《左传·哀公五年》)

(12) 项籍少时,学书不成,去学剑,又不成。(《史记·项羽本纪》)

(13) 后主为父示陵,云他人所作。陵嗤之曰:"都不成辞句。"(《南史·徐摛传》)

((11) ~ (13) 例引徐时仪,1993)

在(11)中"不成"意指"未成年",(12)中指"未学成",(13)中指"不像"、"不能成为"之意。(13)中"成"是句子中唯一的动词,充当主要成分谓语,(11)、(12)中与其他动词组成连动式句子,尽管此时"不"和"成"仍是两个词,但"成"已不再是唯一的动词了,其重要性减弱。又由于有否定词"不"与之相连,使得它往往在句中充当次要动词,并逐渐与"不"构成一个偏正词组,出现在中心动词前面(作状语)或后面(作补语)。在这种句法环境中,表否定的"不"与表示被否定的"成"这两个单音词之间的搭配关系逐渐固定,这两个单音词也由临时组合的词组凝固成一个词,类似于"不朽"、"不良"等,表示"不能"、"不行"之义。

6.3.3.2 《朱子》中"不成"的使用情况

第一,"不成"作谓语,共有149例,例如:

(14) 阳气发处,金石亦动;精神一到,何事不成?

(15) 若徒谋而不成,何益于事?

(16) 且如苏氏之学,却成个物事;若王氏之学,都不成物事,人却便要去学,这便是不依本分。

(17) (金人) 赏罚如此分明,安得不成事?

(18) 公此问不成问。

(19) 不可谓孔孟不会说话,一向任己见说将去。若如此说孟子,不成说孟子,只是说"王子"也!又若更不逐事细看,但以一个字包括,此又不可。

（14）、（15）两例中"不成"后面不带宾语，形式可以概括为
"（N）＋不成"。在《朱子》中共有 31 例。在（16）、（17）例后面带
体词性宾语，可概括为"（N）＋不成＋N"，在《朱子》中有 81 例。从句
法结构来看，二者都是及物动词，"不成＋N"的结构层次都是"不＋
（成＋N）"，而不是"（不＋成）＋N"，此时"成"的主要意义是"成其
为"、"成为"，如例（16）；也可表示"使成功"、"使能够实现"的意思，
如例（17）。从语义关系上看，前者有两个强制性语义成分，如（16）中
的"苏氏之学"和"物事"；后者是表"成功"义的使动用法，它与后面
的宾语构成一个表述，而与前面的主语没有语义关系。（18）、（19）例中
"不成"之后带谓词性宾语，可概括为"（N）＋不成＋V/VP"，在《朱
子》中有 29 例。"成"的意义大多是"成为"、"成其为"，宾语可以是单
个动词，也可以是谓词性短语。"不"与"成"同样没有结构关系，其层
次是"不＋（成＋V/VP）"。此外，这种结构中还另有 8 例"成"的意义
是使"成"后谓词性成分所表示的动作行为能有结果、能实现。例如：

（20）用兵之人，亦不得用兵；讲和之人，亦不成讲和。……是
议和者亦无所成。

（21）又读益公跋，先生曰："如益公说，则其事都不成做。"

（22）曹操合下便知据河北可为取天下之资，既被袁绍先说了，
他又不成出他下，故为大言以诳之。

（23）尝与储宰议起保伍……后来贼散，亦不成行。后来思之，
若成行，亦有害。

这里的"成"都可以看做中心动词，其后的动词或动词短语作宾语。
从句法层次看，"（N）＋不成＋V/VP"仍应分析为"不＋（成＋V/
VP）"，例（23）"成行"与"不成行"对举充分说明了这一点。

第二，"不成"作补语。

"不成"作补语共有 56 例。根据带不带宾语以及宾语的位置，可分成
三个小类：

①V＋不成

（24）后世子孙见他学周公孔子学不成，都冷淡了，故又取一时

公卿大夫之显著缀辑附会以成之。

（25）当如此做，又被那要彼底心牵惹，这便是不实，便都做不成。

这种格式共有 27 例，"不成"构成偏正短语，在句中做补语，但前面充当谓语的动词很有限，只有"做"、"学"、"作"、"解"、"种"等几个。"不成"的意思主要表示"没有结果"。

②V + O + 不成

在这种格式里，谓语动词直接带宾语构成述宾结构，放在补语"不成"之前，共有 26 例。例如：

（26）（陈平、周勃）若诛诸吕不成，不知果能死节否？

（27）才不静专，自家这心自做主不成，如何去接物？

（28）盖学者所以学为灵子者，不知命则做君子不成。……如何得成君子？

（29）前说盖谓居肆方能做得成事，不居肆则做事不成。

尽管上述几例在结构上都是"V + O + 不成"，但"不成"的语义指向却有不同。（26）、（27）两例中，"不成"指向 VO，表示 VO 这一行为"不成"；（28）、（29）两例中，"不成"只指向 O，表示"VO，O 不成"的意思，如例（28）中，表示"做君子，君子不成"，这一点也可以从后面紧接的反问句"如何得成君子"看出来。

③V + 不成 + O

这种用例很少，只发现 3 例：

（30）而今人多说章句之学为陋，某看见人多因章句看不成句，却坏了道理。

（31）如王荆公做得全似毛诗，甚好，其他有全做不成文章。

（32）如边头写不成字者，即是古之声律。

在现代汉语中一般说成"V 不成 O"，而不说"VO 不成"，但在《朱子》中则主要是"VO 不成"。从表义上来看，现代汉语主要表示可能。但在上面 3 例中只有例（30）表可能，其结构层次是"（V + 不成）+ O"，其余的层次是"V +（不成 + O）"，因此可以推断它们的来源是不同的。

第三，"不成"作状语。

这一类在《朱子》中用例最多，有225例。有两种类型：

①不成 + VP

"不成"放在谓词性短语的前面，共有165例。其中VP是"说/道/是 + 状心短语/小句"的有53例。这类"不成"已凝固成词，在句中作状语。例如：

（33）如将一贯已穿底钱与人，及将一贯散钱与人，只是一般，都用得。不成道那散底不是钱？

（34）因说《禹贡》，曰："此最难说，盖他本文自有谬误处……今又不成说他圣人之经不是，所以难说。"

（35）遇事接物之间，各须一一去理会始得。不成是精底去理会，粗底又放过了，大底去理会，小底又不问了。

我们认为这时的"不成"已经是一个词了，理由有二：一是在《朱子》中没有发现相应的"成 + 说/道/是 + VP/S"的格式；二是"说/道/是"后面只带谓词性结构，不带名词性结构；而这个谓词性结构是一个相对完整的命题、表述，所以前面的"说/道/是"可以删掉而句子意义不受影响。

VP是"状心短语"，例如：

（36）且如说当死于水火，不成便自赴水火而死？

（37）且如阴阳之间，尽有次第，大寒后，不成便热，须是且做个温春，渐次到热田地；大热后，不成便寒，须是自做个秋凉，渐次到寒田地。

另外VP还可以是兼语式、连动式等谓词短语。如：

（38）亦不可如此说，且如有颜子资质的，不成叫他做子路也？

（39）不成捐弃了，只闭门静坐，事物之来，且日候我存养，又不可只茫茫随他事物中走。二者须有个思量倒断使得。

②不成 + 小句或小句群。如：

（40）如未有君臣已先有君臣之理，未有父子已先有父子之理。不成原无此理，直待有君臣父子，都旋将道理入在这里？

（41）盖流以宥五刑，赎以宥鞭、扑，如此乃平正精详，真舜之法也。至穆王一例令出金以赎，便不是。不成杀人者亦止令出金而免！故萧望之赎刑议有云："如此，则富者得生，贫者独死，恐开利路以伤治化。"其说极当。大率圣人作事，一看义理当然，不为苟且姑息也。

"不成"是对后面整个小句或小句群加以否定。

从上面所举的例子可以看出，"不成"作状语，前面都没有出现主语。从语篇功能上看，"不成"兼有连接作用，所以"不成"所在的句子都是后续句。

当然"不成"前也可以出现主语，但此时"不成"不具有连接作用，后面还可以有其他句子。如：

（42）舜功问："人多要去人欲，不若于天理上理会。理会得天理，人欲自退。"曰："尧舜说不如此。天理人欲是交界处，不是两个。人心不成都流，只是占得多；道心不成十全，亦是占得多。须是在天理则存天理，在人欲则去人欲。尝爱五峰云'天理人欲，同行而异情'，此语甚好。"

（43）曰："'子于是日哭则不歌'，上蔡说得亦有病。圣人之心，如春夏秋冬，不遽寒燠，故哭之日，自是不能遽忘。"又曰："圣人终不成哭了便骤去歌得！如四时，也须渐渐过去。"

作状语的"不成"的意义：

前面已经说过作状语的"不成"已经是一个词，基本可归为副词一类。但从"不成"的语义和功能看可分成两个：一个是否定副词（记作"不成₁"），表示"不可能"、"不可以"，用于否定性评议，主要用在陈述句中；另一个是反诘副词（记作"不成₂"），用在反问句中，表示反问语气，相当于"难道"。从词义上来讲它本身没有否定意义，但它所在句子是一个反问句，在语义上也表示否定。

　　但是这两个"不成"的联系是很明显的，表示反诘的副词"不成"是从表否定的"不成"发展而来的。在《朱子》中所体现的这种发展还处于初级阶段，因为在这部书里，"不成"主要以表否定为主，少数表反诘，尽管少见，但反诘的语气很明显。如：

　　（44）但克己工夫未到时，也须照管。不成道我工夫未到那田地，而迁怒、贰过只听之耶？

　　（45）圣人所以发用流行处，皆此一理，岂有精粗？正如水相似，田中也是此水，池中也是此水，海中也是此水。不成说海水是精，他处水是粗？岂有此理？

　　正因为"不成"处在由否定副词向反诘副词的发展中，有时"不成"是表否定还是表反诘难以断定。杨永龙（2000）曾从句法结构、句类标记、语篇衔接等几个方面来分析判定。

　　从上面对《朱子》中"不成"各种用法的分析，我们大致可以看出"不成"经历了这样一个过程："名词+不成+名词"→"名词+不成+动词/动词短语"→"不成+动词短语/小句"，"不成"由没有直接结构关系到组成一个常用的偏正结构，由偏正结构发展凝固为一个否定副词，由否定副词又演为反诘副词。

　　在《朱子》中未发现"不成"用于句末的例子。据杨永龙（2000）的调查，在宋代的其他一些重要语料，如《景德传灯录》、《河南程氏遗书》、《五灯会元》、《全宋词》等中，均未见"不成"作句尾语气词的情况。

　　词语的使用频率在语法化中的作用是一个悬而未决的问题，海因（Heine）等（1991：38～39）指出：从人类语言的语法发展的普遍性来看，词语的使用频率与其语法化密切相关。语法化通常发生在使用频率高、范围广的词语上，一般不会发生在冷僻的词语上。但他同时又认为，高频率自身不足以解释词语语法的动因，它只是词语语法化的伴随特征。但石毓智（2004：97）通过考察认为，词语使用的高频率常常是诱发语法化的重要因素之一，特别是那种涉及两个成分融合的语法化过程更是如此。使用频率可以指一个词的出现次数，而它的次数的高低也是由该词的语义的一般性决定的。一个词的语义越普通，它的使用频率越高。其次，使用频率也可以指在某个特定的句法环境里某个词语的出现次数。"不成"从语法功能上来看，它可以否定各种动作和状态，可以和各种动词性结构、小句、句群搭配。在《朱子》中，"不成"一共出现 433 次，可以作谓语、补语和状语。其大量用例可以使我们观察到"不成"从一个偏正词组发展成为一个反诘副词的全过程。

沈家煊（1994）曾经把短语或词组逐渐凝结为一个单词的过程，即"短语的词汇化"纳入语法化的范围，但未成为主流观点，也几乎没有出现过这方面相应的成果（马清华，2003）。其实我们可以从上面对"不成"一词的分析看到，短语的词汇化实际上也是语法化中的一种表现形式。"不成"从一个偏正结构发展成为一个否定副词、反诘副词，后来又进一步虚化为语气词都体现了语法化的一些基本原则。

如霍普曾列出语法化的五条原则中的第四条"保持原则"，即实词虚化为语法成分以后，多少还保持原来实词的一些特点，"不成"虚化成为反诘副词后，同时还可以用作补语，前面例子可以说明这一点，现在"不成"仍可以说，例如：

"现在这个世道，没有钱什么也做不成。"

第五条"降类"原则：如果把名词、动词看做主要词类，介词、连词、助词等其他词类看做次要词类，那么实词词义的虚化总是伴随着词性的降格，即由主要词类变为次要词类，或由开放的词类变为封闭的词类。"不成"由一个偏正结构凝合为一个词，又变成否定副词和反诘副词，这也是降类①。另外沈家煊（1994）又补充了几条，其中的"滞后原则"即语形的变化总是滞后于语义变化，语义在不断泛化、抽象化，而形式则相对滞后，其结果是语言中普遍存在一词多义，即同一个词（形）既表实义又表虚义。《朱子》中"不成"作谓语主要表实义，作状语、补语时语义较虚，主要表否定，到以后置于句末作语气词时，语义更虚，仅表一种反诘语气，即从："成"、"不成功"、"不实现"成为"未曾"、"未能"、"没有"、"岂能"、"难道"。

---

① 见沈家煊《"语法化"研究综观》，《外语教学与研究》1994 年第 4 期。

另外一条是"渐变原则",即一个词由 A 义转为 B 义,一般总是可以找到一个中间阶段既有 A 义又有 B 义。这其实和上一条是紧密相关的,上面说到一词多义,即这种状态,既有 A 义又有 B 义。"不成"一词明显体现了这一点。

总之,"不成"一词的虚化过程即由一个偏正词组凝合成为一个词,体现了"短语词汇化"阶段。成为一个词以后又由一般否定副词发展为反诘副词以及以后阶段进一步成为语气助词体现了一般的语法化过程。在《朱子》中,这两个过程都得到充分的反映。

据孙锡信(1999),元代以后"不成"开始出现在句末,并与"难道"搭配使用,表示反诘语气。[①] 例如:

(1) 小叔叔,你也忒老实。员外着你跪,你就跪;难道着你死,你就死了不成?(《元曲·杀狗劝夫》第二折)

(2) 我女儿还不认得女婿的面长面短,却教他活活做孤孀不成?(《醒世恒言·大树坡义虎送亲》)

(3) 我是闲说,当真要你们的不成?(《歧路灯》第三十三回)

(4) 我当真给了他,谁哄你不成?(《歧路灯》第四十回)

(5) 难道私自与得我,到没得与你不成?(《鼓掌绝尘》第三回)

(6) 就是要画也没有颜料,难道好用黑墨涂写不成?(李渔《风筝误》)

(7) 难说昧了承许的话不成?(《歧路灯》第七十五回)

6.3.3.3　"终不成"的运用及发展

"终不成"是由"终"加"不成"而形成的三音节副词,是为了加强反诘的语气,相当于"难道"、"岂能"。显然,"终不成"当是由"不成"演化凝固而成,到宋代才出现,《朱子》用得较早,共出现 27 例。例如:

(1) 当时更有亲在面前,也须敬其亲。终不成说敬君但只敬君,亲便不须管得?

[①] 见孙锡信《近代汉语语气词》,语文出版社,1999。下面例(49)~(55)转引自该书第 186 页。

（2）虽会节俭，又须著有爱民之心，终不成自俭啬而爱不及民，如隋文帝之所为？

（3）不是处富贵贫贱时节，又如何做工夫？终不成闲过了这处？

（4）古今天下，一盛必有一衰。圣人在上，兢兢业业，必日保治。及到衰废，自是整顿不起；终不成一向如此？必有兴起时节。

（5）当时葵丘之会，申五禁，且曰"无曲防"，是令人不得私自防遏水流，他终不成自去塞了最利害处？

（6）若圣人为治，终不成扫荡纪纲，使天下自恁地颓坏废弛，方唤做公天下之心？

（7）且如今有为人后者，一日所后之父与所生之父相对坐，其子来唤所后父为父。终不成又唤所生父为父？这自是道理不可。

（8）他已在"贫而乐，富而好礼"地位了，终不成又教他去学无谄无骄？

（9）未熟时，顿放这里又不稳贴，拈放那里又不是。然终不成住了？也须从这里更著力始得。

钟兆华（1991）认为："'终不成'大致出现在南宋，它是在'不成'前面冠以'终'构成的表示推度反诘的词。'终'的作用在于加强语气，犹'总不至于'中的'总'，词的中心意思仍然是'不成'所具有的诘问口吻。……'终不成'总是作为一个整体在句子中使用，而不是分成两个部分去发挥自己的职能。"钟文在附注中还提到，与"终不成"近似的还有莫不成、使不成、又不成、然不成等，稍具随意性，不如"终不成"使用得普遍。杨永龙（2000）则认为"终"犹"总不至于"中的"总"，但"终不成"并非是一个整体，而是分成两个部分各自发挥自己的职能，其中"不成"是否定副词，"终"用在否定副词前，加强否定语气。我们同意钟兆华的看法，在《朱子》中没有发现"不成"前有其他的修饰成分，而"终不成"用例却达 30 例之多，其中包括用于陈述句的例子。而现在"终不成"结合得是比较紧密的。正如钟兆华所说，"终不成"除了语气稍强烈之外，其在句子中作用与"不成"没有什么两样。下面是用于陈述句的例子：

（10）圣人终不成哭了便骤去歌得，如四时，也须渐渐过去。

除《朱子》外，"终不成"还见于宋代的其他文献，如：

（11）太平竟须公等，终不成、造物谩生贤。（《全宋词》，魏了翁《木兰花慢·许侍郎生日》）

（12）初为功名，造物略赐周全得协，协终不成忘了公公婆婆？（《张协状元》第二十出）

明代，"终不成"的运用十分频繁，《水浒传》出现 9 例，《三遂平妖传》12 例，《金瓶梅》2 例，如：

（13）偌大去处，终不成官司禁打鱼鲜？（《水浒传》第十五回）

（14）他夫妻两个有一个会事的，就出来拜谢了这和尚，便斋他一斋打甚么紧，终不成他真个要你的斋吃？（《三遂平妖传》第十二回）

（15）他若起身走了家去，我终不成阻挡他？（《金瓶梅》第三回）

（16）你有钱钞，将些出米使用；无钱，你自离了我家，等我女儿接些客人。终不成饿死了我一家罢？（《清平山堂话本》）

清代，情况有了变化，"终不成"有的还能与"不成"搭配起来运用，《红楼梦》出现的 2 例都是这种情况，如：

（17）终不成你替老太太给我赔不是不成？（《红楼梦》第四十六回）

（18）终不成林家的女儿在你贾家一世不成？（《红楼梦》第五十七回）

唐贤清（2004）统计过明清时期有代表性的几部著作，发现《儒林外史》、《儿女英雄传》、《醒世姻缘传》等都没有"终不成"的用例，这说明清代"终不成"的使用已经衰落。为什么会出现这种情况呢？他认为这是由于"难道"的使用更加口语化，逐渐取代"终不成"所致。通过表 6-3 可以看出明清时期"终不成"与"难道"的使用情况。

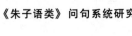

表 6-3　明清时期"终不成"与"难道"使用频率简况表

单位：例

	明　代						清　代			
	《水浒传》	《三遂平妖传》	《金瓶梅》	《醒世恒言》	《拍案惊奇》	《二刻拍案惊奇》	《儒林外史》	《红楼梦》	《醒世姻缘传》	《儿女英雄传》
终不成	9	12	2	1	3	3	0	2	0	0
难　道	5	0	18	117	63	79	66	192	119	193

从表6-3可以看出，明代除《水浒传》、《三遂平妖传》"终不成"的使用频率明显高于"难道"以外，其他都是"难道"明显高于"终不成"的频率；清代"难道"更是占绝对优势，"终不成"除《红楼梦》出现2例外，其他三书未见一例。可见，产生于元代的"难道"，在语言的自由竞争中，经过明代，到清代已经占据主导地位。

从以上几部文献看，"终不成"与"难道"还有一个区别，"终不成"在《红楼梦》中才与"不成"配合使用，而"难道"除《水浒传》、《三遂平妖传》外，都可以与"不成"配合使用。如：

（19）难道用完了这项，却就罢休不成？（《醒世恒言》第三十七卷）

（20）女儿女婿不曾来，谁上过坟？难道别姓的来不成？（《拍案惊奇》卷三十八）

（21）你老只会炕头儿上混说，难道叫我打劫偷去不成？（《红楼梦》第六回）

6.4　《朱子语类》中反问句的语义语用分析

反问句的深层语义结构与询问句有着很大的不同。询问句的语义结构是由已知语义成分和未知语义成分两部分组成，其中未知语义成分就是询问句的疑问对象。未知语义项的存在是询问句成立的必要条件。反问句不表达疑问，而是表达判断（或称为命题）的语言形式，判断句的语义结构中没有未知语义成分存在，所以反问句的深层语义结构包含的信息全部是已知的。（当然，这个已知的信息和表层形式肯定、否定相反。按乔姆斯基的标准理论，肯定、否定蕴涵的语义前提是一样的，否定只是由作为核心句的肯定通过否定转换而生成的，反之也一样。所以肯定、否定不妨碍我们对句子的深层语义的确定）反问句的深层语义结构中不存在未知语义成分。这是反问句成立的必要条件。吕叔湘（1982）说："反诘实在是一种否定的方式：反诘句里没有否定句，这句话的用意就在否定；反诘句里有否定词，这句话的用意就在肯定。"刘月华在《实用现代汉语语法》中指出："反问是表示强调的一种方式……反问的作用是对于一个明显的道理或事实用反问的语气来加以肯定或否定以达到加强语势的目的。"学术界对反问句的特点的讨论涉及"否定"、"语气"等因素，更重要的是上下文的语境，其中语义等也对理解反问句的含义有一定的作用。

这里所说的"语义前提"不是语义学中的前提（预设），而是包括位于反问句式前后的话语含义。反问句使用的语言环境中都有充分条件的语义前提，反问句的答案只是这个前提的必然结果，从这个前提就可以推导出来。这一种形式，可以通过语义分析，深刻体会说话人的态度和想法。邵敬敏（1996）认为反问句传递说话人对对方的一种"约束"力量，这种力量反映了反问句对交际另一方潜在的导向性。

否定什么或肯定什么，这是反问句的显性意义，更重要的是反问句还有独特的隐性意义，即语用含义。语用含义或会话含义（Conversational implicature）是美国语言哲学家格赖斯（H. P. Grice）首先提出来的。语用含义是语用学的核心内容，它给语言事实提供一些功能方面的解释，即它不是从语言系统内部（语音、语法、语义等）去研究语言本身表达的意义（显性意义），而是根据语境研究话语的真正含义，解释话语的言外之意，弦外之音（即隐性意义）（何自然，1988）。

反问语气在不同的交际场合针对不同对象往往显示不同的语用意义。《朱子》是朱熹的讲学语录，其中包括大量学生的提问和老师的答疑。学生的问往往都是真性问，老师在答语中经常使用反问句，并在此基础上进一步分析阐述。这也是全文在行文上的一个特点，这种反问句也有它独特的语用意义。归纳起来，大致有以下几种类型。

第一，直接用反问句作答，显得直率，语气肯定。例如：

（1）问："避嫌是否？"曰："合避它可不避？如'瓜田不纳履，

李下不整冠',岂可不避？如'君不与同姓同车，与异姓同车不同服'，皆是合避处。"

（2）通老问："仁知动静，合二者如何？"曰："何必合？此亦言其多耳。不成仁者便愚，知者便一向流荡！要之，安静中自有一个运动之理，运动中自有一个安静之理，方是。"

（3）林问："'己欲立而立人'，与'己所不欲，勿施于人'，地位如何？"曰："且看道理，理会地位作甚么？高者自高，低者自低，何须去比并。"

（4）问："在天地上如何？"曰："关天地甚么？此是说《易》不外奇耦两物而已。"

第二，对别人的见解、观点加以否定，语气坚决，体现作为师长的"约束"力、导向性。例如：

（5）问："'明明德'意思，以平旦验之，亦见得于天者未尝不明。"曰："不要如此看，且就明德上说，如何又引别意思？读书最不要如此。"

（6）问："看'简'字，也有两样。"曰："只是这个简，岂有两样？"

（7）德明对曰："'勿'者，禁止之词。颜子工夫只是渐克将去，人欲渐少，天理渐多，久之则私意剥尽，天理复全，方是仁。"曰："虽如是，终是'勿'底意犹在，安得谓之仁？"

（8）曰："性只是仁义礼智，乃是道也，心则统乎性，身则主乎心，此三句可解。至于物，则身之所资以为用者也。"曰："此非康节之意。既不得其意，如何议论它？"

第三，强化自己的观点、见解。
先说明自己的观点，然后又用反问句进一步加以强调，或者先用一个反问句形式，再具体加以分析。例如：

（9）如"克、伐、怨、欲"，却不是要去就"克、伐、怨、欲"上面要知得到，只是自就道理这边看得透，则那许多不待除而自去。若实是看得大底道理，要去求胜做甚么？要去矜夸他人做甚么？"求仁而得仁，有何怨？"怨个甚么？耳目口鼻四肢之欲，惟分是安，欲个甚么？见得大处分明，这许多小小病痛，都如冰消冻解，无有痕迹矣。

（10）它说世间万物皆是虚妄，然又都是真实。你攻得它前面一项破，它又有后面一次，攻它不破。如明道云："若说幻为不好底性，则请别寻一个好底性来，换了此不好底性。"此语也攻它不破。它元不曾说这个不是性，它也说"直指人心，见性成佛"，何尝说这个不是性？你说"性外无道，道外无性"。它又何尝说"性外有道，道外有性"来？它之说，有十分与吾儒相似，只终不是……

（11）问："先生解经，有异于程子说，如何？"曰："程子说，或一句自有两三说，其间必有一说是，两说不是。理一而已，安有两三说皆是之理？盖其说或后尝改之，今所以与之异者，安知不曾经他改来？盖一章而众说丛然，若不平心明目，自有主张断入一说，则必无众说皆是之理。"

例（9）中先强调要"看透道理"，则许多其他东西自然去除，接着用四个反问句，说明"求胜、矜夸、欲、怨"等小事不值一提，最后又正面说明它们会"冰消冻解，无有痕迹"。例（10）强调说明"世间万物都攻不破"，并举例分析，用两个"何尝"反问说明为什么攻不破。例（11）说明"理只有一个，没有两三说都对的道理"，两个"安有"、"安知"反问形式从反面进一步说明。

第四，强调语义前提。

一件事情的存在、发生必须有一定的前提条件。如果前提条件不具备，就不会产生相应的结果。《朱子》中的大部分反问句都是强调这个前提的重要性。根据是否已经成为事实，可以分为两小类：一种是已成为事实，具有因果联系；一种是未成为事实，只是一种假设。从形式上看，语义前提可以出现在反问句的前面，也可以出现在反问句的后面。例如：

（12）有物便有理，若无事君底事，何处利忠孝？

（13）人心如一个镜，先来有一个影象，有事物来，方始照得见妍丑。若先有一个影象在里，如何照得？

（14）"性情"二字常相参在上。情便是性之发，非性何以有情？

健而不息，非性何以能此？

（15）有昼必有夜，设使长长为昼而不夜，则何以息？夜而不昼，安得有此光明？

（16）当初若无那两个人，如今如何有许多人？

在很多情况下都是从反面加以强调，即假设不存在这个前提就不会有相应的结果。例如：

（17）人若有气魄，方做得事成，于世间祸福得丧利害方敌得去，不被他恐动。若无气魄，便做人衰飒慑怯，于世间祸福利害易得恐动。只是如此。他本只是答公孙丑"不动心"，缠来缠去，说出许多"养气"、"知言"、"集义"，其实只是个"不动心"。人若能不动心，何事不可为？然其所谓"不动心"，不在他求，只在自家知言集义，则此气自然发生于中。不是只行一两事合义，便谓可以掩袭于外而得之也。

（18）窦问："傅说版筑，亦读书否？"曰："不曾读书，如何有《说命》三篇之文？'舜居深山之中，与木石居，与鹿豕游'，后来乃能作'股肱元首'之歌。便如颜子，亦大段读书。其问为邦，夫子告以'行夏之时，乘殷之辂，服周之冕，乐则韶舞'。颜子平时于四代礼乐、夏小正之类，须一一曾理会来……"

6.5　本章小结

这一章描写了各类反问形式，着重分析了新兴的反诘副词"不成"的语法化过程。通过对"不成"各种用法的分析，我们大致可以看出"不成"经历了这样一个过程："名词 + 不成 + 名词"→"名词 + 不成 + 动词/动词短语"→"不成 + 动词短语/小句"，"不成"由没有直接结构关系到组成一个常用的偏正结构，由偏正结构发展凝固为一个否定副词，由否定副词又演为反诘副词。最后对《朱子》中反问句进行语义语用分析。主要有四点：第一，直接用反问句作答，显得直率，语气肯定；第二，对别人的见解、观点加以否定，语气坚决，体现作为师长的"约束"力，导向性；第三，强化自己的观点、见解；第四，强调语义前提。

第 7 章

附加疑问句

7.1　关于附加疑问句

附加疑问句（tag-question）一般是附着在一个命题之后的一种简短的问句。例如：

（1）问："知至、意诚，求知之道，必须存神索至，不思则不得诚，是否？"

（2）问："女子亦当有教。自《孝经》之外，如《论语》，只取其面前明白者教之，何如？"

它由陈述和疑问两部分组成，其句法结构可以概括为：陈述句＋疑问句。是在陈述的基础上对所述内容进行提问，其基本语义是提出一个命题请求受话人就命题内容予以证实或发表意见、提出建议等，并在此基础上实现它的各种话语功能，它是日常交际中常用的一种问句形式。邵敬敏（1996）指出，附加问有三个特点：一、不独用，必须附加在某个非疑问句的后面；二、由疑问格式或疑问词单独构成疑问句；三、回答必须是简单的肯定或否定。并列举了三种附加问形式：①X不X；②怎么样？③语气词（如：嗯，啊等）。他主要是就现代汉语而论，其实这三种形式和近代汉语中的附加问关系密切。在近代汉语中，附加问在具体的表现形式上要稍丰富一些，其中的两种主要形式：①"X否"式，②"如何"式，与现代汉语中的形式比较就可以发现："X不X"是"X否"的句语形式的替换，"怎么样"是"如何"的词汇替换形式；在近代汉语中暂未发现用语气词来表附加问的情况。

另外我们从语料中统计到的各类附加问句都具有邵敬敏提出的附加问的前两个特点，关于邵所说的第三点（即回答必须是简单的肯定或否定）则不是必需的。因为附加问主要是用于征求对方的意见或建议，或向对方求证事实。回答者可以作简单的肯定或否定的回答，但更多的情况下还会说明自己的看法、理由等。就《朱子》中的附加问而言，一般是学生向老师询问，老师的解疑中大多在简单的肯定、否定之后都有较为详细的说明，有的根本就没有"是"或"否"之类的表态词，而是直接就问题加以说明，而在说明解答之中就已经表明了自己的观点。例如：

（3）或问："'反经合道'之说，程先生不取，乃云'不必说权，权即是经'，如何？"曰："某常以为程先生不必如此说，是多说了。经者，道之常也；权者，道之变也。道是个统体，贯乎经与权。如程先生之说，则鹘突了。所谓经，众人与学者皆能循之；至于权，则非圣贤不能行也。"

（4）或问："乾卦是圣人之事，坤卦是学者之事，如何？"曰："也未见得。初九、九二是圣人之德，至九三、九四又却说学者修业、进德事，如何都把做圣人之事得？"

（5）问："伊川分'乾之时'、'乾之义'，如何？"曰："也是觉得不亲切。圣人只是敷演其义，又兼要押韵，那里恁地分别！"

7.2 如何区分同形的非附加问？

确定一个形式为附加问可以根据上面邵敬敏提出的几个特点来判断。也就是说附加问成分在句法格式上看，位于一个陈述句后面，地位是独立的，与前面的句子没有结构关系，中间一般有停顿，可看做一个"独立成分"。从语用的角度看把它称作"附加问"，但是从形式上看，"S，是否/如何"等有时是一个歧义格式。看下面例子：

（1）又问："若所生父与所继父俱再娶，当持六丧乎？"曰："固是。"又问先儒争濮议事。曰："此只是理会称亲。当时盖有引庶园事，欲称'皇考'者。"又问："称'皇考'是否？"曰："不是。然近世儒者亦有多言合称'皇考'者。"

(2) 用之又问:"程子汲水桶之说,是否?"曰:"不然。'木上有水',是木穿水中,涨上那水。若作汲桶,则解不通矣,且与后面'羸其瓶凶'之说不相合也。"

(3) 问:"诸家多把'虎兕'喻季氏,'龟玉'喻公室,是否?"曰:"文义未有此意。"

(4) 问:"'君臣父子夫妇长幼朋友之常',如何?"曰:"事君忠,事亲孝。"问:"《或问》中谓'口鼻耳目四肢之用',是如何?"曰:"'貌曰恭,言曰从',视明,听聪。"

(5) 问: "无事时见得是如此,临事时又做错了,如何?"曰:"只是断置得不分明,所以格物便要闲时理会,不是要临时理会……"

(1)、(2) 例中"是否"都在句中作谓语,(1) 是问"称'皇考'对不对",(2) 是问"程子汲水桶的说法对不对",只不过 (2) 中主谓之间有逗号隔开了;在结构上"是否"是不独立的;例 (3) 则不然,前面部分"诸家多把'虎兕'喻季氏,'龟玉'喻公室"是一个完整的句子,表示一种观点,后面的"是否"补充询问这种观点对不对,在结构上完全独立,是一个附加问形式;例 (4) 中的"如何"也是作谓语,由于主语是引用的一句话,比较复杂,而后面的谓语"如何"又很简短,这样结构上有些失调,所以用逗号将两部分隔开。我们也可以认为谓语省略了一个"是",问"君臣父子夫妇长幼朋友之常"这一句话指的是什么,我们看看紧接着后面的提问就可以明白。例 (5) 中"如何"是补充询问原因,结构上也是独立的,是附加问形式。

7.3 《朱子》中附加问的句法形式

7.3.1 "P,X 否"式附加问

P 指位于附加问"X 否"之前的句子都是陈述句,而且大都是肯定性的 (下同),"X 否"往往是"是否"、"可否"、"得否"等。例如:

(1) 淳问:"《晋志》论浑天,以为天外是水,所以浮天而载地,

是否?"

（2）又问："'多闻，择其善者而从之，多见而识之'，不知可以作'多闻而识之，多见，择其善者而从之'，得否?"曰："闻、见大略争不多。较所闻毕竟多。闻须别识善恶而从。见则见得此为是，彼为非，则当识之，他日行去不差也。"

（3）伯丰问："《集注》云：'太王因有翦商之志。'恐《鲁颂》之说，只是推本之辞，今遂据以为说，可否?"

"X否"相当于现代汉语中的"X不X"，如"是不是"、"行不行"、"可不可以"等等。例如：

（4）周萍　我劝你，不要这样想，好不好？（曹禺《雷雨》）

（5）胡晓风　翠珊，你别这样对我，行不行？（老舍《桃李春风》）

吕叔湘（1982：286）曾指出："这类问句，从形式上看与选择问句没有区别。"

如果把前面例子中的"X否"换成现代汉语中的相应说法，即"X不X"或"X吗"的形式，整个句义不发生改变，在形式上仍然是附加问。在现代汉语中，"X吗"式的附加问并不少见。例如：

（6）鲁大海　我听说，你想叫四凤念书，是么？（曹禺《雷雨》）

（7）王福升　小姐，点心预备好了，放在五十一号，您去看看，好么？（曹禺《雷雨》）[①]

在实际运用中，附加问"X否"前常有一些帮助表询问的词语（如"不知"等），吕叔湘先生把它们称为"发问词"。例如：

（8）问："忠恕，看来也是动静底道理。如静是主处，动是用处，不知是否?"

（9）问："《圣学》章，一者，是表里俱一，纯彻无二。少有纤毫

[①]　（4）~（7）例转引自邵敬敏（1996）。

私欲，便二矣。内一则静虚，外一则动直，而明通公溥，则又无时不一也。一者，此心浑然太极之体；无欲者，心体粹然无极之真；静虚者，体之未发，豁然绝无一物之累，阴之性也；动直者，用之流行，坦然由中道而出，阳之情也。明属火，通属木，公属金，溥属水。明通则静极而动，阴生阳也；公溥则动极而静，阳生阴也。而无欲者，又所以贯动静明通公溥而统于一，则终始表里一太极也。不审是否？”曰：“只四象分得未是。此界两边说……”

（10）伊川第四说答鲜于侁曰：“使颜子以道为乐而乐之，则非颜子矣。”窃意伊川之说，谓颜子与道为一矣。若以道为可乐，则二矣。不知然否？

有时候在附加问句中还用指代性成分“如此”或“此意”等来复指前面的内容。例如：

（11）问：“‘其次致曲’与《易》中‘纳约自牖’之意亦略相类。‘纳约自牖’是因己之明而推之。是如此否？”曰：“正是如此。”

（12）“如公昨夜之说，只是发动方用克，则未发时，不成只在这里打瞌睡蒙憧，等有私欲来时，旋捉来克！如此得否？”

前面也可加上发问词，例如：

（13）问：“人常云，如鸡覆子，啐啄同时，不知是如此否？”

7.3.1.1　“X”为“是”

构成“是否”式附加问。“是”可以是形容词，表示“正确”、“对”的意思，“是”也可作判断词，两者的语义联系是很密切的，后者从前者发展而来，有时甚至难以区分“是”到底是形容词还是判断词。例如：

（1）又问：“金生水，如石中出水，是否？”

此例中“是否”既可以理解为“是不是这样”，也可以理解为“对不对”。

在“是否”式的附加问中，如果有明确的上下文语境，就可以帮助我们来判断它所表示的具体意思，看下例：

（2）或问："'回何敢死'，伊川改'死'为'先'，是否？"

此例中"是"是形容词，相当于"对不对"。

（3）问："'天理人欲同体而异用'，先生以为未稳，是否？"

例（3）是学生向先生求证他已说过的话，"是"是判断词，相当于"是这样吗"。

"是否"是《朱子》中用得最多的"X否"式附加问，共有43例，从内容上可以分为三种。

第一，前面的命题是在陈述一些事实，附加问的目的是对这些事实的真实性提出疑问。例如：

（4）问："经星左旋，纬星与日月右旋，是否？"曰："今诸家是如此说。"

（5）问："《周礼》所载诸公之国方五百里，诸侯之国方四百里云云者，是否？"曰："看来怕是如此。"

（6）又问："欧公所作帝王世次序，辟《史记》之误，果是否？"曰："是皆不可晓。"

（7）问："鲁桓公为齐襄公所杀，其子庄公与桓公会而不复仇，先儒谓《春秋》不讥，是否？"曰："他当初只是据事如此写在，如何见他讥与不讥？"

第二，前面的命题是在陈述他人的一些观点或做法，附加问的目的是询问这些观点或做法对不对、合不合理。例如：

（8）至之问："康节说'天开于子，地辟于丑，人生于寅'，是否？"曰："模样也是如此。"

（9）问："今人言情恕，恕以待人，是否？"曰："似如此说处，也未见他邪正之所在。"

（10）或问："'回何敢死'，伊川改'死'为'先'，是否？"曰："伊川此话，门人传之恐误，其间前后有相背处。"

（11）曰："太阳、太阴各有一阴一阳，少阳、少阴亦有一阴一

258

阳，是分为八卦也。"问："前辈以老阴、老阳为乾、坤，又分六子以为八卦，是否？"曰："六子之说不然。"

第三，前面的命题是表达自己对某些事情的看法或者对所读的书的理解和认识，后面附加问的目的是求证自己的看法或理解正不正确。例如：

（12）伯丰问："颜子之乐，不是外面别有甚事可乐，只颜子平日所学之事是矣。见得既分明，又无私意于其间，自然而乐，是否？"曰："颜子见得既尽，行之又顺，便有乐底滋味。"

（13）问："顷闻先生言，'耳目之精明者为魄，口鼻之嘘吸者为魂'，以此语是而未尽。耳目之所以能精明者为魄，口鼻之所以能嘘吸者为魂，是否？"曰："然。"

（14）曰："且看敬则如何不会聪明！敬则自是聪明。人之所以不聪不明，止缘身心惰慢，便昏塞了。敬则虚静，自然通达。"贺孙因问："周子云'静虚则明，明则通'，是此意否？"曰："意亦相似。"

（15）问："'故旧不遗，则民不偷'，盖人皆有此仁义之心。笃于亲，是仁之所发……故不遗旧故，则民兴仁义。是如此否？"

上面的（14）、（15）两例还在"是否"之间插入了"此意"、"如此"等代词性成分。

除了上面用"是否"这种最简单的附加问形式外，还有一些变体，如在前面加上发问词如"不知、未知"等，构成"不知/未知是否"的形式，共有13例，前者11例，后者2例。从内容上看，这类附加问都是用来求证自己前面的看法对不对，在语气上更加委婉一些。例如：

（16）"近又闻先生云：'化其大之迹谓圣。'窃尝玩味三者之言，恐是一意，不知是否？"曰："然。"

（17）又问："二十九章'君子之道本诸身'以下，广看得第一第二句是以人己对言，第三第六句是以古今对言，第四第五句是以隐显对言，不知是否？"曰："也是如此。"

（18）"于此，则言气同而理异者，所以见人之为贵，非物之所能并；于彼则言理同而气异者，所以见太极之无亏欠，而非有我之所得为也。以是观之，尚何疑哉！有以《集注》或问异同为疑者，答之如此，未知是否？"先生批云："此一条论得甚分明。"

（19）立之问："某常于事物未来，思虑未萌时，觉见有惺惺底意思；故其应变接物，虽动，却有不动之意存。未知是否？"曰："应变接物，只要得是。"

有时候在"是否"的前面加上"此语/此意/此说"等，构成"此语/此意/此说是否"的附加问形式，共有9例。"此语/此意/此说"是复指前面的命题，在附加问中充当主语，这类的附加问都是求证别人的说法、观点等是否正确。下面各举一例：

（20）又问："康节云：'阳一而阴二，所以君子少而小人多。'此语是否？"曰："也说得来。"

（21）"'如此而往，则吉而无不利。'此说是否？"曰："便是伊川说得太深。"

（22）汪圣锡尝问某云："了翁政日录，其说是否？"应之曰："不是。"

（23）问："'雷在天上，大壮，君子以非礼弗履'，伊川云云，其义是否？"曰："固是。"

7.3.1.2 "X"为助词

能进入这一格式的助词主要有"可"、"得"，构成"可否/得否"的形式。相当于现代汉语的"行不行"、"可不可以"，主要是就自己的一些看法或行为来征求对方的意见。共有20例，其中"可否"13例，"得否"7例，在形式上也有一些变体。例如：

（1）又问："或朋友间急来觅一物，自家若无，与他去邻家觅之，却分明说与，可否？"曰："这个便是自家要做一面人情，盖谓是我为你乞得。"

（2）伯丰问："集注云：'太王因有剪商之志。'恐《鲁颂》之说，只是推本之辞，今遂据以为说，可否？"曰："《诗》中分明如此说。"

（3）问："'正义不谋利'，在处事之先；'明道不计功'，在处事之后。如此看，可否？"曰："恁地说，也得。"

（4）问："如语孟中设有大疑，则无可问处。今欲于此数月拣大头段来请教，不知可否？"曰："好。"

（5）问："'不至于谷'，欲以'至'为'及'字说，谓不暇及于禄，免改为'志'，得否？"曰："某亦只是疑作'志'，不敢必其然。"

（6）问："'四十而不惑'，是知其然；'五十知天命'，是知其所以然。如此说，得否？"曰："如门前有一溪，其先得知溪中有水，其后知得水源头发源处。"

上面例（3）、（6）中的"如此看，可否""如此说，得否"在形式上是一个完整的句子，但是"如此看/说"都是复指前面的观点或说法，而且形式短小，所以我们还是将其当成是附加问句。

与"可否"语义相当的还有"可乎"附加问形式，用现代汉语说就是"行吗"、"可以吗"，"否"字用语气词"乎"来代替。在现代汉语中"行不行"和"行吗"在一般情况下也是可以互换的，只是形式不同而已。因此将"可乎"也一并放在这里讨论。在《朱子》中用于附加问的"可乎"共有 5 例。例如：

（7）问："丧、祭之礼，今之士固难行，而冠、昏自行，可乎？"曰："亦自可行。"

（8）先生曰："就人一身言之：易，犹心也；道，犹性也；神，犹情也。"翌日再问云："既就人身言之，却以就人身者就天地言之，可乎？"曰："天命流行，所以主宰管摄是理者，即其心也；而有是理者，即其性也，如所以为春夏，所以为秋冬之理是也；至发育万物者，即其情也。"

（9）问："杨墨之类，只是过不及，皆出于仁义，谓之天理，则可。如世之大恶，谓之天理，可乎？"曰："本是天理，只是翻了，便如此。"

7.3.1.3　"X"为形容词
能进入这一格式的形容词主要是"然"，构成"然否"式附加问，在形式上也有一些变体，共 6 例。相当于现代汉语中的"是不是这样"、"对不对"等意思。例如：

（1）"有动有静，有作有止，故亦有阴阳鬼神之理，古人所以祀之。然否？"曰："有此物便有此鬼神，盖莫非阴阳之所为也。"

（2）若专用人心而不知道心，则固流入于放僻邪侈之域；若只守道心，而欲屏去人心，则是判性命为二物，而所谓道心者，空虚无有，将流于释老之学，而非虞书之所指者。未知然否？

（3）问："艾轩解'俨若思'，训'思'字作助语，然否？"曰："训'思'字作助语，尚庶几；至以'辞'字亦为助语，则全非也。"

（4）或问："齐威塞九河以富国，事果然否？"曰："当时葵丘之会，申五禁，且曰'无曲防'，是令人不得私自防遏水流，他终不成自去塞了最利害处！"

例（1）、（2）是求证自己的看法或理解是否正确，例（3）是想询问他人对词语的解释对不对，例（4）是求证一个事实。

另外我们还发现 1 例用"当"构成的附加问，相当于问"这样合不合理"，见下：

（5）大雅云："前辈多云，道心是天性之心，人心是人欲之心。今如此交互取之，当否？"曰："既是人心如此不好，则须绝灭此身，而后道心始明。"

7.3.1.4 "X"为副词

我们在文本中只发现一个副词"果"，形成"果否"的形式，主要是用于求证事实，相当于"真的是这样吗"、"真有这回事吗"。例如：

（1）先生以《参同契》示张以道云："近两日令书坊开得，然里面亦难晓。"义刚问："曾景建谓《参同》本是《龙虎上经》，果否？"曰："不然。"

（2）因问："或云'先生许其说乾、坤二卦本于诚敬'，果否？"曰："就他说中，此条稍是。"

（3）铢因问："世所传张纲书解，只是祖述荆公所说。或云是闽中林子和作，果否？"曰："或者说如此，但其家子孙自认是它作。"

（4）问："或言孝宗于内殿置御屏，书天下监司帅臣郡守姓名，作揭贴于其上，果否？"曰："有之。"

"果否"式在全书中用例并不多见，共才 4 例。也许应该把它看做"果是否"或"果如此否"等的省略形式，"果"只是加强求证的语气，因为我们在材料中发现这样的用例：

（5）又问："欧公所作《帝王世次序》，辟《史记》之误，果是否？"

（6）问："太王里有翦商之志，果如此否？"曰："《诗》里分明说'实始翦商'。"

7.3.2　"P，如何"式附加问

由疑问代词"如何"构成的附加疑问句是所有附加问句中数量最多的一类，仅单独由它构成的"P，如何"格式就有 561 例。例如：

（1）器远问："穷事物之理，还当穷究个总会处，如何？"曰："不消说总会。凡是眼前底，都是事物，只管恁地逐项穷究到极至处，渐渐多，自贯通。然为之总会者，心也。"

（2）问："《或问》说'仁义礼智之性'，添'健顺'字，如何？"曰："此健顺，只是那阴阳之性。"

（3）问："伊川云：'歌必全章'与'割不正不食'同义，如何？"曰："是直候歌者彻章，然后再从头和之，不是半中间便和。恐是此意。"

（4）或问："必有是理，然后有是气，如何？"曰："此本无先后之可言。"

（5）问："卫公子荆，夫子称其居室之善，如何？"曰："此亦姑举其一事之善而称之，又安知其他无所长乎？"

（6）又问："河决了，中心平处却低，如何？"曰："不会低，他自择一个低处去。"

这里"如何"相当于现代汉语中的"怎么样"。例如：

> 咱们这就去，怎么样？
> 所以我才合你商量，你想着怎么样？（《儿女英雄传》）

吕叔湘先生（1982）认为这类句子不是泛问事物的性质如何，只是问这件事好不好，使得不使得，实质已经等于"是非问句"了。他还列举了在文言中这种商量可否的例子。

> 仍旧贯，如之何？（《论语》）
> 亦使知之，若何？（《左传·僖公二十四年》）
> 吾欲之南海，何如？（清·彭端淑《为学》）

我们认为这种"如何"式附加问在语义上主要是商榷询问，包括两方面，一是如吕先生所说的询问这件事行不行、好不好等；二是提出自己或别人的观点和看法，希望对方就这些观点、看法作出评价。这后一类在《朱子》中所占的比例最大，这也主要与书中所涉及内容有较大的关系。现举几例：

> （7）问："大抵学便要践履，如何？"曰："固然是，《易》云'学以聚之，问以辨之'，既探讨得当，又且放顿宽大田地，待触类自然有会合处。"
>
> （8）问："'过此几非在我者'，莫只见许多道理，不见自身已，如何？"曰："这只是说循循勉勉，便自住不得，便自不由自身己……"
>
> （9）问："伊川谓'使颜子而乐道，不足为颜子'，如何？"曰："乐道之言不失，只是说得不精切，故如此告之。今便以为无道可乐，走作了。"
>
> （10）尧卿问："《注》'克己复礼'改作'博文约礼'，如何？"曰："说博文时，和前一段都包得。'克己复礼'，便只是约礼事。今若是不博文时便要去约，也如何约得住！"

例（7）是先说明自己对学习的认识，即学习要重视实践，然后询问对方如何看待这种认识；例（8）是先提出自己对"过此几非在我者"这句话的理解，然后询问对方自己的理解对不对；（9）则是提出伊川的一种观点，询问对方如何评价；例（10）是问对方如何看待《注》将"克己复礼"改作"博文约礼"这种做法。

"如何"式附加问除了上述主要形式外还有很多变体，共有 71 例。下面分别说明。

"P，不知如何"式

这是在"如何"的前面加上发问词"不知"构成的，在基本意义上与原式没有差异，只是语气要更委婉一些。共 15 例：

（11）"在圣人则'至诚无息'，而万物各得其所也。如此，则忠恕却有两用，不知如何？"曰："皆只是这一个。"

（12）"疑'善恶'二字是虚字，如易八卦之吉凶。今以善恶配为四象，不知如何？"曰："更子细读，未好便疑。"

（13）或问："近见廖子晦言，今年见先生，问延平先生'静坐'之说，先生颇不以为然，不知如何？"曰："这事难说。"

"P，此说/其说/此语如何"式

这类变体是在"如何"的前面用代词复指前面某种观点或说法，询问对方对这种观点或说法的评价。所用的复指成分有"此说"、"其语"、"此语"等，共 71 例。其中"P，此说如何"式 27 例；"P，其说如何"式 9 例；"P，此语如何"式 7 例，有时还在复指成分前面再加上"不知"、"未审"之类的发问词。下面各举两个用例。

（14）廷老问："李先生以为为学之初，凡遇一事，当且就此事反复推寻以究其理。此说如何？"曰："为学之初，只得如此。"

（15）"孔子言'道之盛衰，自应以己任之'，未审此说如何？"曰："不消如此看。"

（16）又问："上蔡'先从偏处克将去'，其说如何？"曰："也不特恁地。夫子说非礼勿视听动，便尽包得了……"

（17）问："'参天两地'，旧说地为五生数中，天参地两，不知其说如何？"曰："如此只是三天两地，不见参两之意。"

（18）问："南轩：'鬼神，一言以蔽之曰，诚而已。'此语如何？"曰："诚是实然之理，鬼神亦只是实理。"

（19）问："横渠言'物所不能无感谓性'，此语如何？"曰："有此性，自是因物有感。"

"P，此意如何"式

这一小类也是在"如何"前面加上复指成分，只是这类在语义上是针对一句话的意义或含义进行提问，所以复指成分用"此意"，共 13 例。例如：

（20）又问："'遁尾厉，勿用有攸往'者，言不可有所往，但当晦处静俟耳。此意如何？"曰："程《传》作'不可往'，谓不可去也。言'遁已后矣，不可往，往则危。往既危，不若不往之为无灾'。某窃以为不然。遁而在后，既已危矣，岂可更不往乎！若作占辞看，尤分明。"

（21）下云："'学者审己而自择焉，可也。'未审此意如何？"

例（20）中的前部分对"遁尾厉，勿用有攸往"这句话的意义进行了解释，后面的附加问"此意如何"是询问这样的解释怎么样，从后面的答语看回答者作了详细的分析。例（21）则是直接询问古人"学者审己而自择焉，可也"这句话中的含义。

"P，何如"

"何如"与"如何"在用于附加问中的语义基本上相同，也是用于商榷询问，也就是问"（你）认为怎么样"、"你看行不行"等，所以也放在这里讨论。"P，何如"式附加问共有 31 例。例如：

（22）问："女子亦当有教。自《孝经》之外，如《论语》，只取其面前明白者教之，何如？"曰："亦可。"

（23）问："'无友不如己者'，伊川以为同志，何如？"曰："此求之过。"

（24）道夫问："设当孔子晚年，时君有能用之，则何如？"曰："便是不衰，如孔子请讨陈恒时，已年七十一，到此也做得个甚！"

（25）"只是说所行不义，则慊然而馁。今说'蔽'字，则是说知之意，不知何如？"曰："蔽，是遮隔之意。"

7.3.3 "P，何也"式附加问

"何也"式附加问是指用"何也"等来询问原因的附加问的形式，因为"何也"是这种形式中运用最多的，共有 258 例，所以以它来作代表。另外还有"何故"19 例、"何耶"7 例、"何哉"3 例，共 29 例。语义上它们都是询问原因，形式也都是最简单的，都没有其他变体，下面分别举例：

（1）问："圣人不记事，所以常记得；今人忘事，以其记事，何也？"曰："圣人之心虚明，便能如此。"

（2）郑问："它说'中无倚着'，又不取龟山'不偏'说，何也？"曰："他谓中无偏倚，故不取'不偏'说。"

（3）问："'形色天性'下，只说践形而不云色，何也？"曰："有此形则有此色，如鸟兽之形自有鸟兽颜色，草木之形自有草木颜色。"

（4）问："《中庸》言自明而诚，今先生教人以诚格物，何故？"曰："诚只是一个诚，只争个缓顷。"

（5）问："'正颜色，斯近信矣。'此其形见于颜色者如此之正，则其中之不妄可知，亦可谓信实矣，而只曰近信，何故？"曰："圣贤说话也宽，也怕有未便恁地底。"

（6）问："郑人赂晋以女乐，乃有歌钟二肆，何故？"曰："所谓'郑声'，特其声异耳，其器则同。"

（7）蜚卿问："忠恕即道也，而曰'违道不远'，何耶？"曰："道是自然底。"

（8）问："坤上六，阴极盛而与阳战，爻中乃不言凶。且乾之上九犹言'有悔'，此却不言，何耶？"曰："战而至于俱伤，'其血玄黄'，不言而凶可知矣。"

（9）或问："汉三公之官与周制不同，何耶？"曰："汉初未见孔壁古文《尚书》中《周官》一篇说太师、太傅、太保为三公。"

（10）又问："夷惠皆言'风'，而不以言伊尹，何哉？"曰："或者以伊尹为得行其道，而夷惠不得施其志，故有此论。"

（11）曰："故圣贤之所推尊，学者之所师慕，亦以其心显白而无暗暧之患耳。而谓不可见，何哉？"曰："不知程子当时说如何，钦夫却恁说。"

7.3.4 "P，奈何"式附加问

"奈何"是用来询问方法，相当于"怎么办"、"怎么处理"等，共4例：

（1）"看来立叔齐虽以父命，然终非正理，恐只当立伯夷。"或曰："伯夷终不肯立，奈何？"曰："若国有贤大臣，则必请于天子而立之，不问伯夷情愿矣。"

（2）"'如是而止，乃得止之道。'窃恐外物无有绝而不接之理，若拘拘然务绝乎物，而求以不乱其心，是在我都无所守，而外为物所动，则奈何？"曰："此一段亦有可疑，外物岂能不接。"

（3）徐子融问："水火，明知其可畏，自然畏之，不待勉强。若是人欲，只缘有爱之之意，虽知之而不能不好之，奈何？"曰："此亦未能真知而已。"

（4）问："私欲难克，奈何？"曰："为仁由己，而由人乎哉！"

上面的例（1）、（2）是问假设在某种情况下该怎么办，特别是（2）用了"若……则奈何"的形式，假设的意味就更明显；（3）、（4）则是问面对某件事该怎么办，这种事情一般是实际存在的，问话人想询问解决问题的办法。

7.4 附加问句的语义、语用分析

附加疑问句由陈述和疑问两部分构成，陈述部分的内容可以是一件事实，别人的行为或言论，也可以是说话人自己的一些认识见解、看法等。即内容可以是主观的，也可以是客观的，但问话人对陈述部分的信息的认

知程度是不一样的，因此，后面的问实际上是一种怀疑，在语义上可以概括为：陈述＋疑问。问的目的有多种，可能是寻求答案，可能是求得证实，或者是寻求答话人的意见和建议等。下面分别说明。

第一，寻求答案。

说话人对陈述部分的内容或原因不太了解，后面询问的目的是想从答话人这里得到有关的答案或原因。

（1）徐子融问："水火，明知其可畏，自然畏之，不待勉强。若是人欲，只缘有爱之之意，虽知之而不能不好之，奈何？"曰："此亦未能真知而已。"

（2）厚之问："人死为禽兽，恐无此理。然亲见永春人家有子，耳上有猪毛及猪皮，如何？"曰："此不足怪。"

（3）问："动物有知，植物无知，何也？"曰："动物有血气，故能知。"

（4）问："《中庸》言自明而诚，今先生教人以诚格物，何故？"曰："诚只是一个诚，只争个缓颊。"

（5）问："诸家皆言不为东周。集注却言'兴周道于东方'，何如？"曰："这是古注如此说。"

（6）道夫问："设当孔子晚年，时君有能用之，则何如？"曰："便是不衰，如孔子请讨陈恒时，已年七十一，到此也做得个甚！"

第二，寻求证实。

问话人对自己或别人的一些观点、说法是否正确，或对一些事情不能断定其是否真实，希望得到答话人的证实。例如：

（7）问："'三以天不让'，程言：'不立，一也；逃之，二也；文身，三也。'不知是否？"曰："据前辈说，亦难考。他当时……"

（8）问："管仲，'如其仁'，颜漙说作管仲之仁如召忽，是否？"

（9）廷老问："李先生以为为学之初，凡遇一事，当且就此事反复推寻以究其理。此说如何？"曰："为学之初，只得如此。"

（10）或问："尹和靖言看语录，伊川云：'某在，何必看此？'此语如何？"曰："伊川在，便不必看；伊川不在了，如何不看！"

（11）又问："'遁尾厉，勿用有攸往'者，言不可有所往，但当晦处静俟耳。此意如何？"曰："程《传》作'不可往'，谓不可去也。"

例（7）是问"三以天不让"是否像程子解释那样；例（8）是想求证颜漕的说法对不对；例（9）、（10）、（11）是先提出某个人的观点，然后请答话人对这些观点进行评价。

第三，寻求意见或建议。

说话人就自己或他人的一些认识和见解想法等，拿不定主意，想征求意见，希望能得到对方的一些建议。例如：

（12）问："先持敬，令此心惺惺了，方可应接事物，如何？"曰："不然。"

（13）问："女子亦当有教。自《孝经》之外，如《论语》，只取其面前明白者教之，何如？"曰："亦可。"

（14）问："'狂而不直'之'狂'，恐不可以进取之'狂'当之。欲自之以轻率，可否？"

（15）翌日再问云："既就人身言之，却以就人身者就天地言之，可乎？"

（16）问："子贡，'女器也'，唤作不是君子，得否？"

以上各例相当于询问"怎么样"、"可不可以"、"行不行"等。

其实，不论是寻求证实也好，征求意见也好，都表明说话人对前面陈述部分的内容的一种不肯定的态度，因此从语用功能上可以概括为：相信＋怀疑。有时候，说话人从心理上讲是较为肯定的，但他不想表现得肯定，用附加问的形式来传递信息显得更婉转，一方面是表现对对方的一种尊重，另一方面也使自己显得更加谦虚。在《朱子》中，很多时候是学生向先生发问的，所以这种委婉、谦逊的提问方式在书中屡见。

7.5 本章小结

这一章主要讨论了《朱子语类》中的附加问的句法形式、语义语用内容以及所反映的说话人的认知状态。附加疑问句句法结构形式可以概括为"陈述句＋疑问句"；语义功能概括为"陈述＋疑问"；语用功能概括为"相信＋怀疑"。说话人的认知状态可描写为：说话人在发问时对附加疑问句陈述部分所表达的命题既有不同程度的相信，又有不同程度的怀疑。有时候，说话人从心理上讲是较为肯定的，但他不想表现得肯定，用附加问的形式来传递信息显得更婉转，这是一种"主观着色"，其目的一方面是表现对对方的一种尊重，另一方面也使自己显得更加谦虚。

第8章

《朱子语类》问句系统的语用、语篇分析

8.1 说明

前面几章分别对问句系统中的各种类型从句法、语义的角度作了分析。在这一章里，我们将问句作为一个完整的系统，看它在具体的语言使用中的情况。《朱子语类》是一部讲学语录，整部书自始至终都是以对话的形式展开的，因此我们可以把它看做一个话语语篇，而其中的问句又是语篇中一个十分重要的组成部分，所以我们想从语用和语篇的角度来观察问句。

8.2 疑问句的语用因素分析

疑问句最基本的语用功能就是探询信息。我们可以从不同的角度对疑问句进行分类，这些不同的角度实际上体现了疑问句的使用和很多的语用因素有关。语用因素包括语境知识、百科信息、人们的认知状态和心理状态及说话者的态度、交际意图等。这些语用因素影响我们对句法结构的运用和选择。徐盛桓（1999）认为："语法形式反映语用因素。""语用因素转化为语法上的程式。"陆丙甫（2003）指出："语用主要反映结构内成分跟结构外因素（语境，说话者态度等等）的联系。"他们都明确指出了语法形式和语用因素之间的密切联系。就疑问句而言，问话人对所问及的相关事态的认知状况是影响疑问句最重要的语用因素。此外还包括发问人的期望、问话的目的或意图等语用因素。在这里主要以《朱子》为语料，通过对各种语用因素的分析来得到对疑问范畴的各种语法关系的认识。

8.2.1　认知状况

认知状况是一种心理表征，指讲话人对所述事件或命题的态度，或对所述事件或命题的理解和把握的程度，即知识状态（牛保义，2003）。发问人在提问时可能对相关事态一无所知，问是为了求答，是全疑；或许是有所了解，但不太确定，问是为了求证，是有信有疑，其中存在信大于疑和疑大于信两种可能性；有时发问人并不存在疑问，问是为了达到特定的语用目的和效果，是非疑。张伯江（1997）根据传信范畴理论认为，语法中的事件范畴与人类现实性的认识特征有关。语言运用者对有关事态的认识可以转化为语言运用的信念，成为某些语法现象的实据。在疑问句中，发问人可以根据自己的认知状况和表达需要采取强发问和弱发问的形式（徐盛桓，1999）

当发问人在没有预期、没有倾向性的情况下，需要答话人就命题内容作出是与非的判断，或就某一个特定的问域（如人物、时间、地点、方式、原因等）给出信息，在句法形式上他会采用一般的是非问句和特指问句，属于强发问。例如：

（1）问芒："史书记得熟否？"

（2）心有善恶否？

（3）天地之中与程子天然自有之中，是一意否？

（4）问贺孙："读《大学》如何？"曰："稍通，方要读《论语》。"

（5）月何缘受得日光？

（6）何谓"是以君子有絜矩之道"？

（7）"小过，小者过而亨"，不知"小者"是指甚物事？

（1）～（3）是一般的是非问，要求听话人作出是与非或肯定与否定的回答。（4）～（7）是特殊问，要求听话人就情状、原因、对象、事物等作出回答。

选择问和反复问句是在一组（一般是两个）情况中选择，与特殊问相比，缩小了询问的信息范围，在疑问程度上来说相对要弱一点。例如：

（8）解瑟为严密，是就心言，抑就行言？

（9）美，是里之美？抑人之美？

（10）……不知孟子奈何得下，奈何不下？

（11）看得爱也不爱？

例（8）中，"心"与"行"两方面相对于"就什么而言"范围小，问话人只是不知道应该选"心"还是选"行"。例（9）同理，问话人知道这里所说的美是指"人"或"里"，只是不知具体是哪一方面而已。(10)、(11)例已经把问题限制在正反两面，只需答话人作出选择。

当问话人心中对询问的内容存在既信又疑的情况，即心中存在一定的倾向性时，他会采用有标记的是非问句（可称为测度问）和附加问句的形式。有标记的是非问句是指在句中带有能体现问话人倾向的一些副词，如"莫"、"恐"、"使"、"果"、"须"、"当"、"只"或者加判断词"是"，也可采用否定形式等。例如：

（12）如此，则心之理乃是形而上否？

（13）此生之道，其实也是仁义礼智信？

（14）颜子"不迁怒，不贰过"，莫只是静后能如此否？

（15）《注》云"乐有五声十二律，更唱迭和"，恐是迭为宾主否？

（16）程子谓孔子之志，必将正各其罪，上告天子，下告方伯，而率与国以讨之。不知天子果能从否？

（17）……夜来说神仙事不能得了当，究竟知否？

（18）夫子得政于卫，须有所废立否？

（19）"以功用谓之鬼神，以妙用谓之神"，此二"神"字不同否？

（20）伊川云"伊尹终有任底意思在"，谓他有担当作为底意思，只是这些意思，便非天子气象否？

（21）窃意横渠大意只是如此，不知是否？

（22）"不违如愚"一章。"心融"，恐是功深力到处，见得道理熟了，故入于心，随即融化，更无渣滓。故其发见于日用之间，从容和顺，所以能发明圣人之道，非生将道理体贴力行之也。是否？

（12）~（20）是带有各种标记的是非问句，（21）、（22）是附加疑问句，从表意来看，问话人多倾向于信或肯定的一方，但又有不确定的一面，希望答话人对其予以证实等。是弱发问，"非疑"即无疑而问是发问人对探询内容不存在怀疑，用问句的目的是为了表示强调、建议等。例如：

（23）若心不在，那里得理来！

（24）天下万物万理，何者不出于此理？何者不出于阴阳？

（25）学校本是来者不拒，去者不追，岂有固而留之之理？

以上 3 例都是意在强调，不存在疑问。

8.2.2 期望

与问紧密相连的是答，发问人问话的目的是希望能从答话者那里得到回答，可以说，问话人根据自己对未知信息的需求而期望从答话人那里得到满足，即肯定/否定回答、针对性的定向回答、选择回答、确认性回答乃至不需要回答等。可以看出疑问程度越高，求答的期望值也越高；反之，疑问程度越低，求答的期望值也越低；无疑而问的反问句则在大多数的情况下根本不需要回答。①

下面举例说明：

（1）问："仁之全体，在克己上？"

（2）问："万物灿然，还同不同？"曰："理只是这一个，道理则同，其分不同。"

（3）问："明德合是心，合是性？"曰："性却是实，以感应虚明

---

① 有学者认为反问句有时也有答案，如邵敬敏（1996：182），他认为反问句不疑却问，并不是不要对方回答，而是要求对方的回答与自己的看法一致，反问句是一种对答语导向性十分明显的问句。他举例如：
（1）陈白露 怎么，这个地方不好么？
方达生 嗯——好！好！（曹禺《日出》）
（2）陈白露（不放松） 难道我们从前有什么关系？
方达生（嗫嚅） 自然也不能说没有。（低头）不过你应该记得你是很爱过我，并且你也知道我这次来是为什么。（曹禺《日出》）

言之，则心之意亦多。"

（4）问："如何是反身穷理？"曰："反身是着实之谓，向自家体分上求。"

（5）问："颜子'不改其乐'，莫是乐个贫否？"曰："颜子私欲克尽，故乐，却不是专乐个贫。"

（6）问："……实取诸物之象，决不了易。若圣人姑假是象以明义者，当初若别命一象，亦通得，不知是如此否？"曰："圣人自取之象，也不见得如此，而今只得因象看义。若恁地说，则成穿凿了。"

（7）问："《集注》云：'仕所以行君臣之义，故虽知道之不行，而不可废。'末云：'亦非忘义徇禄也。'此'义'字，似有两意。"曰："如何是有两意？只是一意。才说义，便是捡去，就都说。道合则从，不合则去，便是此义，非但只说要出仕为义。"

（8）子夏岂是狷介？只是弱耳。

例（1）是是非问句。发问人期望得到肯定或否定的回答。例（2）、（3）分别是反复问和选择问，发问人期望对方在他所提的范围内（两项）或正反两面进行选择回答。（4）是特指问句，发问人期望受话人就疑问词"如何"表示的意义作出回答，这是就某一问域提问，回答是针对问域的定向性回答。（5）是带有测度问标记，具有明显的推测性质。（6）中前部分是问话人对"象"的理解，问话的目的是想知道自己的理解对不对，问是为了求证。（5）、（6）都带有明显的肯定性倾向。（7）、（8）两例中运用了反问句。就意义而言，问话人的问域是空域，即不存在疑问，这也可从后面的话语看出来，其反问的目的是为了否定问话人的看法，如例（7）。从以上的例句分析可以看出，从需要受话人的回答来填补疑问域到不用对方回答，发问人的期望值在逐渐降低，它与问话人的知识状态，也就是存疑程度呈正相关的关系，即疑问程度越高，对答案的期望值也就越大，反之亦然。疑问程度是一个连续统，其求解的期望值也是一个连续统：

疑问程度：全疑 > 疑大于信 > 信大于疑 > 无疑

求解期望值：肯（否）定回答/定向回答 > 选择回答 > 确认性回答 > 不需要回答

在问句系统里，问话人所选用的句法形式反映了他就探询信息的了解程度所作出的推断，同时也反映了他对得到相应回答的期待。

8.3 问句系统的语篇分析

在话语和语法的关系方面，研究者感兴趣的是话语结构是如何跟语法问题相联系的（徐赳赳，1991），还有话语组织的原则是如何解释一些重要的语法现象的，代表作有韩礼德的《功能语法引论》（1994）。

系统功能语法理论是话语分析的重要的理论资源。它为语篇分析建立了一个系统的模型，该模型在每一个元功能和语法系统之间建立实现关系，也在语境和语篇的图式结构之间建立联系。

8.3.1 语境和语篇

8.3.1.1 韩礼德关于语言元功能的思想

韩礼德作为系统功能语法的代表人物，他的关于语言的元功能思想是系统功能语法的理论核心之一。韩礼德认为语言的性质决定人们对语言的要求，即语言所必须完成的功能。这种功能是无限丰富的，但我们可以把它归纳为几个有限的抽象的更为概括性的功能，即"元功能"或"纯理功能"（metafunction），这种功能是所有语言都具备的，是语言的普遍特征。这种元功能包括三个方面：

（1）概念功能：人类语言普遍具有的反映客观世界和主观世界各种经验和逻辑关系的功能。

（2）人际功能：反映人与人之间的关系。语言除了传递信息之外，还具有表达说话者的身份、地位、态度、动机等功能，通过这一功能，讲话者使自己参与到某一情景中，来表达他的态度，并试图影响他人的态度和行为。

（3）语篇功能：实际使用中的语言单位不是词或句子这样的语法单位，而是表达相对来说完整思想的"语篇"（text），上述两种功能只有由说话人把它们组织成篇才能实现。

8.3.1.2 韩礼德对语境和语篇关系的论述

韩礼德最早论及语境是在 1956 年，这时的语境只是语言层面上的语言环境，即上下文。从 20 世纪 60 年代开始，他把研究重点放在语境变量的分类以及这些变量与语言义结构的关系上。受米歇尔·格里高利（Michael Gregory）等人的影响，他逐渐把语境看做语篇之外的情景因素，而不包括语篇内部的上下文。他把情景因素归纳为以下三种：

（1）话语范围（field of discourse），即语言发生的具体环境，其中包括话题以及参与者的整个活动。

（2）话语基调（tenor of discourse），即参与者之间的角色关系。

（3）话语方式（mode of discourse），即语言本身所发挥的作用以及语言交际所采用的渠道或媒介。

他在论述语境与语篇的相互关系时，认为语境因素和语言意义之间存在着"一对一"的对应关系，即话语范围、话语基调和话语方式分别影响语言的概念意义（ideational meaning）、人际意义（interpersonal meaning）和语篇意义（textual meaning），而这三种意义又分别影响说话者对语义结构，即及物性系统、语气/情态系统以及主位/信息系统的选择。换言之，他认为语境因素与语义结构之间存在"一一对应"的关系。朱永生（2005）通过实例分析论证了韩礼德这一点的基本正确性，同时他又认为语境因素与语义结构之间存在着更为复杂的对应关系。他对韩礼德的对应理论进行了局部的修正。

我们在这里借用对应理论来分析《朱子》中的语言现象。

8.3.2 《朱子语类》中语境与意义的对应关系

8.3.2.1 话语范围与概念意义的对应

话语范围既包括话题，又包括伴随话语活动的其他相关事件。Gregory 等人从话题本身的性质出发，把话语范围分成技术性和非技术性两大类。所谓技术性的，是指那些具有专业特色的话语，如天文、地理、生物学等；所谓非技术性的，指不具有专业特色的日常话题。①

朱熹是宋代客观唯心主义集大成的人物。作为理学大师，他讲学的目的就是宣传他的思想，他对门人讲授的主要是他的世界观、人生观、道德观等，所涉及的话题包括宋儒理学的各个方面。按照 Gregory 的分类，属于技

---

① 朱永生：《语境动态研究》，北京大学出版社，2005，第 11 ~ 12 页。

术性的话题。根据系统功能语言学派的观点，受话题范围支配的是语言的概念功能，简言之，就是语义内容，这不是本章要讨论的重点。我们感兴趣的是《朱子》通过各种语言形式的运用所体现的人际功能（即人际意义）。

8.3.2.2　《朱子》中问句系统所体现的人际意义

话语基调与人际意义的关系：

话语基调这个概念由韩礼德提出来，指人与人之间的关系。由坡安顿（Poynton）加以丰富，他认为，话语基调由三种变量组成，即权力（power）、接触（contact）和情感（affecion）。所谓权力，主要指人与人之间的地位是否平等，涉及的因素有地位、年龄、职业、性别、受教育程度和相关知识等。如果交际双方在这些方面情况相同或大体相似，双方就处于平等的地位。如果一方比另一方占据优势，那么占据优势的一方在话语活动中通常处于主动、支配性的地位，而另一方则处于被动、受制约的地位。这种不平等不仅会影响到词汇和句型的选择，而且对语篇的总体结构也会产生一定的影响①。

在《朱子》中，交际双方处于不平等的权势关系中。朱熹是师长，向学生传道、授业、解惑，在话语活动中占优势，处于主动、支配性的地位。学生作为接受者处于弱势，是被动的、受制约的一方。尽管话题的提出多是由学生的提问开始的，但老师的回答，对问题的阐述才是最主要的，回答短则一句话，长则几段甚至几个篇幅（这里例子从略）。当然也有相反的情况，老师问及学生，但主要是学业上的情况，问句很简短，学生的问答也很简洁。看几个例子：

（1）问刘栋："看《大学》自欺之说如何？"曰："不知义理，却道我知义理，是自欺。"

（2）问友仁："看《大学·或问》如何！"曰："粗晓其义。"

（3）问："两日看何书？"对："看《或问》致知一段，犹未了。"

（4）问："叔器看文字如何？"曰："两日方思量颜子乐处。"

功能语法认为在我们能认知的各种各样的言语角色中最根本的可概括为两类，即给予和要求。说话人或者是给予听者什么，如一条信息等，或

---

① 朱永生：《语境动态研究》，北京大学出版社，2005，第 57～58 页。

者是从听者那要求什么，也就是说，说话人不仅自己在做事，也在要求听者做事，如接受或给予，这是一种交换，其中给予蕴涵着接受，要求蕴涵着对方相应的给予。人际意义的语法就是关于双方交换的语法，它是交际双方的基础。在这个领域中，说话人为自己选取了一个言语角色，也为听话人分派了一个互补的角色，如提供帮助或信息者和接受者、命令者和执引者、问句题者和回答者等。对话就是在这样的不断的角色选取和分派中建立起来并向前发展的。从语言的角度看，每一个话题都是通过选择语气来实现小句的言语功能的。因此也就可以通过描写小句的语气结构，来描写语言是如何被用来通过对话来表达人际意义的。根据韩礼德对语气的分析，应该考察在一个情景中谁在讲话，能最清楚地表明权势的就是在一个对话中谁能成为说话人，以及说了多长。另一方面是考察说话人在得到了说话角色后做什么，即谁给予信息，谁要求得到信息，这些是否为可以互换的权力。结论是我们在语境中扮演的社会角色与我们对语气系统的选择之间有清晰的关系（韩礼德，1994）。

我们认为韩礼德的分析很有道理，可以用来分析《朱子》的整个话语建构。《朱子》整个语篇就只有两种话语角色：发问者（学生）和回答者（老师），在话轮中不断地要求和给予信息，从而推动话语进程。当然话语角色偶尔也可以交换（即老师问学生答），但从总体来讲，话语角色是相当稳定的。我们可以从话语双方作为不同的社会角色在语气使用上的差异体会其中的人际意义。先看几个例子：

（5）问："格物莫须用合内外否？"曰："不须恁地说，格物后，他内外自然合。"

（6）问："颜子之乐，只是心有这道理便乐否？"曰："不须如此说，且就实处做工夫。"

（7）光祖问："'主一无适'与'整齐严肃'不同否？"曰："如何有两样！只是个敬。"

（8）问："思虑难一，如何？"曰："徒然思虑，济得甚事？某谓，若见得道理分晓，自无闲杂思虑。人所以思虑纷扰，只缘未见道理耳。"

（9）问："子贡，'女器也'，唤作不是君子，得否？"

（10）问："这'侃侃'字，只作刚直说，如何？"

（11）问："初学精神易散，静坐如何？"曰："此亦好，但不专在静处做工夫，动作亦当体验。圣贤教人，岂专在打坐上？要是随处着力，如读书，如待人处事，若静若动，若语若默，皆当存此。无事时，只合静心息念。且未说做他事，只自家心如何令把捉不定？恣其散乱走作，何有于学？孟子谓'学问之道无他，求其放心而已矣'。不然，精神不收拾，则读书无滋味，应事多龃龉，岂能求益乎？"

（12）先生问正淳："曾闻陆子寿'志于道'之说否？"正淳谓："子寿先令人立志。"

例（5）、（6）是测度问，例（5）带有标记"莫"，例（6）带有"只是……便"表具有倾向性的形式，但从答语看，老师一开始就直接否定了问话的预设（"不须恁地说"、"不须如此说"）；例（7）、（8）的答语则直接采用了反问句的形式来加强否定，与此相比较；例（9）、（10）问话人采用附加问的形式，从这些用例可以看出学生提问时的语气都很委婉，而老师回答时的语气则重得多。再如例（11）中问"静坐"的办法能否让精神集中，在答语中，一方面肯定这种做法可行，但在接下来的说明中采用了四个反问句来强调静心、集中精神对学问以及做其他事都很重要。例（12）是老师向学生提问，其口气则是直截了当的。

从以上几个例子来看，尽管话语双方都同时采用了问句的形式，但语气很不一样，很明显看出双方在话语权势上所处地位是有很大差异的。

但是正如李战子（2002）所说，语气固然是表达人际意义的重要成分，但它只是在"句法"层面，只有在话语中整体地考察语气形式的模式，并结合具体话语的语境，我们才能更好地把握话语的人际意义。考察语气的选择使用情况，重要的不仅仅是说话人在某个话语中的人际关系。他们的语言选择也和他们的社会角色相连，不管是有意识地还是无意识地，他们是把自己和共同参与会话的人当做社会文化中的主体来对待的。

在中国的传统伦理中，"礼"是一个很重要的因素，说话要注意自己的身份。"君子义以为质，礼以行之，孙以出之，信以成之。君子哉。"（《论语·卫灵公》）说话时的语气、态度要与伦理角色相适应。"孙以出之"就是要以谦逊的语言来说出它。所谓"礼恭而后可与言道之方，辞顺而后可与言道之理，色从而后可与言道之致。故未可与言而言谓之傲，可与言而不言谓之隐，不观气色而言谓之瞽。故君子不傲、不隐、不瞽，谨慎其身"（《论语·劝学》）。作为一个读书人，在老师面前"礼恭、辞顺、色从"是应该而且是必须做到的。

在特定的社会语境中，每一个言语主体一旦选择了一定的社会角色，也就等于选择了与之相适应的言语行为规范。这种规范在一定程度上是由特定的社会道德、伦理制度所限制的，言语主体的话语性质、言语表达方式以及与此相关的言语手段和特定交际中的角色秩序，都是由特定的道德伦理制度预设的。任何言语者都会自觉不自觉地遵守社会伦理角色的言语规范（陈汝东，2001）。

在遵循中国传统伦理规范的大语境下，《朱子》中学生设疑求解，老师传道、授业、解惑成为语篇的小语境，同时又构成话语本身。作为话语重要组成部分的问句系统，其各种具体形式的运用充分体现了在大小语境制约下的人际意义。

据大略统计，《朱子》中特殊疑问句的数量最多，有 2400 多例，选择问句有 317 例，反复问句 678 例，是非问句 1358 例，另有附加问句近 400 例，反问句近 700 例。前三种问句类型主要与具体内容（或者说概念意义）相关，而最能体现人际意义的是是非问句、附加问句和反问句。是非问句中有近 3/4 是属于测度问。这种测度问形式和附加问的大量运用，固然与问话人的认知状态有关，但更多的原因是受到话语角色的地位的影响和限制。在为数不多的老师对学生的询问中，没有发现一例测度问和附加问。这种测度和附加问的使用，按李战子（2002）的说法就是"其人际意义来自于单个的说话人对他们的言语内容采取了主观的着色或倾斜。即把内容的真实性变得含混或对内容的可靠性表示怀疑"。这种话语形式被用来避免对命题的真实性采取一个绝对的、直接的表述，一方面固然与这种形式本身具有表示关于信息的不确定性这种中性意义有关；另一方面这种形式在不断的运用过程中延伸出新的功能，即表示顺从，从宽泛的角度来说，就是一种表示礼貌的手段。在平常的交谈、对话甚至讨论中，我们会经常采用"我认为（觉得）可能是/也许是/大概是"等言语形式表示我不够确定，即对我所说的不是百分之百肯定。但是当说话人确切知道、了解他所说的内容而又用不确定的语气来表达时，这时不再是表示不确定，而只是对于对话中更高一个等级的角色的顺从。我们在《朱子》中常会发现这样的情况。例如：

（13）安卿又问："《集注》谓'王魏先有罪而后有功，不可以相拼'。莫只是论其罪则不须论其功，论其功则不须论其罪否？"曰："是。"

（14）问："有颜子之德，则孟子之事自有；与说才、诚处一段不同。恐彼是说天资之才，与此才别。到得明理，无不可用，是理明则天资之才不用？"曰："然。"

（15）问："以方员而言，'参两'，如天之员径一，则以围三而参之，地之方径一，则以围四而两之否？"曰："然。"

（16）或问："此两句，便是理一处否？"曰："然。"

（17）问："天与命，性与理，四者之别：天则就其自然者言之，命则就其流行而赋予物者言之，性则就其全体而万物所得以为生者言之，理则就其事事物物各有其则者言之。到得合而言之，则天即理也，命即性也，性即理也，是如此否？"曰："然。但如今人说，天非苍苍之谓。据某看来，亦舍不得这个苍苍底。"

（18）问："大抵学便要践履，如何？"曰："固然是。《易》云'学以聚之，问以辨之'，既探讨得当，又且放顿宽大田地，待触类自然有会合处。"

例（13）、（14）是测度问，句中有"只是……则""……则……"等表达形式，能明显表明说话人对自己所说的内容有相当的确定性，例（15）、（16）则是用疑问的形式表达肯定性的内容，其中也含有"则"、"便是"等表确定性的词语，另外从答语中一个简单的"然"字也可以看到是对问语的直接肯定。例（17）、（18）是附加问形式，都在问话人先说明自己对"天与命"、"性与理"的关系理解以及对"学"的理解，然后用附加问的形式征求问话人的意见。以上这些用例都可以看做一种礼貌的交际方式，表示对拥有语话权势、处于高一层话语角色的人（老师）的一种顺从。这种顺从通过情态词（如"莫"、"恐"）或特定句式（如"附加问"）或者句式变换（如把可用肯定句形式的却用是非问句的形式来表达）等标记形式来稀释肯定性的话语。在很多情况下，说话人运用不确定性的话语形式和他对可能性的判断没有关联，而是用这些来标记他们对话语角色之间的不平等权力关系的一种承认。也就是说他们在大的话语背景下自觉或不自觉地遵循着社会文化所赋予他们的角色的言语规范。就《朱子》而言，这种师生之间的话语角色，使问句的使用有着鲜明的特色。

与此相对照，全书中近700例的反问句几乎全部出自老师的话语，暂时还未发现学生使用反问句的情况。这些反问句用在多种场合里。例如：

（19）问："避嫌是否？"曰："合避岂可不避？如'瓜田不纳履，李下不整冠'，岂可不避？如'君不与同姓同辛，与异姓同本不同服'，皆是合避处。"

（20）郑中履问："某观《大学》知至，见得是乾知道理。"曰："何用说乾知？只理会自家知底无不尽，便了。"

（21）问："'明明德'意思，以平旦验之，亦见得于天者未尝不明。"曰："不要如此看。且就明德上说，如何又引别意思证？读书最不要如此。"

（22）"苗而不秀，秀而不实"，大概只说物，有生而不到长养处，有长养而不到成就处。苗须是秀，秀须是实，方成。不然，何所用？学不至实，亦何所用？

（23）要之，既行，也安得尽无弊？只是得大纲好，其间宁无少弊处？只如秦丞相绍兴间行，也安得尽无弊？只是十分弊，也须革去得九分半，所余者一分半分而已。

（24）万物之理，须你逐一去看，理会过方可。如何会反身而诚了，天下万物之理便自然备于我？成个甚麽？

上面的反问句，有的是直接用于否定前面问话人的问语或看法，如例（19）、（20）、（21），或者用于强化自己的观点，如例（22）、（23）、（24），其语气都很直率、肯定，不容置疑，与学生提问时的委婉、谦逊形成鲜明对比，充分体现他（先生）在对话中居于权势地位。

8.4　本章小结

《朱子》作为一部讲学语录，可以看做一个完整的语篇，问句各子系统的运用受到语境和具体内容的限制，呈现出自己的特点。疑问句的使用和很多的语用因素有关，语用因素包括语境知识、百科信息、人们的认知状态和心理状态及说话者的态度、交际意图等等，这些语用因素影响人们对句法结构的运用和选择。在这一章里，我们将问句作为一个完整的系统分析了它在具体的语言使用中的情况。首先，问句的使用和问话人的知识状态和心理状态密切相关，问话人的疑问程度和心里期待呈正相关的关系，即疑问程度越高，对答案的期望值也就越大，反之亦然。疑问程度是一个连续统，其求解的期望值也是一个连续统：

疑问程度：全疑 > 疑大于信 > 信大于疑 > 无疑

求解期望值：肯（否）定回答/定向回答 > 选择回答 > 确认性回答 > 不需要回答

在问句系统里，问话人所选用的句法形式反映了他就探询信息的了解程度所作出的推断，同时也反映了他对得到相应回答的期待。

其次，问句的使用也与语境有密切的关系。在遵循中国传统伦理规范的大语境下，《朱子》中学生设疑求解，老师传道、授业、解惑成为语篇的小语境，同时又构成话语本身，在此语境中交际双方处于不平等的权势关系中。朱熹是师长，向学生传道、授业、解惑，在话语活动中占优势，处于主动、支配性的地位。学生作为接受者处于弱势，是被动的、受制约的一方。据大略统计，《朱子》中特殊疑问句的数量最多，有 2400 多例，选择问句有 317 例，反复问句 678 例，是非问句 1358 例，另有附加问句近 400 例，反问句近 700 例。前三种问句类型主要与具体内容（或者说概念意义）相关，而最能体现人际意义的是是非问句、附加问句和反问句。是非问句中有近 3/4 是属于测度问，这种测度问形式和附加问的大量运用，固然与问话人的认知状态有关，但更多的原因是受到话语角色的地位的影响和限制。

结　语

　　《朱子语类》是朱熹语录的汇集，它比较全面地反映了南宋的语言实际，是研究南宋时期汉语语法乃至近代汉语语法的最有价值的语料之一。

　　本书对《朱子语类》全书（八卷本，共230万字）近6000条问句进行了统计分析，为便于比较，同时还查阅了《近代汉语语法资料汇编》（宋代卷，45万字）约880条问句。在此基础上全面地描写分析了《朱子语类》问句系统各子系统（特指问、选择问、反复问、是非问等）的具体使用情况；同时探流溯源，作纵向历时比较和动态分析，力求在静态描写的基础上探讨问句系统中一些重要的句式和虚词的历史发展过程。主要结论如下：

　　第一，近代汉语时期特别是宋代是选择问句发展演变乃至最后完善和定型的重要时期。历史上各主要阶段的选择问形式都在《朱子语类》中留下了印记，因此形式异常丰富。总的趋势是：语气词的使用越来越少，连接词由单用逐渐过渡到以配对使用为主。现代汉语选择问句的代表形式"是……是……""是……还是……"在《朱子语类》中已经有不少的用例。

　　第二，《朱子语类》中"VP－Neg"式已经分化，但反复问句仍以"VP否"为主，同时"VP不VP"式较唐代有所发展。"VP不VP"的产生我们认为是经过了一个类化简化的发展过程。而在中古时，表示正反两种情况是通过选择问的形式出现的。

　　第三，现代汉语的反复问和是非问从来源上看关系密切，用图表示如下：

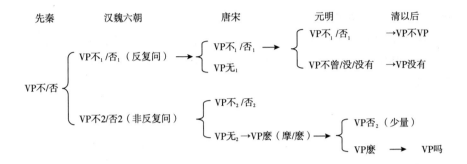

第四，疑问代词"如何"在古汉语中承载着相当重的语义负荷和句法功能。近代新产生的"甚么"系和"怎"系疑问代词在一定程度上分担了它的任务，但还有待进一步的发展。在《朱子语类》中"如何"一词的使用频率还是相当高的。

第五，关于语气词"呢"，认为从上古《公羊传》到魏晋南北朝时期，语助词"尔"既表决定之意，又表疑问，即相当于现今的呢$_2$和呢$_1$。唐代起"尔"不再出现，呢$_2$有了新的来源"裏、在"并在唐宋普遍使用。而呢$_1$则在五代时禅宗语录里才出现了"聻（你）"，由于"聻（你）"使用范围很小，没有得到充分发展，在短期内便趋于末路。而曾与之同源且生命力极强的呢$_2$便担负起呢$_1$之职，为区别起见，用与"聻"音近的"那"来表示呢$_1$并且分工渐趋明确，呢$_1$用"那"、呢$_2$用"哩"。

第六，通过对《朱子语类》中"不成"各种用法的分析，我们大致可以看出反诘副词"不成"经历了一个这样的过程："名词＋不成＋名词"→"名词＋不成＋动词/动词短语"→"不成＋动词短语/小句"，"不成"由没有直接结构关系到组成一个常用的偏正结构，再由偏正结构发展凝固为一个否定副词，最后由否定副词又演为反诘副词。

第七，《朱子语类》作为一部讲学语录，可以看做一个完整的语篇，问句各子系统的运用受到语境和具体内容的限制，其中特指问、选择问和反复问主要与具体内容（或者说概念意义）相关。最能体现人际意义的是是非问句、附加问句和反问句。是非问句中有近3/4是属于测度问，这种测度问形式和附加问的大量运用，固然与问话人的认知状态有关，但更多的原因是受到话语角色的地位的影响和限制，而老师对反问句的大量运用则充分地体现了他的话语权势。

　　由于能力有限，本书还存在不少的问题，有些分析缺乏理论深度，而某些观点还需要大量的语言材料来证明，特别是方言材料在本书中基本没有涉及。

参考文献

［1］曹广顺：《〈祖堂集〉中与语气助词"呢"有关的几个助词》，《语言研究》1986 年第 2 期。

［2］曹广顺：《近代汉语助词》，语文出版社，1995。

［3］曹广顺：《试说近代汉语中的"～那？作摩？"》，《语言学论丛》（第二十辑），商务印书馆，1998。

［4］常玉钟：《试析反问句的语用含义》，《汉语学习》1992 年第 5 期。

［5］陈昌来：《二十世纪的汉语语法学》，书海出版社，2002。

［6］陈汝东：《语言伦理学》，北京大学出版社，2001。

［7］陈望道：《修辞学发凡》，上海教育出版社，1979。

［8］陈湘清：《汉语史断代专书研究方法论（代序）》，陈湘清主编《宋元明汉语研究》，山东教育出版社，1992。

［9］程凯：《汉语是非问句的生成解释》，《现代外语》2001 年第 4 期。

［10］邓艾民：《朱熹与朱子语类》，黎靖德编《朱子语类》（第一册），中华书局，1994。

［11］刁晏斌：《〈朱子语类〉中几种特殊的"被"字句》，《古汉语研究》1995 年第 4 期。

［12］刁晏斌：《〈景德传灯录〉中的选择问句》，《俗语言研究》1997 年第 4 期。

［13］丁力：《现代汉语列项选择问研究》，华中师范大学出版社，1998。

［14］丁力：《从问句系统看"是不是"问句》，《中国语文》1999 年第 6 期。

［15］董秀芳：《"是"的进一步语法化：由虚词到词内成分》，《当代语言学》2004 年第 1 期。

［16］段业辉：《〈世说新语〉疑问句分析》，《南京师范大学学报》1998 年第 3 期。

［17］范继淹：《是非问句的句法形式》，《中国语文》1982 年第 6 期。

［18］冯春田：《秦墓竹简选择问句的分析》，《语文研究》1987 年第 1 期。

［19］冯春田：《近代汉语语法研究》，山东教育出版社，2000。

［20］傅惠钧：《〈儿女英雄传〉选择问句研究》，北京大学学报 2000（专刊）。

［21］高令印：《朱子事迹考》，上海人民出版社，1987。

［22］高名凯：《唐代禅家语录所见的语法成分》，《燕京学报》第 34 期，1948。

［23］高名凯：《汉语语法论》，商务印书馆，1986。

［24］郭继懋：《反问句的语义语用特点》，《中国语文》1997 年第 2 期。

［25］韩国胜：《宋代语言现象概述》，《河南社会科学》2003 年第 5 期。

［26］何乐士：《〈左传〉范围副词》，岳麓书社，1994。

［27］何乐士：《专书语法研究的几点体会》，《古汉语语法研究论文集》，商务印书馆，2000。

［28］何亚南：《从选择问句的历史发展看中古汉语的时限》，首届中古汉语研讨会论文，2000。

［29］何瑛：《宋代选择问句考察》，《贵州大学学报》2003 年第 6 期。

［30］何自然：《语用学概论》，湖南教育出版社，1988。

［31］贺巍：《获嘉方言的疑问句》，《中国语文》1991 年第 5 期。

［32］胡壮麟：《韩礼德德的语言观》，《外语教学与研究》1984 年第 1 期。

［33］胡壮麟、朱永生、张德禄、李战子：《系统功能语言学概论》，北京大学出版社，2005。

［34］胡竹安：《宋元白话作品中的语气助词》，《中国语文》1958 年第 6 期。

［35］黄丁华：《闽南方言里的疑问代词》，《中国语文》1963 年第 4 期。

［36］黄锦君：《二程语录与近代汉语研究》，《四川大学学报》2002 年第 5 期。

［37］黄锦君：《二程语录语法研究》，四川大学社，2005。

［38］黄国营：《"吗"字用法研究》，《语言研究》1986 年第 2 期。

［39］ 黄正德：《汉语正反问句的模组语法》，《中国语文》1988 年第 4 期。

［40］ 江蓝生：《疑问语气词"呢"的来源》，《语文研究》1986 年第 2 期。

［41］ 江蓝生：《疑问副词"可"探源》，《古汉语研究》1990 年第 3 期。

［42］ 江蓝生：《说"麼"与"们"同源》，《中国语文》1995 年第 3 期。

［43］ 江蓝生：《近代汉语探源》，商务印书馆，1999。

［44］ 蒋骥骋、吴福祥：《近代汉语纲要》，湖南教育出版社，1997。

［45］ 蒋礼鸿：《敦煌变文字义通释》第四次增订本，上海古籍出版社，1959/1988。

［46］ 蒋绍愚：《汉语史研究的回顾与展望》，《语言教学与研究》1989 年第 3 期。

［47］ 蒋绍愚：《近代汉语研究概况》，北京大学出版社 1994。

［48］ 蒋绍愚：《内部构拟法在近代汉语语法研究中的运用》，《中国语文》1995 年第 3 期。

［49］ 蒋绍愚：《近十年间近代汉语研究的回顾与前瞻》，《古汉语研究》1998 年第 4 期。

［50］ 蒋绍愚、江蓝生：《近代汉语研究》，商务印书馆，1999。

［51］ 蒋绍愚：《汉语词汇语法史论》，商务印书馆，2000。

［52］ 金立鑫：《关于疑问句中的"呢"》，《语言数学与研究》1996 年第 4 期。

［53］ 阚绪良：《〈祖堂集〉中疑问副词"还"、"可"》，第三届近代汉语研讨会论文（深圳），1988。

［54］ 阚绪良：《〈五灯会元〉里的"是"字选择问句》，《中国语研究》1994 年第 36 号。

［55］ 康天峰、牛保义：《疑问句语用因素分析》，《河南大学学报》2001 年第 1 期。

［56］ 黎锦熙：《新著国语文法》（新 1 版），商务印书馆，1992。

［57］（宋）黎靖德（编）、王星贤点校：《朱子语类》，中华书局，1994。

［58］ 李崇兴：《选择问记号"还是"的来历》，《语言研究》1990 年第 2 期。

［59］ 李讷、安珊笛、张伯江：《从话语角度论证语气词"的"》，《中国语文》1998 年第 2 期。

［60］李如龙：《泉州方言的"体"》，《动词的体》，香港中文大学中国文化研究所、吴多泰中国语文研究中心，1996。

［61］李思明：《从变文、元杂剧、〈水浒传〉、〈红楼梦〉看选择问句的发展》，《语言研究》1983 年第 2 期。

［62］李思明：《正反选择问句否定词发展初探》，《安庆师范学院学报》1984 年第 1 期。

［63］李思明：《〈朱子语类〉中单独作谓语的可能性"得"》，《安庆师范学院学报》1993 年第 2 期。

［64］李思明：《〈朱子语类〉的处置式》，《安庆师范学院学报》1994 年第 1 期。

［65］李思明：《〈朱子语类〉的让步复句》，《安庆师范学院学报》1996 年第 1 期。

［66］李文泽：《宋代语言研究》，线装书局，2001。

［67］李炎：《〈醒世姻缘传〉正反疑问句研究》，《古汉语研究》2003 年第 3 期。

［68］李宇明：《反问句的构成及理解》，《现代语言学》，延边大学出版社，1990。

［69］李宇明、唐志东：《汉族儿童问句系统习得探微》，华中师范大学出版社，1991。

［70］李宇明：《儿童语言的发展》，华中师范大学出版社，1995。

［71］李宇明：《疑问标记的复用及标记功能的衰变》，《中国语文》1997 年第 2 期。

［72］李宇明、陈前瑞：《语言的发展与理解》，华中师范大学出版社，1998。

［73］李宇明：《语法研究录》，商务印书馆，2002。

［74］李战子：《话语的人际意义研究》，上海外语教育出版社，2002。

［75］李佐文、刘运同：《陈述附加疑问句的意义》，《河北大学学报》2001 年第 4 期。

［76］林裕文：《谈疑问句》，《中国语文》1985 年第 2 期。

［77］刘坚：《近代汉语读本》，语文出版社，1985。

［78］刘坚、蒋绍愚（主编）：《近代汉语语法资料汇编》（宋代卷），商务

印书馆，1992。

[79] 刘坚、江蓝生等：《近代汉语虚词研究》，语文出版社，1992。

[80] 刘坚、曹广顺、吴福祥：《论诱发汉语词汇语法化的若干因素》，《中国语文》1995 年第 3 期。

[81] 刘景农：《汉语文言语法》，中等书局，1994。

[82] 刘镜芙：《〈金瓶梅词话〉 中的选择疑问句》，《中国语文》1994 年第 6 期。

[83] （清）刘淇著，章锡琛校注：《助字辨略》，中华书局，2004。

[84] 刘钦荣：《反问句和询问句句法结构间的关系》，《沈阳师范学院学报》1995 年第 4 期。

[85] 刘蓉：《宋代笔记中的语言学问题》，《汉语史研究集刊》1998 年第 1 期，巴蜀书社。

[86] 刘松汉：《反问句新探》，《南京师范大学学报》1989 年第 11 期。

[87] 刘晓南：《朱熹与闽方言》，《方言》2001 年第 1 期。

[88] 刘勋宁：《〈祖堂集〉反复问句的一项考察》，《现代汉语研究》，北京语言文化大学出版社，1998。

[89] 刘一之：《现代汉语口语 "（N）VPNeg" 疑问句探源》，北京大学硕士学位论文，1986。

[90] 刘月华：《用 "吗" 的是非问句和正反问句用法比较》，中国社会科学院语言研究所现代汉语教研室编《句型和动词》，语文出版社，1987。

[91] 刘子瑜：《敦煌变文中的选择疑问句》，《古汉语研究》1994 年第 4 期。

[92] 刘子瑜：《汉语反复问句的历史发展》，《古汉语语法论文集》，语文出版社，1998。

[93] 刘子瑜：《汉语选择问句历史发展研究述研》，《汉语史学报》第五辑，浙江大学汉语史研究中心，上海教育出版社，2005。

[94] 吕叔湘：《现代汉语八百词》，商务印书馆，1980。

[95] 吕叔湘：《中国文法要略》，商务印书馆，1982/1993。

[96] 吕叔湘：《汉语语法论文集》（增订本），商务印书馆，1984。

[97] 吕叔湘著，江蓝生补《近代汉语指代词》，学林出版社，1985。

[98] 吕叔湘：《疑问·否定·肯定》，《中国语文》1985 年第 4 期。

[99] 吕叔湘等著，马庆株编：《语法研究入门》，商务印书馆，1999。

[100] 吕叔湘、王海棻编：《马氏文通读本》，上海世纪出版集团，上海教育出版社，2001。

[101] 鲁国尧：《论"历史文献考证法"与"历史比较法"的结合》，《古汉语研究》2003 年第 2 期。

[102] 陆丙甫：《汉语疑问词前移的语用限制》，《语言科学》2003 年第 6 期。

[103] 陆俭明：《由"非疑问形式 + 呢"造成的疑问句》，《中国语文》1982 年第 6 期。

[104] 陆俭明：《关于现代汉语里的疑问语气词》，《中国语文》1984 第 5 期。

[105] 陆俭明著，沈阳编：《20 世纪现代汉语语法八大家——陆俭明选集》东北师范大学出版社，2001。

[106] 陆俭明：《八十年代中国语法研究》（重排本），商务印书馆，2004。

[107] 罗福腾：《〈醒世姻缘传〉反复问句》，《语文研究》1996 年第 1 期。

[108] 罗骥：《宋代语气词及其源流》，巴蜀书社，2003。

[109] 马清华：《汉语语法化问题的研究》，《语言研究》2003 年第 2 期。

[110] 梅祖麟：《现代汉语选择问句法的来源》，《梅祖麟语言学论文选》，商务印书馆，1978/2000。

[111] 梅祖麟：《现代汉语完成貌句式和词尾的来源》，《语言研究》创刊号，1981。

[112] 梅祖麟：《唐代、宋代共同语的语法和现代方言的语法》，《梅祖麟语言学论文选》，商务印书馆，1994/2000。

[113] 闵祥顺：《〈朱子语类辑略〉中复音词的构词法》，《兰州大学学报》，1987 年第 4 期。

[114] 木霁弘：《〈朱子语类〉中的时体助词"了"》，《中国语文》1986 年第 4 期。

[115] 牛保义：《疑问句语用因素分析》，《河南大学学报》2001 年第 1 期。

[116] 牛保义：《英汉语附加疑问句语法化比较》，《外国语》2001 年第 2 期。

[117] 牛保义：《信疑假设》，《外语学刊》2003 年第 4 期。

[118] 牛保义：《相信和怀疑——附加疑问句的认知研究》，中国社会科学出版社，2005。

[119] 潘允中：《汉语语法史概要》，中州书画社，1982。

[120] 裴学海：《古书虚字集释》，中华书局，1954/2004。

[121] 齐沪扬：《"呢"的意义分析和历史演变》，《上海师范大学学报》2002 年第 1 期。

[122] 齐沪扬：《语气词与语气系统》，安徽教育出版社，2002。

[123] 裘锡圭：《关于殷墟卜辞的命辞是否问句的考察》，《中国语文》1988 年第 1 期。

[124] 邵敬敏：《现代汉语疑问句研究》，华东师范大学出版社，1996。

[125] 邵敬敏、朱彦：《"是不是 VP"问句的肯定性倾向及其类型学意义》，《世界汉语教学》2002 年第 2 期。

[126] 沈家煊：《"语法化"研究综观》，《外语教学与研究》1994 年第 4 期。

[127] 沈家煊：《实词虚化的机制》，《当代语言学》1998 年第 3 期。

[128] 沈家煊：《语用法的语法化》，《福建外语》1998 年第 2 期。

[129] 沈家煊：《不对称和标记理论》，江西教育出版社，1999。

[130] 沈开木：《反问句怎样起否定作用》，《中国语文通讯》1985 年第 6 期。

[131] 石毓智、徐杰：《汉语史上疑问形式的类型学转变及其机制——焦点标记"是"》，《中国语文》2001 年第 5 期。

[132] 石毓智：《现代汉语语法系统的建立》，北京语言大学出版社，2001。

[133] 石毓智、李讷：《汉语语法化的历程——形态句法发展的动因和机制》，北京大学出版社，2004。

[134] 宋金兰：《汉藏语选择问句的历史演变和分布类型》，《民族语文》1996 年第 1 期。

[135] 宋金兰：《论反复问句"A 不 A"产生的年代》，《青海师专学报》

1996 年第 1 期。

[136] 孙朝奋：《〈虚化论〉评介》，《国外语言学》1994 年第 4 期。

[137] 孙锡信：《〈祖堂集〉中的疑问代词》，《语文论丛》1983 年第 2 辑。

[138] 孙锡信：《〈释"什么"〉商榷》，《中国语文》1985 年第 3 期。

[139] 孙锡信：《汉语历史语法要略》，复旦大学出版社，1992。

[140] 孙锡信：《语气词"麽"的来历》，《中国语言学报》第七期，语文
出版社，1995。

[141] 孙锡信：《唐五代语气词的更迭》，《中国语文》1998 年第 4 期。

[142] 孙锡信：《近代汉语语气词》，语文出版社，1999。

[143] 陶炼：《"是不是"问句说略》，《中国语文》1998 年第 2 期。

[144] 〔日〕太田辰夫：《中国语历史文法》，蒋绍愚、徐昌华译，北京大
学出版社，1987/2003。

[145] 〔日〕太田辰夫：《汉语史通考》，江蓝生、白维国译，重庆出版
社，1991。

[146] 唐贤清：《〈朱子语类〉副词研究》，湖南人民出版社，2004。

[147] 王海棻：《古汉语疑问词语》，浙江教育出版社，1987/2001。

[148] 王力：《汉语史稿》，科学出版社，1958。

[149] 王力：《汉语史稿》（新 1 版），中华书局，1980，2001（修订本）。

[150] 王力：《汉语语法史》，商务印书馆，1989。

[151] 王力：《我的治学经验》，《龙虫并雕琐语》，商务印书馆，2002。

[152] 文炼：《句子的理解策略》，《中国语文》1992 年第 4 期。

[153] 吴福祥：《敦煌变文语法研究》，岳麓书社，1996。

[154] 吴福祥：《从"VP－neg"式反复问句的分化谈语气词"麽"的产
生》，《中国语文》1997 年第 1 期。

[155] 吴福祥：《近代汉语语法研究的成就与展望》，《汉语史研究集刊》
第二辑，巴蜀书社，2000。

[156] 吴福祥：《〈朱子语类辑略〉语法研究》，河南大学出版社，2004。

[157] 吴福祥：《敦煌变文 12 种语法研究》，河南大学出版社，2004。

[158] 吴慧颖：《"VP_1 也 VP_2"和"VP_1 也怎的"——关于近代汉语中的
两种选择问句》，《古汉语研究》1990 年第 2 期。

[159] 伍华：《论〈祖堂集〉中以"不、否、无、摹"收尾的问句》，《中

山大学学报》1987年第4期。

[160] 伍雅清:《汉语特殊疑问词的非疑问用法研究》,《语言教学与研究》2002年第2期。

[161] 伍雅清:《疑问句的句法和语义》,湖南教育出版社,2002。

[162] 肖溪强:《对〈红楼梦〉中的一般疑问句系统的考察》,《南京师范大学学报》1999年第6期。

[163] 徐杰、张林林:《疑问程度和疑问句式》,《江西师范大学学报》1985年第2期。

[164] 徐杰、李英哲:《焦点和两个非线性语法范畴:"否定"、"疑问"》,《中国语文》1993年第2期。

[165] 徐杰:《疑问范畴和疑问句式》,《语言研究》1999年第2期。

[166] 徐杰:《疑问句式的语法地位》,陆俭明主编《面临新世纪挑战的现代汉语语法研究》,山东教育出版社,2000。

[167] 徐杰:《普遍语法原则与汉语语法现象》,北京大学出版社,2001。

[168] 徐赳赳:《90年代话语分析的展望》,《外语教学与研究》1991年第4期。

[169] 徐烈炯、邵敬敏:《"阿V"及其相关疑问句式比较研究》,《中国语文》1999年第3期。

[170] 徐盛桓:《疑问句的语用性嬗变》,《外语教学与研究》1998年第4期。

[171] 徐盛桓:《疑问句探询功能的迁移》,《中国语文》1999年第1期。

[172] 徐时仪:《〈朱子语类〉词语考释》,《上海师范大学学报》1991年第2期。

[173] 徐时仪:《〈朱子语类〉词语特点举耦》,《集美师专学报》1993年第3期。

[174] 徐时仪:《也谈"不成"词性的转移》,《中国语文》1993年第5期。

[175] 徐时仪:《论词组结构功能的虚化》,《复旦大学学报》1998年第5期。

[176] 徐时仪:《〈朱子语类〉的文献价值考论》,《徽州社会科学》1999年第1期。

[177] 徐时仪:《略论〈朱子语类〉在近代汉语研究上的价值》,《上海师范大学学报》2000 年第 2 期。

[178] 徐时仪:《语气词"不成"的虚化机制考论》,《华东师范大学学报》2000 年第 3 期。

[179] 徐思益:《反问句特有的表达式》,《锦州师院学报》1986 年第 4 期。

[180] 徐正考:《唐五代选择问句系统初探》,《吉林大学学报》1988 年第 2 期。

[181] 徐正考:《清代汉语选择问系统》,《吉林大学学报》1996 年第 5 期。

[182] 许小纯、徐盛桓:《强发问和弱发问》,《外国语》1999 年第 3 期。

[183] 杨伯峻、何乐士:《古汉语语法及其发展》,语文出版社,1992。

[184] 杨伯峻:《古汉语虚词》,中华书局,2000。

[185] 杨树达:《词诠》,中华书局,1954/2004。

[186] 杨永龙:《〈朱子语类〉中"不成"的句法语义分析》,《中州学刊》2000 年第 2 期。

[187] 杨永龙:《〈朱子语类〉完成体研究》,河南大学出版社,2001。

[188] 杨永龙:《句尾语气词"吗"的语法化过程》,《语言科学》2003 年第 1 期。

[189] 姚振武:《〈朱子语类〉词语札记》,《古汉语研究》1992 年第 2 期。

[190] 姚振武:《〈朱子语类〉词语杂释》,《中国语文》1993 年第 6 期。

[191] 叶建军:《〈祖堂集〉疑问句研究》,中华书局,2010。

[192] 叶蓉:《关于是非问句里的"呢"》,《中国语文》1994 年第 6 期。

[193] 殷树林:《现代汉语反问句研究》,黑龙江大学出版社,2009。

[194] 游汝杰:《吴语里的反复问句》,《中国语文》1993 年第 2 期。

[195] 于根元:《反问句的性质与作用》,《中国语文》1984 年第 6 期。

[196] 余蔼芹(著)、陈世民(译):《语法演变中的词汇——汉语语法的词汇扩散》,《汉语方言论集》,北京语言文化大学出版社,1997。

[197] 俞光中、植田均:《近代汉语语法研究》,学林出版社,1999。

[198] 俞理明:《汉魏六朝的疑问代词"那"及其他》,《古汉语研究》1989 年第 3 期。

［199］俞理明：《〈太平经〉中非状语地位的否定词"不"和反复问句》，《中国语文》2001 年第 5 期。

［200］遇笑容、曹广顺：《中古汉语的"VP 不"式疑问句》，《纪念王力先生诞辰 100 年学术论文集》，商务印书馆，2002。

［201］袁宾：《说疑问副词"还"》，《语文研究》1989 年第 2 期。

［202］袁宾：《禅宗著作里的两种疑问句——兼论同行语法》，《语言研究》1992 年第 2 期。

［203］袁宾：《近代汉语概论》，上海教育出版社，1992。

［204］袁宾、徐时仪等编著：《二十世纪的近代汉语研究》，书海出版社，2001。

［205］（清）袁仁林：《虚字说》解惠全注，中华书局，1989/2004。

［206］袁庆述：《〈朱子语类〉方言俗语词考》，《语文研究》1990 年第 4 期。

［207］袁毓林：《正反问句及相关的类型学参项》，《中国语文》1993 年第 2 期。

［208］张伯江：《否定的强化》，《汉语学习》1996 年第 1 期。

［209］张伯江：《疑问句功能琐议》，《中国语文》1997 年第 2 期。

［210］张伯江：《认识观中的语法表现》，《国外语言学》1997 年第 2 期。

［211］张伯江：《汉语疑问句的功能解释》，邢福义主编《汉语语法特点面面观》，北京语言文化大学出版社，1999。

［212］张惠英：《"何"与"何物"》，《方言》1984 年第 2 期。

［213］张美兰：《〈祖堂集〉选择问句研究》，《中文学刊》2000 年第 2 期。

［214］张美兰：《〈祖堂集〉语法研究》，商务印书馆，2003。

［215］张美兰：《近代汉语语言研究》，天津教育出版社，2001。

［216］张敏：《汉语反复问句的类型学研究：共时分布及历时蕴含》，北京大学博士学位论文，1990。

［217］张卫东：《试论近代南方官话的形成及其地位》，《深圳大学学报》1998 年第 3 期。

［218］张相：《诗词曲语辞汇释》，中华书局，1979。

［219］章一鸣：《〈醒世姻缘传〉中的反复问句》，《〈金瓶梅词话〉和明代口语词汇语法研究》，上海古籍出版社，1997。

[220] 章一鸣：《〈金瓶梅词话〉中的反复问句》，《〈金瓶梅词话〉和明代口语词汇语法研究》，上海古籍出版社，1997。

[221] 〔日〕志村良治：《中国中世语法史研究》，江蓝生、白维国译，中华书局，1995。

[222] 钟兆华：《"不成"词性的转移》，《中国语文》1991 年第 4 期。

[223] 钟兆华：《论疑问语气词"吗"的形成与发展》，《语文研究》1997年第 1 期。

[224] 朱德熙：《现代汉语语法研究》，商务印书馆，1980/2000。

[225] 朱德熙：《汉语方言里的两种反复问句》，《中国语文》1985 年第 1 期。

[226] 朱德熙：《"V－neg－VO"与"VO－neg－V"两种反复问句在汉语方言里的分布》，《中国语文》1991 年第 5 期。

[227] 朱德熙：《句法结构》，《现代汉语语法研究》，商务印书馆，2000。又见于《20 世纪现代汉语语法八大家——朱德熙选集》，东北师范大学出版社，2001。

[228] 朱德熙：《语法讲义》，商务印书馆，2000。

[229] 祝敏彻：《〈朱子语类〉中的"地"、"底"的语法作用》，《中国语文》1982 年第 3 期。

[230] 祝敏彻：《〈朱子语类〉中成语与结构的关系》，《湖北大学学报》1990 年第 2 期。

[231] 祝敏彻：《〈朱子语类〉的偏正复句》《湖北大学学报》1991 年第 1期。

[232] 祝敏彻：《〈朱子语类〉句法研究》，长江文艺出版社，1991。

[233] 祝敏彻：《汉语选择问、正反问的历史发展》，《语言研究》，1995年第 2 期。

[234] 朱庆之：《试论汉魏六朝佛典里的特殊疑问词》，《语言研究》1990年第 1 期。

[235] 朱庆之：《关于疑问语气助词"那"来源的考察》，《古汉语研究》1991 年第 2 期。

[236] 朱庆之：《佛典与中古汉语词汇研究》，文津出版社，1992。

[237] 朱晓亚：《否定句研究概述》，《汉语学习》1992 年第 5 期。

［238］ 朱永生：《语境动态研究》，北京大学出版社，2005。

［239］ Gregory, M. &S. Carroll. （1978） Language and Situation: Language-Varieties and their Social Contexts. London: Routledge and Kegan Paul.

［240］ Halliday, M. A. K. （1978） Language as Social Interpretation of Language and Meaning. London: Edward Aronold.

［241］ Halliday, M. A. K. &Ruqaiya Hasan. （1985） Language, Context and Text: Aspect of Language in a Social – Semantic Perspective. Geelong, Victoria: Deakin University Press.

［242］ Halliday, M. A. K （1994） Introduction to Function Grammar. London: Edward Aronold.

［243］ Hasan, R. （1995） "The Concept of Context in Text. " In P. Fryes and M. A. K. Halliday （eds. ）, DISCOURSE IN Society: Systemic Functional Perspectives. Norwood: Ablex.

［244］ Heine, B. Claudi&F. Hunnemeyer （1991） "Grammaticalization: A Conceptual Framework. Chicago: The University of Chicago Press.

［245］ Hymes, D. （1972） "On Communicative Competence. " In Pride, J. B. &Holmes, J. （eds） Sociolinguistics. Harmondsworth: Penguin.

后 记

拙著《〈朱子语类〉问句系统研究》是在我的同名博士学位论文的基础上修改而成的。

句子按照语气一般划分为陈述句、疑问句、祈使句和感叹句四类。日常语言中陈述句占的比重最大，人们对客观事物的反映主要采用陈述句的形式，在语法研究中也是以陈述句作为主要的研究对象。其实，疑问句在句法结构上有其特殊的形式，在思维和交际中也占有独特的地位。应该说，疑问句具有很高的语法和语用研究价值。但在近代汉语研究中除了对一些相关虚词和一些重要句式进行研究外，把疑问句作为一个完整的语气系统来加以研究的还不多见。因此当初在博士学位论文选题时，就确定以《朱子语类》为研究对象。因为《朱子语类》最大的行文特点就是通篇采用问答形式，是研究问句系统的一个最好样本。

2006 年 6 月我顺利通过了博士学位论文答辩。答辩委员会主席张振兴先生，委员方一新先生、王云路先生、马重奇先生、陈泽平先生，以及博士学位论文评阅人上海师范大学的张斌先生和华中师范大学的周光庆先生，都对论文给予了充分的肯定，并提出了宝贵的修改意见。我真诚地感谢诸位先生对后学的鼓励和指教！

2008 年年底我完成了在北京大学的访学工作，开始着力对论文中存在的问题做进一步深入的探讨和详细梳理，并于 2010 年底成功申报了福建省社科规划资助出版的"福建省社会科学规划项目博士文库"。

在这里我首先要感谢我的导师林玉山老师，博士学位论文从选题到具体内容的写作，都得到了林老师的悉心指导和热情鼓励。林老师在工作与生活上对我的关心与教育也让我铭记在心，正是在老师的教诲和敦促下，我才能够将论文修改完善。从先生那里，我深深体会到，要做好学问，首先得学会做人。

此时，我不能不提到另一位恩师——马重奇老师，马老师虽然不是我的直接导师，但是他给予了我许多精神及学业上的帮助和指导。马老师出于对语言科学的执著，对后学的奖掖，自从我到福建师范大学文学院工作以来就对我关怀备至。我对老师的感激之情难以言表。马老师为学的精神，为人的风范，永远是我学习的楷模。

论文的写作和修改是在林玉山老师的指导下完成的，又蒙马重奇老师的推荐，申报参加"福建省社会科学规划项目博士文库"的评选。正是两位恩师的扶持和栽培，使我逐步走上了语言学的研究之路，如果说今天我对语言学略有所知的话，正是两位恩师精心指导与悉心教诲的结果。

感谢文库评议委员会的各位专家以及福建省社会科学规划办领导的奖掖携持，感谢福建师范大学人文社科处，给予了我这个弥足珍贵的机会。

社会科学文献出版社的责编李兰生、李晶老师为本书的编辑出版付出了辛勤的劳动，为本书增色不少，谨此深表谢意！

我要感谢在我学术成长的岁月中惠予我知识和帮助的众多师长及朋友们。

最后，我还要感谢我先生鲁会元长期以来对我的工作、生活的关心和鼓励。

王树瑛
2011 年岁末于福州

图书在版编目(CIP)数据

《朱子语类》问句系统研究 / 王树瑛著 . —北京：社会科学
文献出版社，2012.4
（福建省社会科学规划项目博士文库）
ISBN 978 - 7 - 5097 - 3164 - 2

Ⅰ.①朱…　Ⅱ.①王…　Ⅲ.①汉语 - 疑问（语法）-
研究 - 南宋　②朱子语类 - 研究　Ⅳ.①H141

中国版本图书馆 CIP 数据核字（2012）第 032466 号

· 福建省社会科学规划项目博士文库 ·

《朱子语类》问句系统研究

著　　者 / 王树瑛

出 版 人 / 谢寿光
出 版 者 / 社会科学文献出版社
地　　址 / 北京市西城区北三环中路甲 29 号院 3 号楼华龙大厦
邮政编码 / 100029

责任部门 / 社会政法分社　(010) 59367156　　责任编辑 / 李兰生　李　晶
电子信箱 / shekebu@ ssap. cn　　　　　　　　责任校对 / 刘晓静
项目统筹 / 王　绯　　　　　　　　　　　　　责任印制 / 岳　阳
总 经 销 / 社会科学文献出版社发行部　(010) 59367081　59367089
读者服务 / 读者服务中心　(010) 59367028

印　　装 / 北京季蜂印刷有限公司
开　　本 / 787mm×1092mm　1/16　　　　　印　张 / 19.75
版　　次 / 2012 年 4 月第 1 版　　　　　　　字　数 / 323 千字
印　　次 / 2012 年 4 月第 1 次印刷
书　　号 / ISBN 978 - 7 - 5097 - 3164 - 2
定　　价 / 59.00 元